職場・学校で活かす

現場グラフィー

Genbagraphy

ダイバーシティ時代の
可能性をひらくために

清水 展
小國和子
編著

明石書店

まえがき──この本を手に取ってくださったあなたへ

「私は普通だ」
　　──幼いころから、それをひとつの基準として生きてきた。
「私は普通か？」
　　──それはちょっとしたきっかけで疑問符に変わった。

　「普通であるかどうか」は、その時々の自分を支えたり、安心させたり、行動の理由になったりした。と同時に、それは自分や家族や身近な友人を傷つけたり、特定の知人を容赦なく例外化する刃にもなった。
　「普通」は私たちの暮らしを取り囲む。と同時に、「普通」は人と人の間に無数の断絶を生み出す。「普通」は、私たち一人一人の"世界の見え方"をかたどる羅針盤になる。
　読者の皆さんはどうだろうか。普通って何ですか。あなたは「普通」に含まれていますか──。

　この本が描く現場はさまざまな次元を含む。
　ダイバーシティというキーワードに惹かれて本書を手に取った方にとって、はて、どこがダイバーシティ？と首をかしげる話も出て来るかもしれない。しかしそれが執筆者たちの期待でもあり狙いでもある。
　逆に、ダイバーシティというキーワードにはなじみがないけれど、この本に収録されている特定の章で取り扱っている題材に関心を寄せてくださった方にとっては、この本の他の章があなたとどう関係しているのか、不思議に思っているかもしれない。もしそうだとしたら、まずはご自身の関心のある

1

章やコラムから読み始めてもかまわない。

　今、日本のどこで暮らしていたとしても、自分をどんな存在だと考えているとしても、「普通」と「普通でないこと」「差異——ちがいがあること」から無関係に生きている人はいない。

　もしあなたが地域の行政や福祉の仕事に従事しているならばなおさら、一様ではない土地柄、家庭環境、教育、職業、自然等に囲まれた他者とのかかわりの中に身を置いていることだろう。そんな中で、「現場グラフィー」という、課題への接近と認識の技法を活かすことで、今より少しだけ柔軟に、少しだけ選択肢が増えるような手立てを考えたい——、それは、ひいてはこれからの多様化する社会におけるさまざまな「普通」を、一方的な判断や無数の断絶に帰結させず、自分の日常と地続きの事柄として捉えていく足掛かりになるのではないか。

　それがこの本の目的である。

職場・学校で活かす現場グラフィー

もくじ

第Ⅲ部
仕掛ける──「ふつう」を解^{ほど}くには

序論

なぜ、いま、
ダイバーシティなのか

北ルソン山地のイフガオ州バナウエ郡ウハ村で、新年を祝い地酒を飲みながら歓談する。住民主導の植林・文化復興運動のリーダーのロペス・ナウヤック氏（右）と、彼の運動と言動をドキュメンタリー映像で20年あまりにわたって記録し続けるキッドラット・タヒミック監督（中）、ロペスの女婿で木彫り職人・アーティストのサントス・バユガ氏（左奥）（2016年1月2日）

清水展

しみず　ひろむ

1951 年に横須賀市長浦町の引き揚げ者寮で生まれ育つ。第 11 回日本文化人類学会賞（2016）や第 107 回日本学士院賞(2017)を受賞。社会学博士。1977 年に始めたフィリピン西ルソン・ピナトゥボ山麓に暮らす先住民アエタ（アジア系ネグリート）のカキリガン・グループとの調査・研究・交遊や、1997 年に始めた北ルソン山地先住民イフガオのハパオ村と近隣の村々での住民主導の植林運動の同伴調査を現在に至るまで続けている。その経験から「応答する人類学」や「巻き込まれてゆくフィールドワーク」を提唱している。

主な著作に『噴火のこだま』（九州大学出版会 2003）、『草の根グローバリゼーション』（京都大学出版会 2013）、「巻き込まれ、応答してゆく人類学」（『文化人類学』81 巻 3 号、2017）、「外部思考＝感覚器官としての異文化・フィールドワーク」（『東洋文化』100 号、2020）、「中村哲——字義どおりのフィールド＝ワーカー」清水展・飯嶋秀治（編）『自前の思想』（京都大学学術出版会 2020）など。

本書は市町村役場などの職員が担当地域の諸問題に対応する際に、また企業やNGOのスタッフが社会活動をする際に、あるいは学校教員が学生や生徒の社会実習や地域活動を指導する際に役立つ、個別具体的な事例や情報を紹介します。手触りのある具体的な事例を取りあげながら、その分析と考察や内省をとおして、読者の皆さんがご自身の活動のための示唆や方向性を得られるよう心がけました。それを手がかりとして、皆さんがそれぞれの活動の場所で、幾つもの可能性を模索しながら多くの住民にとって居心地の良い地域社会を作ってゆくための一助となることを目的としています。

現場グラフィー

　本書のタイトルにカタカナ文字が2つあります。そのことをまず説明させてください。「現場グラフィー」は私の造語です。現場は皆さんもすぐに具体的なイメージが思い浮かぶでしょう。事件や災害、その他、安定した日常の連続を断ち切って対処すべき問題が生じた、また生じている場所や地区、地域を指します。グラフィーは「記録する科学」「記述する技法」というような意味です。地理学はジオグラフィー、写真撮影（術）はフォトグラフィー、伝記はバイオグラフィーと言います。

　それと同じように、問題がある現場や地域をその背景を含めて総合的に記録し記述することで、新たな気づきや具体的な対応策（またはそのヒント）を得る技法を現場グラフィーと呼びたいのです。現場に身を置き、当事者や関係者から話を聞き整理することで、課題や問題とそれが生ずる背景や経緯が明らかになってきます。そうすることで、職場や教室にいるだけでは見えなかったこと、思いもしなかったことへと導かれてゆくでしょう。もちろん、明確な問題や課題ではなく、気になることや関心のあることをもっと知りたいからとか、たまたまの行きがかりや成り行きで現地や現場に行ってみることから始まることもあるでしょう[1]。

1　私自身が現場グラフィーという言葉で思い浮かべるのは、福岡・ペシャワール会の中村哲医師の活動報告書や著作です。中村医師はハンセン病患者の治療のために1984年にJOCS（日本キリスト教海外医療協力協会）からアフガニスタンに派遣され、そこで戦禍（1979年のソ連軍、2001

私を含めて本書の執筆者は文化人類学の教育を受けたものが大半です。その調査・研究の方法はフィールドワークと呼ばれ、おもに外国でひとつのコミュニティに長期、できたら１年以上暮らして言葉を習得し、人々と直接に会話しその「肩越し」に彼らと同じように世界を見よう、その生活と社会の成り立ちを理解しようとします。そしてそこでの見聞と得られた情報や知識をまとめて一冊の民族誌（エスノグラフィー）を作成します。フィールドワークと民族誌が二本柱となっています。

　民族誌はフィールドワークの目的であり、かつては未開民族や少数民族と呼ばれたような人々、現在では先住民やマイノリティ・コミュニティと呼ばれるような人々の生活と社会・文化の全体像を記述しようとする企てです。東西冷戦が終わり政治経済のグローバル化が急速に進み、人や物や資金や情報が国境を越えて大量に動き回るようになる前までは、おおよそひとつの民族は特定の地域に集住し、固有の言語と文化を保持する有機体のように考えられていました。民族＝地域＝言語文化が三位一体となって、ひとつの民族が特定の地域に実体として確かに存在すると思われていました。ですから民族（エスノ）誌（グラフィー）が意味ある研究成果になった次第です。

　けれどグローバル化が進む今日では、外部の世界との交流や影響を無視して、民族と地域と言語文化が自律的で自己完結した実体として存在していることを前提とした研究が問い直されています。とはいえフィールドワークという方法、つまりその土地で生きる人々の生活世界の場に身を置き、まずは彼らと同じ眼差しで社会の成り立ちを理解する、そして彼らと連携して、彼らが直面する課題や問題（多くは私たちの課題や問題でもあります）を共に考え、協力して立ち向かおうとする研究姿勢と生き方の構えは、今日いっそう重要性を増してきています。

年のアメリカ軍の侵攻）と大旱魃に苦しむ住民を目の当たりにします。それで、生きるためには「100の診療所よりも１本の用水路」と訴え、砂漠化が進む荒地の灌漑のための用水路の建設「緑の大地計画」を開始し、25キロのマルワリード用水路を完成（2003年10月）させました。彼の現地での活動の実体とその詳細な報告（現場グラフィー）は、フィールドワーカーとしての私にとって常に示唆と励ましを与えてくれるものでした。不幸にして中村医師は2019年12月4日、アフガニスタン東部のジャララバードで工事現場に向かう途中、助手席に乗っていた車が襲撃され生命を奪われました。

フィールドワークが今も変わらず重要で有効なのは、統計数字や抽象的な理論だけでは、ともすれば現場の実態から離れた空理空論になってしまいかねないからです。私たちが暮らし生きている世界は、どこから見るかによってまったく異なった姿形で立ち上がってきます。虫の眼と鳥の眼という比喩で考えれば分かりやすいでしょう。虫は、たとえばアリは地面を忙しく動き回っていますけれども、それが直接に見ている世界は地上5ミリほどの高さからの周囲の数センチか数十センチに限られるでしょう。鳥ならば、高さ数十メートルかもっと高くから広く地上世界を見渡せます。人間が山に登れば富士山ならば3000メートルを超え、飛行機に乗れば高度1万メートルの高さからの広い視野が得られます。月面着陸をした宇宙飛行士の撮った写真には月平線の上に丸い小さな地球が浮かんでいました。飛行士には地球ぜんたいが丸ごと小さく見えていたわけです。

　ですから身の置き方、視点の位置によって出現する世界の相貌は大きく異なります。どれが真実でどれがインチキということではありません。虫や鳥や動物と違って、人間ならば遠近両方の視点から世界を見てものを考えることができます。それが人間の特徴であり強みになっています。フィールドワークをする人類学は、上の喩えで言えばアリや虫に近い目線で調査地の世界を見ています。個別の民族と言語文化について、そのなかで自己形成し我が身をもってそれを生きる人々を等身大のままに深く理解しようとするわけです。と同時に、人類の歴史をふまえてヒトとしての共通性を探ろうとします。個別（民族・文化）の違いと多様性をふまえつつ同時に共通性と普遍を明らかにしようとしてきたわけです。

　ただし先に述べたように、その調査地もグローバル化の波に洗われて大きく変わりつつあります。私が1998年から毎年の短期調査を20年あまり続けている北ルソン先住民イフガオのハパオ村は、かつて山下奉文将軍がアジア太平洋戦争末期の1945年6月から8月まで日本軍の主力部隊とともに3カ月ほど立てこもった要害の地です。そんな世界の果てにあるような僻地の350世帯1850人の小さな村から、今では1割ほどの村人が海外25カ国以上の国々に働きに出ています（清水 2013）。

　フィールドワークがアリの眼で、人々が喜怒哀楽とともに暮らしている日

常の世界を見ると言いつつ、その生活の成り立ち方がこの20年ほどでグローバル化の影響を受けて急速に変わってきているのです。そのことをハパオ村で強く実感しました。ですから本書でも、その視点、つまりローカルな生活世界の成り立ちとグローバルなネットワークとが密に結ばれあっていることをふまえて、急速に変わりつつある私たちの暮らしの明日をどのように具体的にイメージし、どのように変えていったら良いのか、そのために何ができるか、何をすべきかを考えようとしています。その際には、グローバル化を念頭におきつつ人々が暮らすローカルな生活の場に焦点を置きます。その現状と実態つまり現場の実情をていねいに描き、何が課題・問題なのか、それにいかに対処すべきかを考えようとします。

　もっと言えば、そこでは描く側も描かれる側も直接・間接的に結びつけられてしまっているという基本的な現状理解があります。私自身の経験でも、先に触れたイフガオの人たちも、この後で触れるピナトゥボの人たちも、アジア太平洋戦争の末期に日本軍の部隊が敗走して最後に逃げ込んだ地域の住民として、日本人兵士と濃密に接触しています。戦後も遺骨収集や慰霊のために日本人が多く現地を訪れており、さらに近年では政府やNGOによる開発援助や環境保全のプロジェクトによって日本と深く結ばれています。村のリーダーたちは日本に招かれて交流したりしています。

　第8章では、インドネシアから日本の農村にやってきて働く技能実習生が著者の小國和子さんの身近な存在であり、将来の夢と計画を持つ生身の人間として活写されています。グローバル化の時代では、地球上の国々の一見関係ない人々が、生産地と消費地を結ぶ物流ネットワークによって、また国境を越えた求人と求職のネットワークによって深く結びつけられてしまっています。ですから私たちが想定している現場とは、町や市や県さらには国の外にも開かれているネットワークで結ばれ、人や物の行き来がある場所、誰もが日常的に出会い経験している問題や課題が現在進行中である場所というふうに考えています。

　そこには調査をする者（側）とされる者（側）という明確な分断線はありません。現場とのかかわり方は、本書の各執筆者の例においてもさまざまです。要請された問題対処への助言のために招かれる場合もあるでしょうし、

招かれたわけでもないのに善意や好奇心、興味からの押しかけという場合も あるでしょう。後者の入り方の難しさと乗り越え方については、第3章で飯 嶋秀治さんが自身の経験に即して報告していて参考になります。

　第8章や第3章で示されているように、本書のアプローチは、いわゆる学 術的な調査方法論として「研究者」の側が「対象者」を設定して観察し、質 問し、記録してゆくという通常のフィールドワークのやり方と大きく異なっ ています。現場を成すひとりとして、誠実な応答をとおして、今、そこにあ る課題や問題に接近してゆき、一緒に悩み、考え、対処策を見出そうとして います。現場と当事者・関係者、そして今そこにある課題を最優先するアプ ローチを強調したい。だからこそ、「現場グラフィー」なのです。

ダイバーシティ（多様性）

　そのことと深く関連しているのが副題のキーワードのダイバーシティです。 日本語で言えば多様性ということになります。それを多様性とは言わずにダ イバーシティの語を用いるのは、カタカナ（英語）の持つニュアンス（含意） を大事にしたいと願っているからです。英語のダイバーシティという語には 多様性が良きことであり大切にしようという意図が込められて使われる場合 が多いです。たとえば地球環境問題に関しては、バイオ・ダイバーシティが 生態環境の健全さと豊かさの指標と考えられています。

　しかし他方で、生態環境と生物界の多様性が豊かさの表れであり良きこと とされているのと異なって、ヒトの世界では文化や民族の違いと多様性は時 に狭い（独善的な）民族主義・ナショナリズムと結びついた排外主義によっ て否定され、異文化・異民族であるというだけの理由で差別されたり暴力的 に排除されたりします。最悪の場合には、たとえば東西冷戦の終了後にユー ゴスラビア連邦が解体してゆく過程で起こった一連の内戦（1991年から1999 年まで続いたスロベニア独立戦争、ボスニア・ヘルツェゴビナ紛争、コソボ紛争、マ ケドニア紛争など）では、連邦の解体前までは同じ村や町で仲良く平和に暮ら していた人々が、民族ごとに対立し民族浄化などと称して大量虐殺さえ行わ れました。そうした哀しい現実をふまえつつ、社会を構成する成員が文化

的・民族的に多様であることを肯定的に受け止め、多様性をプラスに活かしながら社会を作ってゆこうとするのが多文化共生という考え方です。

　均質性がきわめて高い日本でも、近年では多文化共生を目指す動きが活発になってきています。それはたとえば、国際結婚のパートナーや労働者として、外国人が多く日本で暮らしていることと関係づけて説明されています。本書でも第8章で外国人技能実習生の受け入れ現場の報告と考察をしています。多文化共生について政府・総務省は2006年の報告書で、「国籍や民族などの異なる人々が、互いの文化的違いを認めあい、対等な関係を築こうとしながら、地域社会の構成員として共に生きてゆくこと」と説明しています（『多文化共生の推進に関する研究会報告書』2006年3月、p.5）。そして多文化共生を推進するために、各地域（地方自治体）ごとの取りくみを支援したり、共生にかかわる現状と課題そして今後の方向性等を共有し、地域における多文化共生のための施策のいっそうの推進を図ることを目的とした「多文化共生地域会議」を開催しています[2]。

---

[2]　この会議は「外国人材の受入れ・共生のための総合的対応策の充実について（令和元年6月18日、外国人材の受入れ・共生に関する関係閣僚会議決定）」（関連施策番号18）に位置づけられています。そのことが示すように、多文化共生という理念は、日本では外国人人材を受け入れる政策と関係して唱えられ、彼ら彼女らが働き暮らす地方自治体レベルで実現に向けての取りくみがなされてきました。正確には、日常生活の場で国際結婚や技能実習生として来日し滞在する外国人が増えてきている現実への現場の対応として、まず地方自治体が先導するかたちで模索され試行されてきました。

　そして少子高齢化にともなう労働力不足の問題が深刻となり、それへの対応のために安倍政権は2018年12月に改正出入国管理及び難民認定法を成立させました。外国からの人材を積極的に受け入れることによって経済活動の振興を図ろうとする政策への大転換です。

　確かに近年、外国人居住者の数は増え続けており、2019年末現在における中長期在留者数は262万人、特別永住者数は31万2500人で、これらを合わせた在留外国人数は293万3000人となり、前年末（273万1000人）に比べ、20万2000人（7.4％）増加し、過去最高となりました。その内訳は、多い順に中国人（27.7％）、韓国人（15.2％）、ベトナム人（14.0％）、フィリピン人（9.6％）、ブラジル人（7.2％）となっています。この数字は今後もますます増えてゆくでしょう。それによって日本の「国際化」が草の根レベルで進むでしょう。

　共生を目指す政策の先駆けは、川崎市が1980年代の半ばから進めてきた多文化共生のまちづくりの活動と施策にあるでしょう。川崎市では、まず在日韓国・朝鮮人の子弟の教育に関して、国籍や文化、言語の違いなどによる差別や不利益を受けないよう1986年に、「川崎市在日外国人教育基本方針――主として在日韓国・朝鮮人教育」を制定し、さらにはそれを改定して1998年に「川崎市外国人教育基本方針――多文化共生の社会をめざして」を制定しました。そこで多文

多文化共生は、外国人を受け入れ日本人とともに暮らす社会を作ってゆくことを目指すという点で、目の前で生じるさまざまな差別的な緊急課題に対処する上で必要な理念であると私も考えます。ただし本書のタイトルで多文化共生を使わないのには３つの理由があります。

　ひとつは、現在使われている多文化共生が、具体的な施策の次元に落とされた際に、狭いイメージで用いられることが多々あるように感じられるためです。たとえば「○○人との交流会」「▽国料理を食べてみよう」といったように、文化と民族（エスニック集団）を一体のものとみなし、特定の外国人すなわち異文化の人々との共生を図ることに限定されるとすれば、それは本書が伝えたいメッセージではありません。確かにそれも重要な課題であり、共生を制度的に保証し、推進するために基本的人権等にかかわる法整備などがいっそう必要でしょう（近藤 2019）。けれども文化と民族を同一視してしまうと、文化をめぐるもっと広い事象や領域を見落としたり過小評価してしまう問題が生じてきます。また共生という言葉がともすればマジョリティの側がほとんど変わらず、現行のシステムを大幅に変えることのないまま少数者にも居場所を与えるだけにとどまってしまいかねません。

　そのことと関連して第２の理由は、ここで言う「外国人」「日本人」といった、何か明確な境界線があるかのような分類と分断の発想法を乗り越える手立てを、私たちひとりひとりの日常生活の場から見出してゆきたいためです。身近な「異文化」は外国人だけでなく、アイヌ、在日コリアン、沖縄出身者や障害者、高齢者、病者、LGBT（レズビアン・ゲイ・バイセクシュアル・トランスジェンダー）、またオタクと称される特定の趣味に特化耽溺する人たちなど、社会のマジョリティの側が境界線を引いたさまざまな側面での差異に着目して使われてきました。

　そのことを思うと誰しもが、ちょっと違った特性に目をつけられて異文化の側の人間とされ、異文化を生きる他者として除け者にされてしまう可能性があることに気づきます。マジョリティとの違いが個性として評価されることもありますが（芸術家やクリエーターの世界で）、その違いが学校でのイジメ

化共生がキーワードとして掲げられたのです。

や社会的な差別と排除に結びつく場合もあります。

　ちょっと目には確かに存在しているように見える差異に着目して境界線を引き、「彼ら」と「私たち」を区別したうえで、私たちとは違うけれども彼らと仲良くしましょう、という考え方とアプローチは、それがたとえ善意にもとづくものであっても、世界の見方と社会の作り方に関するマジョリティの側からの一方的な力の行使であることが多々あります。補論で亀井さんが明快に分かりやすく説明してくれているとおりです。けれども政策などで用いられている多文化共生という言葉は、これらマジョリティの目線から特定されたマイノリティの包摂という意味合いを持つものが散見されます。それは必ずしも私たちが希求するダイバーシティの共存と共栄を導くものではないことから、本書では、この言葉と少し距離を置いています。

　さらに3つ目の理由としては、生物多様性という言葉が象徴するような、地球という限られた圏域のなかに棲んでいるさまざまな動植物との共生の推進の方途についても考えてゆきたいと願っているからです。徳島県西部の急傾斜地の農業と生活様式を世界農業遺産に登録するための手伝いをした内藤直樹さんの報告（第5章）は、急傾斜地での農業のために考案され使用される道具や農法が人間の生活の智恵が生み出すダイバーシティの豊かさを活写しています。民族・文化に限定されず、日本語としてダイバーシティの内実をこれからみんなで鍛え上げてゆくことは、多少は時間がかかっても新しい暮らし方と地域社会を作ってゆくための早道となると思っています。

　さらにダイバーシティを意識しながら私たちが暮らす地域社会や調査・プロジェクトをする現地・現場を見ると、特定の課題をめぐって利害や立場、意見を異にするさまざまな人がいます。十人十色と言うように、人はみんな個性的で、単に利害得失だけではなく、発想の仕方や感じ方、考え方、論の立て方、そもそも何にこだわり大事にしようとしているか等々、本当にさまざまに異なっています。そのことを当たり前で普通のこと、所与の条件として、現場に近づき動くために心がけるべきこと、つまり接近の心得と技法についての経験と提言を私たちは共有したいと願っています。

　ダイバーシティという言葉で含意する共生の対象を動植物や昆虫さらには微生物（腸内細菌まで含めて）にまで広げたいと願う背景には、アメリカの副

大統領だったアル・ゴアがドキュメンタリー映画『不都合な真実』(2006)
で警鐘を鳴らし世界中で関心を集めた地球温暖化の危機が、現在ではいっそ
う深刻になってきていることがあります。ヒトの生産活動が地球環境（地質
や生態系）に決定的で不可逆的な影響を与えているという危機感を抱く研究
者から「人新世」というような新しい地質時代さえ提唱されています。そう
したなか、今、ここで立ち止まり、近代化や発展を経済活動の諸指標に示さ
れるような生産・消費活動の一方的な拡大から、生活の質や内実の豊かさと
広がりへと転換するような発想と行動を導くための指針としてダイバーシ
ティの理念を掲げたいのです。

　かつて私は、1991年6月の西ルソン・ピナトゥボ火山の大噴火によって故
郷を失い、遠く離れた再定住地で生活再建を余儀なくされた先住民アエタ
（アジア系のネグリート）を支援する日本の小さなNGOのボランティア・ワー
カーとして9カ月ほど現地で活動した経験があります。そのときの最初の報
告エッセーのタイトルは「万物諸霊共存世界」(1992) でした。噴火前にピ
ナトゥボ山麓で移動焼畑農耕と補助的な狩猟採集を生業とする彼らの生活態
度はアニミズム（諸精霊信仰）によって律せられ、さまざまな存在を畏怖し
共生共存していました。そこは安定して静態的で調和のとれた世界であり、
人々は物質的には贅沢ではありませんが精神的には他者（精霊や動植物）と
の交渉や交流をとおして、充実して豊かな生活を送っていました。

　そうした共生への感覚や感性、それに支えられた穏やかで静謐な生活はと
ても素晴らしいと思いました。そして日本における自然観や宗教心の基層に
も同じような感性が伏流水として受け継がれてきていると思いました。「草
木国土悉皆成仏」は、そうした日本仏教の根幹にある世界観を凝縮した言葉
です。岩田慶治は『草木虫魚の人類学——アニミズムの世界』（淡交選書、
1973年）を書いています。仏教思想や人類学の先達を持ち出さずとも、詩人
の金子みすゞは「鈴と、小鳥と、それから私、みんなちがって、みんない
い」と美しく謳っています。大好きな詩です。

　そして今、万物諸霊との共生へという思いを込めてダイバーシティの語を
用いるのは、私たちの生きる日本社会と地球世界が、つまり私たちの暮らし
の外部環境が、以前とは大きく決定的に変わってきているからです。先に述

べたように日本でも国際結婚や外国人労働者の数が増大し、民族・エスニシティの多様性が拡大しています。また地球温暖化によって極端な気象が引き起こされ、自然災害が頻発しています。それは私自身がピナトゥボ山噴火の被災アエタの生活再建・社会復興の支援に長らくかかわり、同伴レポーターとして目撃してきた大きな変化の実感でもあります。彼らは、噴火によって住み慣れた故郷の山を追われ、平地キリスト教民の住む村の近くに建設された再定住地に移り住みました。そこで旅行バッタの来襲や干ばつ、大型台風などの被害にあいながらも、生活の再建に奮闘しました。そして環境の激変に適応して生きてゆくために、生業や生活様式が大幅に変化すると同時に彼らの自己意識も大きく変わりました。

　噴火の被災とそこからの復興の苦闘のなかで、子どもたちは学校教育をとおして、大人たちは平地キリスト教民との交流をとおして国語・共通語のフィリピノ語を習得し、またフィリピン市民であるとの自覚を持つようになりました。同時に、彼らはフィリピン諸島に最初に渡来した民族の直接の子孫としての先住民であるとの強い自覚を持つようになりました。そして他のフィリピン各地の先住民グループや支援のNGOとともに、先祖伝来の土地に対する権利を主張するようになりました。それは世界的な潮流にも後押しされて、先住民権利法（Indigenous Peoples' Rights Act, 1997）の制定に至りました。日本でアイヌ新法（2019）によって法律史上初めてアイヌを先住民と認めるより20年以上も前のことでした（1997年には、日本でもそれまでの旧土人保護法が廃止され代わって「アイヌ文化振興法」が制定されましたが、狭義のアイヌ文化の振興に特化しただけの内容でした）。

　フィリピンで先住民族権利法が制定されたのは、100近い言語・民族グループから成るフィリピン（人口は日本とほぼ同じ1億人）では、多様性が活力のある社会発展に寄与するところが大きいと期待されているからです。40年以上にわたりフィリピンでの調査研究を続け、近年の大きな変化と発展を目撃してきた者として、日本でも多様性が活力のある社会に不可欠と認めているだけでなく、その動力となることに期待している次第です。共生すなわち多様性を包摂し共存共栄を進める企てをとおして、社会の総体もダイナミックに変わってゆくこと、その際に異なるものどうしの接触が葛藤や摩

擦を引き起こし、現行の安定した関係や秩序を揺り動かし乱したりすることを受け入れつつ、その軋轢を変化への動力としてゆくこと。すなわち本書で共生のさらにその先のダイバーシティへと訴えたいのは、多様性の共存が相互の接触・交渉をとおしてマジョリティも含めて社会ぜんたいの絶えざる変化を導き、現代世界の状況に柔軟に対応した新たな社会編成をダイナミックに生み出してゆくという期待を抱いているからです。

　しかし正直に言いますと、地球環境問題が深刻化し、AI（人工知能）が急速に進化し、グローバル化と新自由主義経済が速度と密度をいっそう加速しながら世界を包摂しつつある今、私たち自身がどのように変わるべきなのか、目指す社会はいかなるものなのか、私（たち）は自信を持って提示することができません。本節の執筆中に同時進行で悪化しつつあるコロナ・ウィルスによるパンデミックは、大量の人の移動というグローバル化にともなって引き起こされたものです。グローバル化の功罪をあらためて考えさせられます。

　ただしコロナ禍によって否応なしに引き起こされた変化のなかには、ダイバーシティが含意する可能性を強く感じさせるものがあります。身近な経験をあげれば、たとえばコロナ禍の外出自粛によって2020年度の大学での講義やゼミが大学キャンパスの教室ではなく、ネット会議システムを用いて行われています。教師も学生も自宅にいて、パソコン（やスマホ）の画面を通じたバーチャル空間で授業をしています。会社勤めの友人たちも出勤せずにテレワークで仕事をしたりしています。テレワークする場所は、自宅でも喫茶店でも貸オフィスでもどこでも可能です。ネット環境さえ整っていれば、都会を遠く離れて豊かな自然に囲まれて暮らしながら働くこともできるでしょう。しかもテレワークは、働く場所の選択肢を会社以外に広げただけでなく、働き方を変え生活スタイルを変え、労働観や人生観、社会意識も変えつつあります。

　こうした状況のなかで、私たちは今一度、自分たちの足元をしっかりと見て、現実社会の構成のされ方をダイバーシティという観点から見つめ直し考え直し、その確かな現実から新しいコミュニティ、地域社会、日本社会、さらには地球市民社会といったものを作ってゆく試みに挑戦してゆく必要があります。すでに執筆者たちは皆、それぞれが暮らす町や地域や職場で実際に

さまざまな活動に自ら加わり、または率先して活動を始めています。まだ試行錯誤の状態、手探りで道を探し切り開いている段階なので、自信を持って正解や結論を出して提案したり説得したりすることはできません。けれども自ら巻き込まれながら現場の当事者とともに試行錯誤を続けてきた各人の小さな企てを紹介することには大きな意味があると確信しています。

オルタナティブな地域社会に向けた実践

目次をご覧いただければすぐに分かるように、本書の多くの論考が自らもかかわる活動の現場からの報告と考察になっています。タイトルで用いられているキーワードは現場（主義）、地域、まちづくり、フィールドワーク、当事者、実践、実務などです。いずれの論文にも共通する姿勢は「地域の現場で実践する」ことです。現場は冒頭で簡単に説明しましたが、ここで注意していただきたいのは、地域という言葉です。地域はとてもよく使われるのですうっと分かった気になります。けれどもよく考えると、地域ってどこにあるのだろうと気になります。

私は、2017年に定年退職する前まで10年あまり京都大学大学院アジア・アフリカ地域研究研究科で教えていました。その経験から分かったのは、地域というのは汎用性の高い、便利な言葉ということです。が、どこが地域なのかは一義的には決められません。それは市町村などの行政単位と重なることもあれば、それらを超えて複数の単位にまたがったりすることもあります。たとえば地域の住民への行政からのお知らせや働きかけなどということが普通に、頻繁に行われています。その場合には、上からの行政の権力行使やサービス提供がおよぶ範囲として、地域が自動的に画定されています。しかしそうした地域の画定の前には、行政権の執行が可能となるよう法律で定められた行政区域が前提としてあります。

また地域という言葉が一国内にとどまらず、国境を越えた広がりを指すこともあります。英語のエリアも日本語と同様に、一国内の一地域を指す場合もあればエリア・スタディーズの対象としての東南アジアや東欧などというように、複数の国々にまたがる範囲を指す場合もあります。極論すれば、向

こう三軒両隣とそのちょっと先の近隣一帯というような狭い区域から、東南アジアや東欧や中東などの広い範囲を指すこともできます。地域とはすなわち、柔軟で融通無碍、事前に中身が入っていない空箱、伸縮自在に空間範囲を確定できる便利な器なのです。

　しかしよくよく考えてみれば、日常的な用法としての地域は、たとえば災害の被災地域や、戦禍のおよぶ紛争地域、感染症の流行地域、毒物の汚染地域、あるいは開発のターゲット・グループが住む貧困地域、安全が保証されず立ち入りが制限される危険地域など、対処すべき何らかの問題があるときに、その問題が影響をおよぼす範囲を指します。まず先に対処すべき問題があり、それを示す接頭辞が付いて初めて地域の具体的な相貌と輪郭が立ち現れてきます。地域は常に問題が起きてから、急いで後からやって来るのです。

　そしてもうひとつ、地域が後からやって来るということには、事前に対処すべき深刻な問題が見えてなくてもさまざまな理由で現地に入れば、そこに暮らす人々が抱える問題や対処すべき課題がおのずと見えてくるだろうことを含意しています。正確にはそこでかかわりが生まれ住民にいろいろ教えてもらうことをとおして、現地が「現場」になってくるという意味です。現場の人に直接に話を聞けば、自分自身の狭く偏った見方や常識がゆらぎ、新たな気づきに導かれ新しい発想に開かれてゆきます。外からやってきたフィールドワーク実習の学生でも、指導の教員でも、できることやるべきことがおのずと明らかになってくる、という意味です。当初考えていた計画とは違った展開になることも多々あります。結果としては、そのような柔軟な対応が好ましい成果へと結びつくことが多いようです。そして課題・問題に取りくむことをとおして、その影響を直接間接に受ける人々が住んでいる範囲が一定の範囲を持った地域として具体的なイメージを持って浮かび上がってくるでしょう。

　今、日本の各地方の多くは少子高齢化と過疎の問題に直面しています。そこでは伝統的なコミュニティ＝地域共同体が存続の危機や機能不全に陥りつつあります。地方の田舎だけではなく、町や市や都会でもかつての地縁組織が十分には機能していません。そうしたなかで、地域によって異なったり共通していたりする幾つもの問題に立ち向かい対処して良い方向に変えてゆく

ためには、どうしたら良いのでしょうか？ 外から上から教えてもらうのではなく、現地で現場からのイニシアチブはどこから生まれるのでしょうか？

それは若者、よそ者、バカ者、変わり者などと茶化して呼ばれるような、今までのやり方や考え方とは違った風に感じ、考え、行動する人たちから始まるかもしれません。ニホンザルの「文化」の発明と継承に関して有名な宮崎県・幸島の野生ザルのイモ洗いは、一匹の若者ザルがたまたま海に浸かったイモを食べて塩味の美味を知ったことから始まりました。まず若者のあいだで広まり、力を持っていた大人ザルは後から恐る恐る、少しずつ真似をしていったと言います。旧来のやり方にとらわれずに新しい試みにチャレンジする心意気と言うか若気の至りが現状を変えてゆく初めの一歩を踏み出すのかもしれません。または、いったんは進学や就職で故郷を離れたものの、そこでの生活に嫌気がさして戻ってきた若者かもしれないし、市役所や町役場の熱心な職員であったり、NGOやNPOのスタッフ、学校の教員かもしれません。まったく縁のなかった転入者かもしれません。私たちが思いもしなかったような背景の人たちが出てきてくれて、あまり気負うこともなく動き始めてくれる、そんなうれしい驚きも期待しています。

そうした方々が積極的に現場に出て行動しようとするときに本書を手にとって読んでいただき、お役にたつヒントを得ていただけることを願っています。以下に各章の内容を手短に紹介します。が、その前に「あとがき」を読んでいただくことも、本書ぜんたいの流れと意図を分かっていただくために役立つでしょう。もちろん気になる章から読み始めるのも歓迎です。

本書は第Ⅰ部「気づく」が3章、第Ⅱ部「臨む」が4章、第Ⅲ部「仕掛ける」が3章、計10章と補論で構成されています。加えて各部に1本ずつ計3本のコラムが掲載されています。1章から10章へと順に読み進んでいただければ、現場での見聞、聞き書きという調査の手法とその困難さや可能性の説明から始まり、地域の現場への積極的なかかわり方についての著者自身の体験にもとづく事例の紹介と考察へ、さらには外国人実習生やLGBT、難民支援など自らかかわった具体的な現場への関与や実践の仕方へとおのずと導かれてゆきます。もちろん、順番にかかわらずに関心のあるトピックから読

んでゆくのが入りやすいかもしれません。

　第1章は、早稲田大学で内藤順子さんが理工系の学生を対象にして行っているフィールドワーク入門の進め方と技法の紹介、そして学生の反応に関する報告です。100人ほどの受講生を対象にした7年間の試行錯誤をとおして、内藤さんは「フィールドワーク系科目ではあらゆる理系専門分野にとって、ひいては生きる上で必要な『ものの見方』もしくは『自らの常識を疑うこと、すなわち常識の棚上げの仕方』を体得する場を提供することとなっているようだ」との実感を得ています。

　第2章は、西崎伸子さんが、地方公務員が戦略的「現場主義」を極めるための方途について考察しています。彼女は入学時に学生の8〜9割が公務員を志望し実際に卒業生の半数近くが公務員になる福島大学で、卒業論文を作成するためのフィールドワーク実習を指導しています。フィールドワークでは役場で基本的な情報や資料を集めるほか地域の人々の暮らしの場に入ってゆくことが必要で、そのための心得を説明しています。さらに実際に役場などに就職した後に現場主義を持続するための工夫について、イノシシ被害に取りくむ自治体の先進事例である島根県美郷町の安田氏の活動を紹介しながら考察しています。

　第3章は、九州大学で学生のフィールドワーク実習を指導する飯嶋秀治さんが、かつて高度経済成長期の公害問題を象徴するような甚大な被害を出した町でフィールドワークを行う際に経験した失敗と苦労について率直に報告しています。当初、何のためにやってきたのか（また災厄について根掘り葉掘り調べて業績稼ぎをするのだろう）と反感さえ抱いた住民が、心を開き学生の聞き書きを受け入れるに至るまでの現地との出会い方の試行錯誤と、その経験から得られた準備の仕方について説明しています。そして彼らの声を聞くことができるようになると、当事者や関係者ごとに異なるさまざまな記憶と思いがあることが分かってきて、さらに耳を澄ませば「未来志向」の声も聞こえてきたと言います。それに応えようと思い至る姿勢にフィールドワークをすることの希望を感じます。

　第Ⅰ部のコラムは、巻き込まれるように被災地の外国人支援現場にかかわるようになった土井佳彦さんの試行錯誤が描かれています。経験を重ねても

常に答えは現場で探す「十人十色の現場対応」は、第Ⅰ部の３つの章を経ておずおずと足を踏み出そうとする読者に向けて、「大丈夫だよ、私も初めは素人でしたから」という、現場からの心強くも優しいお誘いとなっています。

　第4章は、早川公さんが筑波山のふもとに位置するつくば市北条地区の商店街の町おこしに自らも積極的にかかわりながらフィールドワークをした報告です。現場の当事者の生の声、本音を聞くためには、研究者の側が「心のサイロ」（高度に専門家された狭い関心）から抜け出し、スーツと革靴を脱ぎネクタイを外して、地域のさまざまな職業や立場の人と親交を深め、調査ではなく社交をすることが大切と説きます。そのことを有言実行した著者の早川さんは、フィールドワークが終わる頃、北条での活動を通じて知り合った女性と結婚することになり、「提灯取替」という伝統的な婚姻儀礼を自ら復活させて再演しました。地域との深いかかわりが、博士論文と単著、そして結婚へと結実した次第です。

　第5章は徳島県西部の世界農業遺産申請にかかわり、一度の落選を経て認定に至ったプロセスを紹介します。著者の内藤直樹さんは、申請のためのアイデアとアドバイスを求められた当初は渋々応じていました。が、やがて役場の担当者の熱意と行動力に巻き込まれ、彼と二人三脚のようにして認可まで走り抜けました。地域の特性の個々については役場の人たちが詳しいので、彼はその特性を日本以外の広いコンテクストのなかで、どの点がユニークで魅力的なのかを説明したり情報を提供したりして協力しました。認定された急傾斜地の農法は、適した農具の改良も含めて厳しく多様な自然環境への適応という点でもきわめて興味深いです。

　第6章は、俵木悟さんが地域を主体とする文化財に関する先進的な取りくみを紹介し、そこから文化財・文化遺産へのかかわり方で従来とは違う可能性を示しています。それは国の施策のミニチュア版として「まだ国の文化財になっていない」ものをその予備軍として保護するという考え方を止め、地域の側から「自分たちが大切だと思う文化の所産」を選んで残していこうというボトムアップの取りくみです。国の統一基準による評価付けから、地域の個性や特性に着目し、結果的には全国で多様な遺産が生まれる契機になっています。本章では、具体的に岩手県遠野市（柳田國男の『遠野物語』で有名）

と奄美群島の事例を詳しく紹介しながら考察しています。そして多様な文化財を分かりやすく魅力的なものとしてひとつのまとまりにパッケージ化してストーリーを紡ぎ出すために、エスノグラフィー（現場グラフィー）の活用を提唱しています。

　第7章は京都府宇治市で、学部生の教育実習としてのフィールドワークと地域振興への関与貢献を20年にわたって積極的に行ってきた京都文教大学の森正美さんの活動報告と提言です。彼女は、初めは地蔵盆の調査から始まり、宇治茶にフォーカスした地域おこしの活動へと力点を移してゆきます。宇治橋周辺地域には、宇治茶を扱う商店や問屋、茶畑、宇治茶に関する文化・歴史的な場所が数多く存在しています。宇治茶の生産・販売をめぐるさまざまなアクター（茶業界、観光業界、三商店街、商工会議所、市役所等の関係者）のさまざまに異なり時には対立する思惑や意見を、すり合わせ調整する役割を彼女は進んで担ってゆきます。地域活性化の現場がまさしくダイバーシティの縮図となっていることを説得的に描き出し、それらの差異が柵や足枷とならずに、未来に開かれた創造的で生産的なつながりになるような手がかりや工夫と方途を、自らの経験に即して具体的に教えてくれています。

　第Ⅱ部のコラムでは、長らく地域福祉の行政職員への研修事業にかかわってきた平野隆之さんが、多忙で日常業務に埋没しがちな実務者が自らを相対化する機会を意識的に設けていったプロセスを紹介しています。現在進行中の事業のなかでふと立ち止まり、行政職員と研究者らが率直な意見・情報交換をする場（機会）を「メタ現場」と名付け、そこでの整理や示唆をとおして行政職員のイマジネーションが広がり裁量性が拓かれることを自身の経験から説得的に紹介しています。第Ⅱ部ぜんたいに共通している地域行政や地域福祉の現場での活用と実践のために有益な情報と示唆を与えてくれます。

　第8章では、外国人技能実習生を受け入れる農園の小さな取りくみを事例として取りあげ、ダイバーシティを「自分ごと」にしていくための手がかりを考え提示しています。著者の小國和子さん自身が主要なアクターの農園主家族の親しい関係者でもあります。現場に身を置き当事者や密な関係者のひとりとして、実習生を受け入れる側の実情を日本サイドの内側から、そして実習生の声に耳を傾け彼らの側の事情と計画や思いを向こうサイドの側から

報告しています。書名で掲げる現場グラフィーを作成するという試みを、当事者・関係者へのアタッチメント（愛着や共感）とデタッチメント（脱離と客観）のバランスを保ちながら書き進み、ホーム（当たり前の日常）をフィールド（異文化の現場）化する目を養うことの必要性とそのための術を分かりやすく説いてくれます。

　第9章では、オープンリーゲイのコミュニティワーカー／アクティビストとして30年以上の活動をしてきた砂川秀樹さんが、ご自身の経験を反芻しながら現場から報告と考察を寄せてくれました。大学院博士課程のときに「東京レズビアン＆ゲイパレード」（2000年〜）の実行委員長を務め、また文化人類学者としてゲイバーが多く集まる新宿二丁目でゲイのコミュニティ意識の形成に関してフィールドワークを行い、さらに故郷の沖縄に戻ってからは「ピンクドット沖縄」というプライドイベント共同代表として活動を続けました。プライドイベントとは、LGBT（レズビアン、ゲイ、バイセクシュアル、トランスジェンダー）などの性的マイノリティが、性自認・性別表現、指向性別などの多様性を顕在化させ、それらにもとづいた差別的、抑圧的状況を無くしていくことを求めるイベントを指す言葉と運動です。自ら運動（即自的）と研究（対自的）を両立させ往復しながら、LGBTをはじめマイノリティが当事者性を過剰に強調せず、関心や理解を持つ人たちとつながり、運動を外に開き広げてゆくこと、またマイノリティのなかでの多様性に配慮することの必要性を説いています。

　第10章は、堀江正伸さんが民間企業の駐在員として入社4年目にタイのバンコクで暮らし働いたことから、人道的な食糧支援を任務とする国連世界食糧計画（World Food Programme：WFP）へ転職し、インドネシアの西ティモールやスーダンのダルフールに駐在したときに職務の合間に行ったフィールドワークの報告です。それはまず異文化への好奇心から、また自身の仕事が不調な原因を探りたくて、時間の許す範囲で趣味のようなものとして始まりました。人道支援の実務者が現場で人類学者のようなものになり、結果として現地の人々の側から見たプロジェクトの実態と彼らの生活と社会を知るようになりました。それで気づいたのは援助する側の企画書や国連文書が描き出す現地の姿とは大きく異なる現実であり、当事者たちの思いや見方でし

た。フィールドワークをとおして、援助する－されるという関係性のなかで
は自身は権力側の人間でありつつも、彼らが抱える問題を違った立場、角度
から考察できるようになり、世界の見方が変わり、自分の人生観が変わって
いったと言います。世界が多様に存在していることに目を開かれたという次
第です。

　第Ⅲ部のコラムは、さまざまな取りくみを通じて「触る文化」を提唱して
きた広瀬浩二郎さんが、最新の実践例を寄せてくれました。写すのではなく、
射る意識を持って「全盲の視覚障害者である僕」によって摑み取られた4枚
の「射真」は、いかにも視覚に頼るツールだと捉えられがちな写真撮影とい
う概念自体に柔らかくも力強い揺さぶりをかけています。

　本書の執筆者たちの基本的な考えは、個々人をはじめ社会を構成するさま
ざまな単位（グルーピング）の多様性＝ダイバーシティを認め、それらの差
異を緩やかに包摂する社会を作ってゆきたいなというものです。ただしダイ
バーシティ万々歳と言ってお終いにしたいわけではありません。最後の補論
で亀井さんが危惧の念を表明しているように、実はダイバーシティとして認
められる集団単位の裏側には、誰が、どの単位を特定のカテゴリーでひとま
とめにして括り対応するのかという、政治・権力をめぐる大きな問題が潜ん
でいます。それはフェルナンド・ソシュールという構造言語学者が「言語の
二重の恣意性」と呼んだ、人間が環境世界を分類し整理し秩序づける世界認
識の仕方と深く関係しています（丸山圭三郎 1981 参照）。

　たとえばワンワン（英語ではbowwow）と吠える動物を日本語では「イヌ」、
英語では"dog"、フィリピン語では"aso"と言います。どう名付けようと
それぞれの言語文化の勝手（恣意）というわけです。そしてもうひとつの勝
手は、「イヌ」という動物の構成単位を細かく見れば、座敷イヌ／飼いイヌ
／野良イヌ／野犬（ヤケン）／山イヌ／オオカミというふうに区別できます
が、文化によってはイヌとオオカミの区別しかしない事例もあります。虹の
色のグラデーションも文化によっては7色だったり5色、4色、3色と異なり
ます。分類の境界線の引き方も異なる色の呼び方も恣意的ですから二重の恣
意性というわけです。それは亀井さんが「リベラル多文化主義の落とし穴」
と呼んでいる問題と密接にかかわっています。

本書が想定している読者は象牙の塔に住まうような研究者ではなく、世間と世俗のなかで暮らす市井の人たちです。だからこれ以上は世界の認識・分類の仕方と秩序づくりの問題に深入りをしません。亀井さんが結語として「ダイバーシティ、その一歩先へ」と促してくれているのは、多数派が押し付けてくる「均質で定型のダイバーシティ像」を拒み、逆に世界を分類し認識し秩序を作ってゆく力（世界認知の仕方）、さらには作り変えてゆくこともできる力を個々人が取り戻していくことです。ちょっとばかり視点を変える、そのために「少し動いてみる」ことで、私たちが生きる「今、ここ」の束縛を脱して小さな一歩を踏み出してゆくことができるでしょう。ダイバーシティをきっかけや手がかりとして導かれてゆく先のちょっと見慣れない風景の向こうに、私も、あなたも、社会も変わってゆく未来が生まれてくることを夢見ています。

参考文献

岩田慶治（1973）『草木虫魚の人類学──アニミズムの世界』淡交選書。
近藤敦（2019）『多文化共生と人権』明石書店。
清水展（1992）「万物諸霊共存世界──噴火にゆらぐピナトゥボ・アエタ」『オルタ』1号。
清水展（1997）「NGOと異文化共生──ピナトゥボ・アエタ開発援助の事例から」梶原景昭（編）『講座・文化人類学』岩波書店。
清水展（2003）『噴火のこだま──ピナトゥボ・アエタの被災と新生をめぐる文化・開発・NGO』九州大学出版会。
清水展（2013）『草の根グローバリゼーション──世界遺産棚田村の文化実践と生活戦略』京都大学学術出版会。
清水展（2017）「サステナビリティーからエリアケイパビリティー（AC）へ──地域資源の活用によるダイナミックな社会発展をめざして」石川智士・渡辺一夫『地域と対話するサイエンス──エリアケイパビリティー論』勉誠出版。
丸山圭三郎（1981）『ソシュールの思想』岩波書店。

第Ⅰ部

気づく

現 場 へ の 接 近

新しい訪問先や、異文化の相手はもちろんのこと、

毎日通っている道や長年見慣れた土地でも、

「観よう」としなければみえてこない景色がある。

テイクノーツからはじまる、ほんのちょっぴりの工夫で、

あなたと「ふつう」との関係は劇的に変わり始める。

1

はじまりは
テイクノーツから

2007年、ペルー・イカ州で起きた大地震によって家屋の8割が倒壊した地区に、文化人類学の専門家としてその初動調査に訪れたときのひとコマ。初めての場所、初めての相手についてはやはりテイクノーツからはじまる。

内藤順子
ないとう・じゅんこ

　早稲田大学理工学術院教員、NPO法人Well-being附属研究所研究員。東京生まれ。福岡で10年、院生時代を過ごす。チリ・サンチャゴ市で政府系開発援助のプロジェクトに携わったことをきっかけに、以来、地域医療の展開に人類学が寄与できるか（文化人類学の方法論をもちいて、ひとの役に立てるか）ということを研究テーマとしている。フィールドでも教室でも、悶絶し、試行錯誤し、ときによろこびを得ているタイプ。

1. 理工生のフィールドワーク事始め
　　——現場からの発想の訓練にむけて

　本章のフィールドは、理工系学部において毎年春学期に開講している「フィールドワーク概論」という教養基礎科目の実習現場である。理工系といってもその幅は広く、3学部18学科の学生[1]が、その専門知識と技術を習得する傍らで、フィールドワークにおいて肝要である「現場からの思考」と、「結論を急がせてもらえない、プロセスにじっくり付き合う姿勢と忍耐」を学ぶことになる。初回講義に際して、「ひとつの答え」に向かうことに慣れている理工生からのよくあるコメントは、「数字ほど信頼できるものはなく、裏を返せば、数値化できない質的調査など信用ならない」、というものだ。このような思考の癖をもつ彼らが、信用できないはずの調査において様ざまな想定外の出来事にもがき苦しみ、楽しみ、そして変容していく自らを発見する。

　本章では、この半期の間、わずか15回で完結させる「フィールドワーク概論」の科目運営を7年間にわたり試行錯誤してきた経験から、いわゆる専門外／門外漢の人がフィールドワークの一連をコンパクトに体験する方法について、実例をあげながら述べていきたい。

2. 「人見知りすぎる自分でも履修できますか」

　「フィールドワーク概論」は五感と、場合によっては第六感を駆使する経験であり、また学部の垣根を超えたグループ実習をする点で理工系学部では稀なスタイルであるため注目度が高く、希望者が多く集まる抽選科目（上限120名）となっている。シラバスにのっとった講義目標の触れ込みは、

1　機械科学・航空宇宙学、総合機械工学、電気情報生命工学、建築学、表現工学、化学・生命化学、応用化学、応用物理学、物理学、数学、応用数理学、社会環境工学、環境資源工学、経営システム工学、電子物理システム、情報通信学、情報理工学、生命医科学の18学科であり、理系と一括りにするには幅の広い多岐にわたる専門背景を持つ学生が垣根を超えて履修する。あるいは、履修によって垣根を超える。

実習計画2019

共通テーマ「早稲田大学を人類学する」
集団観察法・グループ調査（6名または7名編成、全20グループ）

フィールド： 早稲田大学各キャンパス、関連施設、組織、団体
目　的： フィールドワークを経験する
　　　　　現場からの思考を体験する
　　　　　環境をあらためて見直す

方　法： 第1段階・・・写真観察法、問題設定、テーマ決定
　　　　　第2段階・・・参与観察、聞き取り、ディスカッション

発　表： 第1段階、第2段階の成果をグループ発表する
　　　　　※他のグループへのコメント、自分のグループの相対化
　　　　　フィードバックをうけて最終レポートへ

最終レポート： 最終報告は個人でエスノグラフィーを描く

1

日程（予定）

4月10日　講義（フィールドワークとはなにか）
4月17日　講義（フィールドワークの展開と可能性）※マリノフスキー登場
4月24日　講義（写真観察法）、班分け、全体テーマ確定
5月 8日　写真観察法実施（撮影）、次週までに各グループでプレゼン準備
5月15日　写真観察法結果分析、発表その1（絞り込み）、聴衆はコメント
5月22日　写真観察法結果分析、発表その2（絞り込み）、聴衆はコメント
5月29日　調査テーマ討議（グループワーク）
6月 5日　講義（フィールドワーク実践の極意1）
6月12日　講義（フィールドワーク実践の極意2）、各グループの調査テーマ確定
6月19日　フィールドワーク実施（1）、必要な修正と追加調査の検討
6月26日　フィールドワーク実施（2）、プロセスと結論のプレゼン準備
7月 3日　報告とフィードバック（1）、聴衆はコメント
7月11日　報告とフィードバック（2）、聴衆はコメント
7月17日　報告とフィードバック（3）、聴衆はコメント
7月24日　個人で「エスノグラフィー」を書く・補充調査（任意）
7月31日　「エスノグラフィー」提出締切

2

矛盾・混沌・非合理に満ちた人間を丸ごと捉える

□フィールドワークとは何か
　What （文献の限界、実験できないこと、展開）

□なぜフィールドワークなのか
　Why （文化を全体として理解しようとする・部分で判断しない・
　　　　判断の根拠になる「常識」の棚上げ・既成の枠組みから
　　　　自由になる）
　　　　Ex：首狩りと核兵器のどちらが野蛮か？

■フィールドワークの実践
　By / How

3

フィールドワークの技術

・ 定量的調査：アンケート・質問票（広く浅く）
　　　　質問が予め設定される
　　　　問題意識と見通しをたてている
★光の当て方を決めたうえで、反射の仕方を想定範囲
内で見ようとする

・ 定性的調査：フィールドワーク（深く狭く）
★質問を糸口にして展開を試みる。展開されない場合は
その理由が糸口になる。対象から出てくる光を見ること
に重点を置く
★現場で収集した情報をもとに問題を発見・追求する。
仮説を準備し、検証のための質問、観察を行いこの一連
の作業を繰り返す＝ 現場発想型研究

4

フィールドワークの実践

0）フィールドワークの心得
■対象に寄り添ってものをみる姿勢

■ある関心（問題意識）のもとに、わたしたちの日常生活を自覚的
に見つめ、そこで見聞したものをデータとする姿勢および行為

1）問題意識，調査計画
　問い（関心＋α）と仮説
　※写真観察法
　※入手できる範囲の情報から知識を組み立てる

5

2）フィールドの選択と設定

フィールドとは：
「フィールドについて」語る／「フィールドによって」語る
・ 考えるべき問題がある場所
・ 地域中心の現場／問題中心の現場
・ 自分の生活世界との比較

■フィールド選択の客観的条件と直感（主観）

■必要条件、制約

■相性、好み

6

3）調査内容

■事前に準備する調査項目
　（糸口。問題意識と文献研究から設定する）

■現場で思いつく調査項目

■現場で生まれる疑問（頭をよぎること）を大切に

■往復運動で進化させる

7

4）フィールドにて：現場で／から考える

とりあえず佇む、風景を感じる
やがて分析的に（全体から部分へ）
何でもみてやる、的な気合い
おもしろそうなこと、おもしろいと感じることを追え
何があとで重要なデータになるかわからない（たとえば、非言語の手がかり）

歩く・見る・聞く・聴く・触る・嗅ぐ・味わう・感じる
事件・出来事（身に降りかかったこと、目撃したこと）
出来事の民族誌・メモ（何が起こったのか、起こっているのか）
ものとしぐさの考現学（路上観察）
語り、語りかた（ローカルタームと言い回し）、語られないこと
わかっていることをあえて聞いてみたりする
出来事や物事にかんする感想や意味づけの聞き取り
資料収集

とにかく見る、感じる、考える、そして書く

8

フィールドでの注意

■ラポール：最初の人に注意・深入りしない
■権力構造：インフォーマントの分布
■現地社会は生き物である
■暗黙の了解：説明できることとできないこと
■学生の実習とは
自分：調査＜勉強、自分の中の可能性の発見
対象：大学教育への協力、客観的な姿を知る

9

ほぼ極意

■材料をなるべく多く集めるように努める
■対象と自分とのやりとり全体を記述する
■自分が観察したこと、感じたことをできるだけ書き留めておく。
■予備知識を蓄え、事前に用意した問いと、現場で思いついたことを上手に混ぜていく。小出しにする。効果的に聞く
■大きな問いから、細かな問いへ
■問いは話のきっかけであり、自由な対話を楽しむ
■相手の得意なことを聞く。相手が話したいことを聞く
■フィールドノートにはありのままを書く。記憶を過信しない。その場で価値判断をしないこと
■その日のうちにまとめの日記を書く（情報の単位化）

10

具体的準備

■物的準備

■現場への入り方

■マナー（調査倫理）

■実習の説明と連絡先入手

誠実、熱心、謙虚、柔軟、ねばり、素直さ

11

最終レポート内容：エスノグラフィーを書く

- タイトル：共通テーマから絞り込んだ独自のもの
- キーワード：3つ程度
- 思考の過程：ブレインストーミングで考えたことや写真観察法
- 問題設定
- 仮説
- 調査情報：場所(図面、地図)、方法、日時、状況、調査対象の詳細
- 経過報告：調査経過
- 考察(仮説検証・結論)：調査をもとに導き出す
- 感想・コメント
　　★かならずフィールドワークを実施すること
　　★かならず班員数以上の人びと聞き取りを行うこと
　　★フィールドワーク「によって」語ることを目指す

12

図　2019年度「フィールドワーク概論」講義資料

・自らが置かれている環境が思考を阻み、視野を狭くしていることを自覚する

・自らの選択肢が、選択肢として存在しない世界のほうが多いことを自覚する

・「ひとり学際」ともいわれるフィールドワークの思考から、ものづくりや科学技術につなげる

というものである。いっぽうでこの実習は、日頃はあまり接する機会のない学科の異なる学生同士でのグループワークにより展開することや、「未知・未踏の場」での他者との交流が必須となることから、「コミュニケーションが苦手な人にはつらいが、充実度は高い」という口コミが学生間でなされ、コミュニケーションをあまり得意としない自覚のある学生たちが多く履修を希望してくる[2]。そう自覚する学生が多いことはさておき、フィールドワークの実習ではコミュニケーションが重要である。それはグループにおいても、フィールドにおいても、また経過や成果をことば化するにあたっても、仲間の報告に対してのコメントをするときも、人に伝えることを念頭に置いた作業が連続するため、コミュニケーションスキルはおのずと磨かれることになる。

　2019年度の例では、前見開きの図にある日程のように講義を進め、その履修者は120名＋1名（抽選に外れたが単位不要でどうしても履修したいと志願してきた学生）の合計121名で、1グループあたり6名または7名の20グループとした。グループは2種類の希望制で、教員が各学部学科からメンバーをランダムに選んで指定する「ランダムグループ」と、知人友人で構成する「お友だちグループ」とに分ける。両者それぞれにメリットがあり、前者は専門の異なる集団となるため、比較的違った視点・考え方での話し合いがなされ、視野を広げながら進めることができる。いっぽう、後者はそもそも友人という点で人間関係を構築する作業が省け、また時間割が同一なので行動をとり

2　初回講義で履修動機を記述してもらうのだが、2018年度120名中32名、2019年度121名中36名が、コミュニケーションがあまり得意ではないのでそれを克服できると聞いた、といった内容を記述している。

やすいが、生身や意見を晒しあう現場で友人関係が壊れるリスクもある。例年、合計 18 〜 20 グループのうち 3 割程度が「お友だちグループ」となっている。

3.「はやくフィールドに出たい」
——焦らしの必要・備えの期間

　習うより慣れろ、とはいうものの、とりわけ知識と理屈先行傾向にある学生たちには焦らしが効く、というのが筆者の持論である。かくいう筆者は、まずはフィールドに飛び込んで壁にぶち当たり、問題に阻まれ苛まれるなかで思考を組み立てていくタイプであるが、フィールドワーク入門レベルの履修生がすべきことはそうではない。半期の間という、時間が限られるなかでの体験学習として、問題の発見・テーマ選定の仕方、それに対する調査の進め方、最低限必要な技術の習得と、現場からの思考の大切さを実感すること、を目的とする。

　初回講義ではイントロダクションとして筆者のフィールドワークでの体験を話す。「チリの首都に住む貧困層の多くが太っていたことに驚いた。しかし、それが現実だとすると、むしろ貧困者は痩せているはず、という筆者の認識がおかしいということになる[3]」、という気づきのエピソード。これを、プロ然として語るのではなく、身近な人間の経験としての共感をしてもらえるよう心掛ける。次に彼らにより身近な存在で置き換えて考えられる実例を話す。「あなたのおばあさんは、あなたが生まれたときからおばあさんだけど、でも若い頃のことやおじいさんとの出会いの話を聞いてみて。そうすると、ひとりの女性としての姿が見えてくる。生まれてこのかた、おばあさん

3　OECDが 2019 年に発表した「The Heavy Burden of Obesity」によるとチリで過体重または肥満の問題を抱える 15 歳以上の人口割合は全体の 74.2％で世界第 1 位となっており、世界肥満連盟（World Obesity Federation）は、2030 年までにチリの 5 〜 9 歳の子どもの 24.8％が肥満児となることを予測している。肥満が社会問題となっているチリにおいて、とりわけ貧困層の肥満もまた問題とされている。チリで 2 年ごとに実施される世帯調査CASENにもそれは明らかで、富裕層の 6 歳以下の子どもの肥満率が 5.8％であるのに対し、貧困層の子どもの肥満率は 9.8％となっている。

でしかなかった彼女の違う側面が感じられませんか」、という話。最後に登場してもらうのが人類学の古典的先人、B・マリノフスキーである。彼のこの科目への貢献は計り知れない。物理学と数学の博士号を持つ彼が、世界じゅうの呪いの事例を集めた『金枝篇』に魅せられて、その著者フレイザー卿のもとに弟子入りするくだりから、『マリノフスキー日記』の赤裸々な内面感情の吐露に至るまでの一連の人生航路は、理工生にとっては自分とも重ね得る、心躍るエピソードらしい。偉大な先人の生身のフィールドでの格闘ぶりが「刺さる」そうだ。

　「おばあさんの違った側面」の話を聞いて、おや？と思いはじめ、「あたりまえが、あたりまえではないこと」を感じはじめる。そしてマリノフスキー登場のあと、学生たちは俄かに焦れるようで、講義終了後のリアクションペーパーに「はやくフィールドに出たいです」という記述が見えはじめる。自分がフィールドに出たら何が起こるのか起こらないのか、畏怖と期待がないまぜになる妄想フィールドワークはだいじな備えの期間となる。

4. テイクノーツ
——慣れたデバイスによる不慣れなミッション

　このように気持ちの準備が整ったら、図にある具体的な技術について紹介する。スライド4を提示しながらの「この世界はカオスです。それを丸ごととらえるのがフィールドワークです」というひとことで教室はざわつく。ステレオタイプ化するわけではないが、「矛盾・混沌・非合理」のいずれもが、理系学生にとってむずむずするワードなのであろう。そのカオスに丸腰で出かけるわけにはいかないので、最低限の技術とコンパクトにまとめた極意なるもの、すなわちフィールドワークにおけるテイクノーツについて語ることにしている。テイクノーツとは、自分の見聞きしたことを書き記し、ときに撮り、嗅ぎ、感じ、吟味し、記憶と記録にとどめることである。理系の実験で記録には比較的慣れている彼らも、五感や感情を書きとめることや、直感的に書き記したことの根拠までを記録することははじめての体験となる。

　たとえば、人の印象について「派手な女性だった」とメモするなら、なぜ

派手だと思ったのかまで記述するということである。ハイヒールを履いていたから？　化粧が濃かったから？　化粧が濃いと感じたのは口紅が真っ赤だったから？　その理由を書くと、おのずと自らの認識がにじみ出てくることに気づくのである。フィールドは単にそこにあるものを捉えるだけでなく、自分を知ることにもなる。そのためにも、メモをした内容についてさらに突っ込んでその根拠まで書き記しておくこと、五感あるいは第六感までフルに活用してみることが肝要である。こうしたテイクノーツを目指して学生は「写真観察法」に出かけ、テーマをさがす。

　写真観察法では各自がおもにスマートフォンを用いて個人で実施する。そのときの指示は「気になったものを撮り、メモを残す。流れで話を聞いてもいいかもしれないが、必須ではない。ともかく体験とメモをもとにテーマを決める」というものである。個人撮影を終えたらグループごとにメンバーが撮影してきたものを持ち寄り、話し合って３枚を選び出す（名付けて、「珠玉の３枚」）。３枚についてどうテーマになり得るかを吟味して、履修者全員の前で発表し、聴衆はどれがおもしろかったか、見た感想、質問などを寄せる。発表者たちは聴衆の反応を授業中の質疑コメントと授業後の文書で受け取り、各グループでテーマを再検討し決定してゆく。

5.「失敗はないって先生がいってた」
──自分なりのフィールドワーク

　焦らされ、出たがりつつある彼らは、いっぽうで見知らぬ他者とのコミュニケーションに対して不安も抱えている。見ず知らずのフィールドに飛び込み他人に話を聞くことにある種の恐怖感を持つ学生も少なくない。最終レポートで「見知らぬ人に調査することが如何に緊張することかを身をもって感じた。最初の一人に尋ねる前に何度も躊躇い一歩を踏み出すのに時間がかかった」と書いている学生もおり、その怖さとは、フィールドで展開され得ることについての想像の及ばなさ、拒否されるのではないかという不安、それによってへこむ自分、そんな失敗をするのではないか、ということである。

　筆者も以前は、フィールドワークに失敗はあると思っていた。しかし、こ

の科目を担当するようになってから、その人なりのフィールドワーク、あるいはその人にしかできないフィールドワークがあることに気づいた。つまり、得手不得手はあるが失敗はないということだ。失敗をしたという自覚は、フィールドや実習に真摯に向き合ったからこそ出てくるものであり、落ち込む自分をかみしめることで次への展開や経験につながる試行錯誤のプロセスともいえる。実際のところ、フィールドワークはそれを実践する人の数だけやり方がある。失敗はないのだよと励まし、勇気づけることは、入門者にフィールドワークを伝えるにあたっての教える側のスキルともいえる。

　そうしてフィールドに出た学生たちは、続々と履修中の心の声を寄せてくる。たとえば、「インタビューを拒否られ続けるとメンタルやられます。でも、拒否られる原因を考えて工夫をしました。ひとつは、おやつです。自分の好きなカントリーマアムをひとつ差し出して、これがこんな潤滑油になるとはと、驚いています。あと、嘘っぽい笑顔で近づくのもやめました。相手を見て対応を変えるという知恵をみんなで出し合いました。こんな種類の悩みを、まさか講義を通して克服しようとしている自分にも驚きます」。あるいは「事務職員の方に叱られました。講義で言われていたのに、正直なめていました。アポなしで行った自分たちが悪いのはわかっています。こういう常識のなさもコミュ障[4]ということなのだと反省しています」。はたまた「実験の次につらい授業です。でも、おもしろい発表を聞くと、自分たちも負けたくないと思うのと、悔しいのと、楽しいのと」と、こうしたフィールドワーク進行中の吐露はすべて、"現場ならではの学び"といっても過言ではない。これらの声は、筆者にしてみれば、世の中に出ているフィールドワーク関連書籍に見る心の底からの苦労話や、涙が出るようなじたばたした状況を描いているエスノグラフィーに共感を覚えたのと同じくらい感動する、生傷の吐露である。関係性を結び損ねたり、こじらせたり、といった例もたくさんあるが、それらも含めやはり失敗とはいえない。そのようにしかできなかった自分としての精一杯のフィールドワークであったことに違いはない。

4　ここで用いられた「コミュ障」とは昨今の学生が常用することばであり、もとは「コミュニケーション障害」の略語であるが、人と接するのが苦手、あるいはあまり得意ではない、というレベルでの対人関係のありかたを表現したものと捉えられる。

だからこそ、学生は「この苦労を形にしたい」と、単位を度外視したかのようなエスノグラフィーを描くのであろう[5]。

6. 「世界の見方が変わる」エスノグラフィーで何ができるのか——履修者の声

フィールドワークとそのエスノグラフィーを描くことで何が起こるのか、科目履修後の学生の率直な感想をいくつか紹介することでその一端を示しておきたい。

(1) 人というファクター

ある学生が記したのは「専門性のあり方に待ったがかかった」というものであった。日頃、専門分野で除菌剤の開発研究を行っている彼は、「フィールドワークを知る前は、徹底除菌が至上命題であったはずが、常在菌まで殺してしまっていいのか」と立ちどまり、「人というファクターが入ってきたときに疑問が生じてきた」という。また、別の学生は、「現場に行くことの大切さを強く実感した。現場に行ってみると、教室であれこれ考え、予想したことが大きく裏切られることが多く驚いた。しかし、それがフィールドワークの醍醐味のようにも感じられた。また実際に現場にあることこそがまず前提、正しいことで、"なんでそうなるんだろう"と考えていく部分は、理系の研究の立場とかぶると感じた。物事についてよく知りたければ実際にやってみることが大切だと再認識した。しかし理系のものとフィールドワークの大きく違うことは、人間がかかわってくることだったと思う。インタビューを通してそれまで考えもしなかった要因を知ったときや、これまで自分が無意識にやっていたこと、持っていたイメージなどが明らかになったと

---

5 「フィールドワーク概論」では、一連のグループ調査ののちに、そのプロセスを踏まえた個別のエスノグラフィーの執筆を最終課題としている。例年、提出締切に間に合わず不可となっても、単位はいらないので読んでほしいといって提出してくる学生がいる。そのタイトルはたとえば「実行することでわかったフィールドワーク」や「そうだ、総長選挙に行こう」といったもので、タイトルを見ただけで読みたくなるものであったりする。

きは、考えていた対象に加え、自分についても再発見があった」という。いずれもが、他を通して自己を知る体験をしているともいえよう。もうひとり、建築学科の学生は「自分が設計で目指していたバリアフリーが、どこまでユーザーのことを考えていたかわからなくなってしまった。バリアとは何だろう、そんなことは考えたこともなかった。でもいまは、自分が考えるバリアはとても一面的だとわかっている。一皮むけた気がしている」と述べている。

(2) 「生の情報力」が試される

　建築学科の学生の、ある種の自己の再発見、一皮むけた感はどこからくるのか。それは次の学生たちが述べるように、フィールドワークという「自分で稼ぐ情報」にカギがあるのだろう。たとえば「自分が少しも予想していない話が会話のはずみで突然現れるのがフィールドワークの楽しいところだと思う」とか、「調査に正解もないが不正解もないとされるという点でフィールドワークにとても惹かれた。インターネットや本から得る知識ではなく、自分の足で調査し、自分の脳で考えて出した結論だからこそ、私の生きてきた19年間で凝り固まってしまった考えを打ち砕くことができたのではないだろうか。私は、このようにして得た知識は人から聞くよりも何倍も価値のあるものだと思う」という記述から推測される。「フィールドワークと聞いて活動の内容は少し想像がついたが、いざやってみるといかに自分が普段何も考えずに行動していたかを思い知った。いつも見ている風景から取っ掛かりをみつけ、フィールドワークをし、さらに新たな疑問を生む。スマホと生きている私にとって足りない『生の情報力』が試された15回の活動だった」。

(3) エスノグラフィーを描くことの意味

　エスノグラフィーにできること、それはひとことでは言い表せないが、「フィールドワーク概論」の履修者の様子や彼ら自身の声からいえるのは、世界を見る際の自分の枠組みを変える、ということだと筆者は考えている。

　「今回フィールドワークをし、レポート……エスノグラフィーをまとめる中で興味深かったのは、それを書く際の不思議な感触だった。フィールド

ワークをした後は、情報量が多すぎて、この中から面白いことが出てくるの
かいまいちわからない。しかし、書きはじめると、次第にテーマを背骨とし
てインタビューした内容が整理されてゆき、頭の中で輪郭がはっきりし、ど
のような考察をかけばいいかが見えてきた。フィールドワークは最後に書く
という作業をしてはじめて完結するのだ。あるいはその往復をしてゆく中で
完成されてゆくのだ、ということを実感した。理系としての訓練を受けてい
るまっただ中の自分にとって、自分の主観をも大いに使って現実に肉薄しよ
うとするフィールドワークの方法論はとても新鮮であり、同時にとてもむず
かしいものだった」というのはこれもまたある学生の履修後の雑感である。
エスノグラフィーを描くこととは、単なる報告としての記述ではなく、他を
知る努力のプロセスから生じた自己との向き合いである。いかなる科学技術
も、それが目指すのは、よりよい人の暮らしや共生を実現する世界である。
しかし、よりよいものとは、あるいは望まれる共生のありかたとはいかなる
ものなのか。先述の学生たちの「常在菌まで殺していいのか」、「バリアって
何だろう」という気づきは、まさに新たな枠組みの獲得といえるのではない
だろうか。

おわりに──理工生の「現場グラフィー」

クリックひとつで世界の裏側の情報が瞬時に見られるこの時代において、
その情報は果たしてどこまで、誰にとって真実なのか。その不確かさを自ら
確かめることが必要である。フィールドワークというこの面倒なアナログ作
業にはそこ（フィールド＝現場）でしか得られないデータ、情報、知識、感覚、
発見、目覚め、協働体験、感動がある。
そもそも現場とは、何かが生じており、何かの機微や、息遣いや、顔色や、
におい、人のぬくもりを肌で感じるところである。その感触から何かが生成
されたり、つながったり、あるいは再編成される場なのかもしれない。履修
生の半期の間の変化をみていると、想像力を養う経験ともなっていると感じ
ている。それはすべて、テイクノーツからはじまる。
より柔軟でゆたかな視野を持った科学技術者養成の可能性には欠かせない

方法論を学び、体験する、それが理工系学部におけるフィールドワーク系科目を教える／学ぶことの醍醐味である。彼らの大半は理系畑へと進む。科学技術を活用するには、ユーザーのニーズをはかることもまた重要であろう。真にユーザー視点になる（近づく）には、実際にユーザーに触れなければ実現できない。自らがいる場所を出ずにする想像は、自らが置かれている環境によって阻まれるからである。したがって、フィールドワーク系科目ではあらゆる理系専門分野にとって、ひいては生きる上で必要な「ものの見方」もしくは「自らの常識を疑うこと、すなわち常識の棚上げの仕方」を体得する場を提供することとなっているようだと、7年目にして実感している。

　学生たちが描いたものは、大学キャンパスという彼らの勉学と生活の場を支える人たちへの聞き取り調査の報告であるが、フィールドワークをすることによって新たな視点や発想を得て、彼ら自身が変わっていったプロセスの報告でもある。同時に彼らの勉学を支える個々の職場の人たちと直接にコミュニケーションの機会を作り、大学という小世界の成り立ちをグループごとの分担協力作業によって総合的に明らかにしようとする点で、まさしく現場グラフィーとなっている。

　最後にフィールドワークに人生の縮図をみた学生のコメントを紹介して結びとしたい。

　　フィールドワークとはまさに人生そのものではないだろうか。人との出会い、感動する出来事との出会い、悲しい出会い、人生で起こること全てが自ら行動することで紡がれていく。自分が行動しフィールドワークし発見を続けなければ、新たな刺激など無く、つまらない人生となるだろう。この授業において私は様々な後悔をした。「なぜあの時動けなかったのか」「どうしてあの時こうしなかったのか」等々、あとから考えれば、何の意味もない恥じらいから来る、貴重な機会の損失でしかない。これが授業内の出来事であったことを私は幸せに思う。

※本稿に登場する学生のコメントは2018年度と2019年度の履修者により提出された毎回のリアクションペーパーおよび最終報告レポートに書かれたものであり、匿名化を条件

に本人の許可を取り記載したものである。

参照文献

関根康正（2011）「人類学的フィールドワークの原液」『フィールドワーカーズ・ハンドブック』第1章、pp.283-291、世界思想社。

OECD（2019）, *The Heavy Burden of Obesity: The Economics of Prevention*, OECD Health Policy Studies, OECD Publishing, Paris, https://doi.org/10.1787/67450d67-e.

読んでみよう

◆写真観察法について読んでみよう

関根康正（2011）「フィールドワークへの招待 —— 写真観察法」『フィールドワーカーズ・ハンドブック』第1章、pp.13-36、世界思想社。

◆民族誌の古典を読んでみよう

ルイス・オスカー（2003（1959））『貧困の文化 —— メキシコの"5つの家族"』高山智博他訳、ちくま学芸文庫。

　　羅生門方式と著者自らが名付けたように、出来事をそれぞれの立場から描き出しているまさしく現場グラフィーとして必読の古典。

マリノフスキー・ブロニスワフ（1987（1967））『マリノフスキー日記』平凡社。

　　初期のフィールドワーカーがひとりの人間として異郷の地でありのままに悩む姿をも垣間見ることができる個人的日記。

2

戦略的「現場主義」を貫くために

ボツワナ・サンの子どもたちの仲間にいれてもらう長女（2013 年 8 月）

西﨑伸子

にしざき　のぶこ

　福島大学行政政策学類教員。博士（地域研究）。環境学を学んだ後、エチオピアの国立公園で2年間野生動物保護のボランティア活動をおこなう。帰国後、京都大学大学院アジア・アフリカ地域研究研究科で住民参加型の野生動物保全について研究をはじめ、現在まで継続している。参与観察のお手本は子どもの遊び。いつの間にか「場」に集まり、遊ぶうちに多様な人やモノが相互に馴染んでいく。ボツワナのサンの子どもたちは、鋭い観察力をもとに柔軟で開かれた関係を自然な形で築いている。それを横目に、儀礼的な挨拶をしないと新しいフィールドに入れない自分にもどかしさを感じている。

この章は、地方公務員を目指す学生に向けて、また人類学やエスノグラフィーを学んでいない現役の若手地方公務員に向けて書いたものである。「平場」の声を政策立案者に届ける地方公務員一人ひとりの力量が問われている。その力量とは、地域で起きているさまざまな事象や人々の行動、生活環境を観察し、声や声にならないつぶやきに耳を傾けること、住民と対話し、政策立案者と交渉することなどの全方位的技術およびフィールド・センス（＝現場感覚）である。そのセンスは、公共的なサービスを提供するときや、まちづくり事業にかかわるときなどあらゆる業務に応用できるだろう。

1. 地方公務員を目指す学生のフィールドワーク

(1)「現場主義」

「現場主義」は、2019年10月に92歳で亡くなった緒方貞子さんの難民援助の行動指針を表す言葉として注目を集めた。緒方さんは、国際政治学者として、日本の大学で教べんを執った後、63歳で女性初の国連難民高等弁務官となった。彼女は、「現場感というものがなくて、人は説得できないと思いますよ。現場の感覚がないと本当に、こうしたらどうですか、ああしたらどうですかと提言はできません」（NHK「クローズアップ現代」2019年12月11日放送）と話されている。現場感覚がなぜそれほどまでに緒方さんにとって大切だったのだろうか。

人類学を学ぶものにとって、現場（フィールド）に出かけること、そこで調査することはあたりまえで、「現場主義」をわざわざ前面に押し出したりはしない。「現場主義」とあえていわなければならないのは、現場に足を運ばない人や、現場に出たいと自分は考えているが周囲から理解されない人に向けての批判や説得の言葉だからである。国連のような巨大組織で現場感覚を失ったまま課題解決が方向づけられることへの緒方さんなりの批判であり、現場感覚を備えた緒方さんがいうからこそ、他者に影響力を及ぼしたのではないだろうか。

「現場主義」を戦略的にかかげることは、机上や会議室でモノを考えがちな政策立案者や事務仕事偏重主義への批判になりうるし、「少しの移動」を

伴うことで、わたしたちの見える景色が大きく変わる可能性がある。地方公務員の多忙化は年々進み、現場に出かけにくくなるなかで、どのような業務上の困難を抱えているのか。また、「現場主義」を戦略的にかかげることで、どのように困難を克服する可能性があるのか。これまでの教育におけるわたし自身の経験や事例をもとに以下で検討する。

(2) 「現場」は役場？

　近年、さまざまな学問分野において、「現場に学ぶ」大切さが説かれるようになり、多くの大学教育にフィールドワークの実践がとりいれられている。わたしが所属する大学の学部においても、フィールドワークを重視していることを広く宣伝していることから、新入生は現地調査をすることに大きな期待を抱いている。教員の専門分野（法学、政治学、行政学、社会学、文学など）に応じた、さまざまな現地調査を在学中に経験する。出口に特徴があり、入学生の8〜9割が公務員（とくに地方公務員）を目指し、そのうち4〜5割が卒業後に実際に働きはじめる[1]。

　わたしがこの大学に赴任した2006年、福島県内ではイノシシによる農作物被害が多発していた。これまでアフリカの農村で野生動物保護に関する現地調査をおこなってきたわたしは、日本でも新たに調査をはじめようと調査地を探していたところ、同僚の先生に福島県飯舘村での共同研究に誘っていただいた。最初に村を訪れたときに連れていってもらったのが村役場である。行政学を専門とする先生にとってのフィールドが村役場であることにそのときはじめて気づき、カルチュアショックを受けた。普段、役場で公的な資料を探すことはあっても、そこが調査の中心になる発想がなかったからである。地方自治体が取り組まなければならない課題は量も質も変化していて、あらゆる分野で自治体の存在感は増している。その先生のおかげで、今では行政組織が重要な調査対象になることをそのときわたし自身が学んだ。

　大学でゼミを受け持つようになり、学生の多くもまた、役場を唯一の

1　地方公務員、国家公務員を含み、地方公務員は、県庁、自治体の役所・役場、税務署、警察署、教員など多岐にわたる。

フィールドと考えていることを知った。4年生が卒業論文のテーマを決める際に、わたしからおおまかに「環境と社会」に関すること、フィールドワークを調査手法とすることを課している。ここで述べるテーマとは、人類にとって重要であり、学問的な手続きで検討する必要がある「特定の主題」のことである。

　地方公務員の行政職を志望する学生の多くは、地域づくりに関連するテーマを選ぶ。いったんテーマが決まると、研究をおこなう調査地を探しはじめる。現地調査を計画する段階で、地域づくりや町づくりに関心を抱く学生のフィールドワークは、役場職員への聞き取り調査が中心になり、それだけで終わってしまう学生が一定数見られるようになった。

　役場職員への聞き取り調査のすべてに意味がないわけではないが、役場で得られる情報は、調査者によほどのコネクションや深い知識がない限り、すでに公表されている情報を再確認するだけになりがちである。また、フィールドワーク初心者の学生が、個人的な見解を出しづらい役場職員に対して時間制限のあるインタビューのなかで多様な情報を得ることは至難の技である。

　したがって、学生が役場で聞き取り調査をする際には、事前に公表されている報告書や資料を隅々まで読み込み、矛盾点や疑問点、前提となるコンテクストを整理してから的を絞った質問を考えること、一つのテーマに複数の視点をもつために、同じ事象に関して異なる立場の人にインタビューすることを助言する。さらに、より暮らしに近い場でフィールドワークをすることを提案する。

(3) 暮らしの場への入り方

　暮らしの場でのフィールドワークをすすめる理由の一つは、地域にはもともと多様な人々が共存し、それをもとに持続的な発展をとげてきた歴史があるからである。今は、学生の関心が地方の人口減少や高齢化の問題とそれらの解決策を見出すことに集中する一方で、長い年月をかけて築き上げた多様な人々が暮らすうえでの工夫を理解しようとする姿勢は希薄である。学生には公務員を目指す前に、関心のある地域の実態を把握し、なぜ、公共空間や公共サービス、自治が必要とされているのかについて、ミクロな現場の視点

大学生のフィールドワーク実習の様子。トマトの収穫作業を手伝わせてもらう（福島県飯舘村、2008 年）

からじっくりと考えてほしいと思っている。

　もう一つは、今もなお人間の暮らしが自然と切り離せないことが実感できるからである。とりわけ文系学部の学生が人間の暮らしと自然環境の関係を体系的に学ぶ機会は少ない。農山村にいくと、人間が自然によっていかに生かされているのかを知る機会がたくさんある。

　人間が暮らす至るところがフィールドになりうるので、そこに入ることは本来であれば簡単なはずである。学生は、地域社会の一員であり、学業は暮らしの一部にすぎない。アルバイト、ボランティア、就活、旅行などの学業以外の活動を通じて、学生集団だけでない人々との接点はある。自分自身の暮らしや社会のあり方に関心を向けることさえできれば、テーマをみつけることができるはずである。しかし関心が向くかどうかは、各自の感性に頼るしかなく、関心が向いたとしても、次の「問いを立てる」作業で再度立ち止まる。

　いずれにしろ、まずフィールドに飛び込み、経験したこと、観察したこと、見聞きしたこと、感じたことをもとに、問いを育てるプロセスを学生自身が一度やってみるしかない。大学 3 年生の夏休みの課題に、「もっとも気になるフィールドにいき、そこで関心をもったこと、その理由、出会った人・モノ・情報について、フィールドノート、カメラやビデオカメラで詳細を記録する」を出す。

　しかし、ここでもフィールドに飛び込んだからといって、疑問や気づきがすぐに芽生えるとは限らない。2011 年以降、福島県のほとんどの地域は、

東日本大震災の被災地として福島県以外の地域（世界を含む）から認識されているし、住民もまた被災地だと認識してきた。しかし、現在の問題や被災地の様子について遠くに暮らす人に聞かれても、「現場に暮らしている」ことだけを根拠に、他者に伝えられることは意外に少ない。現場に暮らしていれば状況を把握でき、現場にいけば視野が広がるとは限らない。逆に、焦点化が進みすぎて、自分の目が届く範囲が狭くなる場合もある。凹凸のない目の前の淡い景色が、どのようにすれば立体的になり、色彩を帯びてくるのか。見えないと思っていた事柄が可視化されるためには、自分自身が何かに引っかかり、疑問を感じる必要がある。それすら出てこないときは、目の前の景色をまずは凪ぎの状態のまま書き留めること、それを繰り返して情報が蓄積していくと、ある日突然、一部が風景から立体的になり、風景に色彩がつき、意味をもちだすことがある。

　調査者が単独で、何かに気づいたり、調査で得たデータを分析できたりすればよいが、共同作業を経ることでより問題の輪郭が明確になることがある。学生がフィールドからホームである教室に戻り、フィールドワークで得られた情報を報告し、他の学生や教員がコメント・質問する。それへの応答を学生が考えることで、新しい発見ができたり、次の調査の方向性が見えたりする。報告した事象が、その地域だけの特徴なのか、その背景まで探るためには次にどのような方法をとればよいのかなどをゼミのメンバーで情報を共有しながら議論する。現場での、人・モノ・情報との良い出会いや、新しい発見が報告されると、みなが刺激を受けることになる。共同での学びによって、多様な考え方にふれることができる。

　次のステップは、調査をより深めていくことである。人類学者がおこなう長期の住み込み調査では、調査者がその地域の生活者になるため、時間がたてばたつほど調査がスムーズに進むようになる。一方、学部生が短期間に、通いで調査をするスタイルの場合、最初のアプローチに悩むことがある。役場での調査依頼は、事前に質問項目をメールで送るように指示されることがあり、ビジネスマナーを守れば、定型化されたアプローチで調査することができるため、学生は安心感を覚える。しかし、暮らしの場で調査をする場合、個人あるいは団体や組織、人々の日々の営みを調査の対象にするにあたって、

それぞれにふさわしい方法で調査許可を得たり、聞き取り調査のアポイントメントをとったりする必要がある。同世代の学生とのコミュニケーションしか知らないと、多種多様な人々と新たに知り合い、共通言語を探りながらコミュニケーションをとることを苦痛に感じるようである。

　そのようなときに、比較的フィールドに入りやすいのが、参与観察という一点突破型の手法である。対象社会に何らかの形で参与する最初の「入口」を探ることができる[2]。たとえば、地域の農業や食について調査をおこなう場合は、道の駅や直売所、農家レストランを一回だけでなく複数回訪問したり、アルバイトやボランティアとして現場に入り、空いた時間に調査に協力してもらえないかをお願いしてみたりするなどである。アルバイトやボランティアは認められるが、調査協力については断られたり、全面的な協力を得られないことはよくある。学生は拒絶されたとすぐに落ち込むむが、容易く受け入れられることの方が稀である。悩む時間があれば、態度で示し、「教えてください」と請うことで参与観察の道は開けてくる。

　ある社会や事象を見るときに、自分たちが外部から持ち込んだ価値の物差しで測るのではなく、その社会の内部の視点から、ローカルな文脈から、住民の目線から読み解いていくこと、さらに価値を測る物差しは、地域社会においても複数あることなどを学べるのが学生時代のフィールドワークの醍醐味である。現場とホームを往復し、その過程で何度失敗しても、致命的な失敗でない限り、やり直しができるのも学生時代にフィールドワークを経験しておく利点である。

2. 現実と理想のギャップ

　では、学生時代のフィールドワークの経験は、社会に出てからどのように

2　参与観察とは、「身をもって知る」方法で、調査対象の個人や集団がおこなう行事などに一緒に参加することを通して観察データをえることができる。そこで得られるデータによって、対象相手（社会）のルールや考え方、感情などを知ることができる。参与観察は、時間や見聞きできる情報が限定的であることを理解したうえで、事前の十分な準備と事後の関係者への聞き取り調査などでの補足が重要になる。

生かされているのだろうか。学生時代に身に着けた現場感覚を実践で活用できているのかを、機会があるときに卒業生に聞くようにしている。

　一例を紹介しよう。ある市役所の農林課に勤めはじめて5年目の元ゼミ生のKさんは、台風による果樹被害を調べることになり、現地確認のために果樹農家に聞き取りをしていた。Kさんによると、フィールドはすでに決まっていて、学生時代のように自ら探す必要はない。業務のほとんどがルーチン化されているので、想像力を働かせて「問いを立てる」必要もない。即効性のある解決策が常に求められていて、深く考えることより、早急に対応することが評価につながるという。度重なる行政改革の影響を受けて、公務員の人手不足は深刻になり、一人ひとりが抱える業務量は増えるばかりである。疑問をもつことを周囲から求められておらず、求められていないことはしないでおこうとする「ことなかれ主義」が蔓延しているという。せっかく果樹農家に聞き取りにいくのだから、被害状況だけでなく、普段聞くことができない農業全般のことも聞きたいのだけれど、その時間がとれず、またそれをしても誰からも評価されないという。

　その一方で、未来の地域像を考える総合計画策定のような独創性や想像力が必要な業務は、役場職員だけでは難しいと最初から思われていて、都市に拠点をもつコンサルタントに計画案の作成を「丸投げ」するケースが見られる[3]。事業への新規性や創造性のインプット、住民に説明する際のわかりやすい伝え方などが求められ、それらのノウハウに長けているのはコンサルタントで、地方公務員の当事者性は軽視される傾向にある。

　学生時代に学んだ「あたりまえを疑う」ことや気づきの相対化、現象の深い理解などを考えて職務をおこなっていると、現実と理想のギャップに違和感を覚え、さらにその感情を同僚と共有できないことで苦悩が深くなると元

3　公益財団法人「地方自治総合研究所」（東京）が2017年11月、全国約1700の自治体にアンケート調査をした結果、有効回答1342市町村のうち77.3%が、「地方版総合戦略」の策定を外部企業のコンサルタントやシンクタンクに委託していたこと、委託先は東京の企業・団体が過半数を占めていたことを明らかにしている。詳細は、坂本誠（2018）「地方創生政策が浮き彫りにした国－地方関係の現状と課題──『地方版総合戦略』の策定に関する市町村悉皆アンケート調査の結果をふまえて」（『自治総研通巻』474号）を参照のこと。

ゼミ生はいう。この苦しみは、自治体職員として多様な住民に向き合う際の「わかりあえなさ」にもつながる。その解消のためには、縦割り組織や上司の意識変容などの大きなしくみが変わらなければ難しいと思うが、一方で、個々の公務員が通常の仕事をおこないながら、突破口を見出すことができないのだろうか。

3. 実践、戦略的「現場主義」

(I) ある役場職員の取り組み

　解決のヒントとして、現実と理想のギャップを感じつつも「現場主義」を貫いておられる役場職員を紹介しておこう。島根県邑智郡美郷町役場・産業振興課に勤めておられる安田亮さんである。

　安田さんのことを知ったのは2010年に遡る。農山漁村文化協会（農文協）が製作したDVD「暮らしを守る獣害対策シリーズ」（2009年発行）に、イノシシ被害に取り組む自治体の先進事例として美郷町の取り組みが紹介されていた。今日、地域ぐるみの鳥獣害被害対策やジビエ（野生鳥獣肉）の活用は数多く報告されているが、当時は美郷町の取り組みが一歩先んじていた。DVDを視聴してこの町の対策が画期的であることはわかったが、誰がこのしくみを発案したのかは映像では明らかにされていなかった。講義でぜひ紹介したいと思い、美郷町に視察を申し込んだところ、対応してくださったのが安田さんとの出会いである。役場で会って10分も話をしないうちに「現場をまわりましょう」と提案され、集落ぐるみで対策をおこなっている奥山集落や地元住民が野菜や加工品を販売する青空サロン、農業や獣害被害対策の講習会をおこなう安田さんの田畑、ジビエの解体処理所、女性グループが利用する加工場などを一緒にまわり説明を受けた。美郷町の獣害対策の行政視察数はその当時から多く、視察対応に慣れているとはいえ、安田さんのフットワークの軽さと初対面にもかかわらずとても丁寧に案内をしていただいたことに驚いた。どの現場でも、安田さんと町民の距離がとても近いことも強烈な印象として残った。

　美郷町の人口は約4600人（2019年8月）で、人口の減少が著しい。高齢化

が押し寄せる農村に、2000年代初期から獣害が頻発し、社会問題になっていた。獣害による農作物被害は、営農の気持ちを削ぎ、高齢者の生活の質を確実に低下させるため、どの農山村においても取り組むべき課題としての優先順位が高い。しかし、実際に困っている農業従事者が役場に対策を求め、役場の担当職員が猟友会主体の有害鳥獣捕獲組織を中心とした従来のやり方で解決を試みるということがあたりまえになっていた。これに疑問をもったのが、2005年からこの問題の担当になった安田さんであった。

　従来の対策の限界を感じた安田さんは、まず、町長をリーダーとして、農業従事者や狩猟者など多様な人々が参加できる組織に変化させた。また、元フランス鴨の解体処理施設をジビエの加工処理所として再活用させ、夏に捕獲したイノシシ肉に「おおち山くじら」と名づけて京阪神のホテルやレストランに絞って販売する戦略をつくった。さらに、給食や地元の祭りでジビエ料理を積極的に使い、子どもを含め町民が獣害対策やジビエに関心が向く機会を創出するなど、数々の工夫を凝らした（安田2020）。全国にさきがけてこれらの試みを牽引してきたのが安田さんである。「ことなかれ主義」に染まらずになぜこのような試みができたのかを探ると、安田さんの仕事への向き合い方にヒントが隠されていた。

(2) 境界を設けない働き方

　安田さんのアプローチには次のような特徴がある。

　一つ目は、自身も地域住民の一人であることを常に認識しながら、公共的な仕事に従事している点である。どこにいっても下の名前で呼ばれ、地元から頼りにされているのは、安田さんが生活者として住み続け、地域の人々の声をよく聞き、聞こえづらいつぶやきのような声にも耳を傾けているからである。

　二つ目は、自分がわからないことは仕事が終わった夕方からの時間や休日を利用して文献を調べたり、地域外の専門家の話を聞きにいったり、その専門家が登壇する講演会に参加したりして見聞を広めている点である。専門家から聞いたことを地元に還元するために自分の田畑を学びの場として開放し、専門家による農業講習会を開催する。農業講習会の内容もとてもユニークで、

獣害被害対策だけでなく、高齢者が続けられる省力化した農業実践法などが紹介されている。

　三つ目は、これまでおこなってきた実践について、実績が示せるように安田さん自身がデータを細かく集めて分析し、成功したもの、あるいは成功すると確信したものだけを役場の事業として提案している点である。時間をかけて検討するために、活動をはじめてから数年先の事業提案になることもあるという。

　四つ目は、働き方に関することで、現場に出ることを優先して、事務仕事がおろそかにならないように、まず事務仕事を効率的に済ませ、その後に現場へ出るという。

　安田さんの地域づくりへの思いは、「はじまりは獣害対策だったが、本当に考えなければならないことは、獣（けもの）をなんとかする発想ではなく、将来美郷町をどのような地域にしたいのか、そのためにわたしたちがどうありたいのかである」という言葉に凝縮されている。わたしを含めて、日常の生活に埋もれていると、あるいは分業体制のなかで特定の役割に特化していくと、見えるものしか見なくなる。他者目線を獲得しながら、境界を設けずに地域にかかわり続ける安田さんの働きかけが、獣害対策という焦点化した問題とダイバーシティ時代の地域の将来像を検討するというマクロな課題とをつなぐ大きな道筋をつけていると思われる。

　ここで、現場主義を貫く安田さんの活動のポイントをまとめておこう。

① 地域住民という視点を忘れない。現場とつながり、現場によりそう
② 地域住民の話をよく聴く。地域住民に話をしてもらう
③ 自分で考えてもわからないことは「少しの移動」を躊躇わず、専門家や他者に聞く
④ 専門家から聞いたことは、地元に還元する方法を考え、実行する
⑤ ためしてみたい活動は、プライベート時間・空間でおこなう
⑥ データを細かく集めながら、実行可能性についてじっくりと考える
⑦ ⑤⑥で成功すると確信したものだけ公的な事業として提案する
⑧ 現場に出ることを優先するために事務仕事をおろそかにしない。事

務仕事を効率的に片づけてから現場へ出る

　ある事象を安全な位置から参与観察する人類学者は、しばしばその特権性が批判されてきた。自治体の担当者には「安全な位置」がなく、行動は常に住民に見られ、説明が求められ、評価され、責任をとる必要性が出てくる。安田さんの働き方は、ともすれば近年のワーク・ライフ・バランスの考え方とは相反していて若手職員には受け入れられにくいようにも思えるし、強要されてするものではない。安田さんがこの地域に暮らす当事者（公務員・生活者）として取り組まれてきたからこそ、この働き方が成立している。

　安田さんは職場では長く「変わり者」とみなされてきたと自嘲気味に話される。しかし、信念をもって仕事をされてきたことを地域住民は見ているし、職場での評価にもつながるはずである。2019年4月から「山くじらブランド推進課」という組織が役場内に新しくつくられ、安田さんはその部署のリーダーをつとめておられる。

4.「現場主義」を支えるために

　わたしがアフリカで調査をする際に、長期のフィールドワークはなるべく長く、一回いくと1年は帰ってくるなと先輩に教わった。しかし、調査期間はできるだけ長い方が良いとしながら、人類学者の多くは、一度かかわったフィールドに継続して通い続ける人は少なく、ましてや生涯にわたり居住する人もほとんどいない。ホームとフィールドを常に往復するのが、研究者の研究スタイルである。それに比べると、地方公務員は、何十年にもわたり、その地域に暮らしながら、「地域の将来を考える仕事をする」唯一無二の存在である。だからこそ、本来ならば、現場主義をわざわざかかげなくても、あたりまえに現場に出かけ、地域の問題を把握し、解決策を見出す作業環境が整えられているべきではないだろうか。今は、「変わり者」と呼ばれる一握りの人が、そのような環境を自らが苦労してつくっているにすぎない[4]。

4　全国の地方公務員が推薦し、「スーパー公務員」と呼ばれる人が審査する、「地方公務員が本当

一方で、一定期間長く暮らしていると、新しい目線で地域を見直すことができなくなる弊害もある。外国にいった直後は、何もかもが珍しくて、写真をたくさん撮影するが、長く滞在すると、よほど珍しいことが起きない限り、カメラを向けなくなるのと似ている。研究者がホームとフィールドを往復して物事を相対化するのと同様に、活動を振り返る機会を公務員も定期的にもてないだろうか。

　たとえば、大学や大学院に一定期間在籍し、自分の業務を他者目線で振り返ったり、利害関係のない人々と悩みや考えを共有したりできると、新しい刺激を受けたり、新たな発想がうまれるかもしれない。現に、わたしが教える大学や大学院に入学する社会人大学（院）生（現役の地方公務員や議員が含まれる）のなかには当事者研究に取り組み、仕事をしながら学ぶことで自らの業務を振り返り、学位を取得している例がある。現場感覚をもつ学生の育成とともに、社会人の「学び直し」のために大学（院）を積極的に活用してもらいたい。わたし自身は、学生が、苦労なく現場主義を貫ける社会づくりに少しでも貢献していきたいと思っている。

主な参照文献

今井照『2040年 自治体の未来はこう変わる！』学陽書房、2018年

野林健・納家政嗣（編集）緒方貞子（著）『聞き書 緒方貞子回顧録』（岩波現代文庫）岩波書店、2020年

菅原和孝『フィールドワークへの挑戦――"実践"人類学入門』世界思想社、2006年

西﨑伸子「生活者の視点で考える鳥獣の保護管理と地域づくり」松野光伸・境野健兒編『小規模自治体の可能性を探る――福島県飯舘村における地域づくり』八朔社、2011年

安田亮「1頭の害獣イノシシからはじまった地域おこし20年の取組――身の丈の地域おこし"山くじら物語"第1章〜第4章、そして第5章の幕開け」『地方財政』59(7)、2020年

主な参照WEB

島根県邑智郡美郷町のホームページ（https://www.town.shimane-misato.lg.jp/）

にすごい！と思う地方公務員アワード」（Heroes of Local Government 主催）が、2018年から実施されている。評価基準はわからないが、地方公務員個々人のライフヒストリーとして参考になる。URL：https://www.holg.jp/award/

◆観察したことを記録する（現場グラフィー）

　社会人が学生時代のように気楽に参与観察したり、観察したことを映像に
することは難しいかもしれないが、見聞きしたことをフィールドノートに書
いたり（本書第1章）、印象に残った場面をスマホで静止・動画撮影したり、
ボイスレコーダーで記録に残しておくことはできる。できるだけ細かく記録
し、長く保存しておくことで、学び直しの機会や「メタ現場」（本書第Ⅱ部コ
ラム）での作業に役立つだろう。

読んでみよう

◆観察力を高める

　この章で紹介した安田さんをはじめ、地域の実情をきめ細かく把握し、新
しい考えを柔軟にとりいれている地方公務員の「観察力」は非常に高い。言
語が通じるフィールドワークではインタビューに頼りがちであるが、観察す
ることの重要性を感じてほしい。自らの映画を「観察映画」と呼ぶドキュメ
ンタリー映画監督・想田和弘さんの書籍や作品には、参考になる手法やエピ
ソードが散りばめられている。

想田和弘『観察する男　映画を一本撮るときに、監督が考えること』ミシマ社、
2016

　想田和弘監督による観察映画に『港町』（2018年公開）、『ザ・ビッグハウ
ス』（2018年公開）など多数ある。

3

被災の記憶ある場所での
学生フィールドワーク

ビニールハウス補修作業を手伝う学生たち。「最悪、話しを聞けなくてもいいから、作業をしている人がいたらお手伝いして、時間が空いたら聞くように」と話していたので、現地の方から歓迎してもらえた（2009 年 8 月）

飯嶋秀治
いいじま　しゅうじ

　九州大学人間環境学研究院共生社会学教員。人間と環境の相互作用のなかで人がどのように危機とつきあってゆくのかを研究。フィールドは主にオーストラリア先住民アランタ民族と、九州地方を中心に環境変化が急速に生じた被災地など。成果に『アクション別フィールドワーク入門』（世界思想社 2008）、『支援のフィールドワーク』（世界思想社 2011）、『自前の思想』（京都大学学術出版会 2020）など。

本章では、デスクワークで一応の準備を整えた参加者たちを、いかにして現場の人びとに出遭わせるのか、という課題に直面している教員や市民講座の主催者などの読者を想定している。学生や市民の参加者たちに現地の姿を認識してもらうフィールドワークは、文字や言葉に詳述し尽くしがたいさまざまな面を学べる豊かな機会である。だが、そうした参加者と現地の間には、大きな認識のギャップが存在することもある。ここでは、過去の災害でメディアに大きく取り上げられ、それがゆえに企画者や参加者の関心も高いのだが、その関心の持ち方自体が現地との間に一定のギャップをもたらした、というフィールドの事例を取り上げる。こうした現場でのフィールドワークで、参加者にも現地の人びとにも一定の豊かな学びの機会を企画する際には、一定の配慮と実際的な工夫が必要となる。そうした配慮や具体的な工夫が、現地のダイバーシティ（多様性）認識を豊かにするのである。

1. 「問題」によって特徴づけられた場所

　ある年の春が来ようという頃のことである。私は、大学教員として学生のフィールドワーク引率をする立場となって３年目を終えようとしており、企画や予算の段取りなども先輩を見ならい、いよいよ自分で来年度の企画を立てようとしていた。

　自分が就職した大学は自らの出身地とは異なることもあり、せっかくなので、この地域のことを学生たちに知らせ、またこの地域に何か役に立てるフィールドワークの実習企画をやろうと考えた。

　そうして考えてみると、この地域には半世紀以上も前のことではあるが、当時、工場からの環境汚染の被災地として有名になった場所があり、今では半世紀経ったこともあり、当時の話を聞くなら今のうちに聞いておかないと、と思えた。そうした場所であれば、一方で受験勉強をしてきた若い学生たちが社会に目を向けるのにふさわしいだろうし、一方で現地の方も半世紀経っていればある程度の振り返りもでき、何かしら自分たちにもできる余地があるのではないかと思ったのである。

　とはいえその企画が実現できるかどうかは何よりも現地の人たちがそれを

受け容れてくれる余地があるかどうかである。

　自分が学生時代に先生たちに最初に連れて行ってもらったのは大学からかなり離れた他県の自治体の町役場であり、先生方はその際に手土産を持って行っていたので、実際にお会いするのはその時が初めてだったのではないかと思う。とはいえ、そうした自治体経由だと、自治体の職員から声をかけられたので引き受けた、などと不本意なことがあるかもしれない。なので、まずは自分一人で出かけて、現地の様子を見てくることにしよう、と思い立ち、出かけたのだが、その日に地元の初老の男性から言われたのが「そのことで学生を連れてくるならもううんざりしている」という言葉であった。学生たちの学びになるだろうというこちらの都合や、既に半世紀経ってある程度振り返りもできる時期であろうというこちらの想定が、あくまでも現地の外からの独りよがりの想定だったと突き付けられた瞬間である。

　だがそれは、初めて私がこの地域と出遭った瞬間でもあった。地域は今でも必死な現場であった。その日は冷たい風が吹いていたかと思うが、そんなことも記憶にないほど足下が崩される感覚を味わっていた。

　以下では、こうして現地と出遭ってしまったところから、何をどう立て直し、組み替えて、現場との関係を築いていったのかを描くことで、①配分された年度予算を用いて、進学してくる学生たちに学習機会を提供する上で、致命的な失敗を回避しつつ、②できるならその企画を、「被災地」のようにある時何らかの形で一面的に特徴づけられてしまった現地の人たちにも、その面でしかその場所を考えられなくなってしまった学生にも、さらには、自らの成長にも開かれたものにできないかと煩悶している教員にもヒントにしてもらいたいと思う。

2.「失敗」とは何か

　こうした企画を任された時、私が現地に向かう前に考えていたのが、「現地の人たちに受け容れてもらえなかったらどうするか?」ということであった。組織の予算は年度内消化をしなければならず、4月から来年3月の間の1年間に一定の有意義な学習をしてもらうのが最低限の水準であった。

現地の事情を想像すればこそ、「現地の人たちに受け容れてもらえない」という瞬間は、いつでも訪れうると身構えていなくてはならない。上述したように、挨拶の段階で想定とのずれが露見することもある。

　失敗にも色々あって、長年入ってきた現場であってさえも、全員に同意を得てそこに入っているわけではないので、「聞いてない」「気に食わない」という意見はいつでも出てくる可能性がある。被災地であれば被災した人と被災していない人がいる場合もあるし、各種の世代や生業、性差や収入などの社会格差もあり、失踪、障害、ひきこもり等の課題を抱えた家庭がある場合もある。さらに後味の悪いことに、1年の企画を無事に終えたと思った矢先に、配布した報告書で現地を不快にさせることもあり得る（飯嶋 2013）。

　以前の大学制度では、学部生の時代にはこうした授業に参加して課題に集中でき、大学院生から助手の期間にそうした授業の舞台裏で何をどのように準備しないといけないのかを先生方から学び、教員になった時にいよいよ企画側に回るという回路があった。ところが私たちの世代になると、大学院生までもそうした授業への参加者になり、研究室内の助手制度が大きく変わった現在では、TA（Teaching Assistant）やRA（Research Assistant）を経験せず舞台裏を準備したことのないまま企画側に回ることになる。私たちの世代はちょうどその境界期にある世代であった。なので、学部生として2回（飯嶋 1993, 1994）、大学院生として2回（飯嶋 1999；飯嶋・徳安 2000）そうした実習に参加していたが、舞台裏についてはほぼ経験することなく、いきなり飛び込みで現地に行くことになった。

　ところがその現地に入る段階では、外部にいる者は、対外的に知られるメディアからしか情報が入らないことが多いので、そこを訪問しようと判断しているその動機そのものが既に、外部から特徴づけられた視線に彩られてしまっている。だから現地では「もううんざり」してしまうのである（安渓・宮本 2008；cf.澤田 2013）。

　ただ企画が足元から崩れた場合には、最低限学内の「現場」に連れて行けば大丈夫と判断していた。何らかの形で一面的に特徴づけられてしまった現地にも、その面でしかその場所を考えられなくなってしまった学生にも、自らの成長にも開かれた場所は、現在、あちこちにあり、そうした複数の選択

肢を持っていることは、現地にも、学生にも、自らにも良い。こうした安全策を取りながらのことではあったので「完全な失敗」はなかなか起こらないようにしていたが、それでもやはり足下が崩れる感覚は変わらない。そこで引き下がれば現地には迷惑をかけない、学生には別の課題を出してもいい。だがその時の私は、まさに今ここで出遭った課題をどうにかできないものだろうか、と考えた。

3.「どうにかする」と「どうになかる」の間で

　この際、「どうにかしないと」という感覚はあったものの、既にこちらの思い込みで相手に疑念を抱かせている以上、当該の被災に関する研究や教育をどうにかするという意識で押したら、そこから先は関係がこじれるだけであったかもしれない。

　他方で目前にいる人物がこの地域の例外的な意見なのかどうかも分からなかったので、「どうにかなる」と居直れるような関係があったわけでもなく、まさに今ここでの応答の仕方次第では、この関係が切れるという状況であった。

　ただ幸いだったのは、私がそれまでの学部の授業で研究してきたのは民俗学的な「民間信仰」といって年中行事や人生儀礼の話題であったり、経済地理学的な「就業構造」といって男女や世代別の職種の話題であったりして、そうした側面はどこの地域にもみられるものであった。それはどこにでもある「生活」であって、特徴づけられる「問題」ではない。「問題」の面からのみ彼らの生活世界に入ろうとするから、ある意味彼らの生活感覚からずれてしまうのであって、その場所に関心を持った窓口が限られていても、その窓口だけに固執しないことが別の窓口を開くこともある。

　少なくとも目前の人物が、当該の被災の話題で学生を連れてくるならうんざりだと言って疑念を持っており、私には「どうにかしよう」にも「どうにかなろう」にもその他の関係を持っていなかったので、「どうにかできる」余地はそこしかなかったともいえよう。

だったら僕らの学生たちは都会からきて、どうやって魚を捕るのかとか、どうやってミカンができるのかとか知らないから、そういう話を聞かせてもらうことはできませんかねえ。

　その場で別の提案をしてみたのである。すると目前の人物の顔がやや意表を突かれた顔になり、「う～ん、まあ、そういうことだったら、別に構わんけれども……」と、この辺りにどういう魚がいて、それを釣りにくる人間がどこからやってきて……という話に展開していったのである。

　こののちも、その日のうちに、数人の地元の方に会い、話をできたが、何しろ驚いたのは、見慣れぬ人間（私）がいると、様子や身振りからほぼ確実に「学者」ではないかと同定されたことである。半世紀を経た後であってもそのくらい、この地域に訪ねてくる人間と言えば「学者」であり、彼らはそうした人たちにうんざりしていたのである。

　逆にこちらが、学生を連れてくる目的を、魚とりやミカンづくりの話を聞かせるためだと言えば、私自身も話をもっていきやすい。

　こうして半日ほど地域を見て回り、帰路につく頃には、この地域に学生を連れてこられそうなこと、またその話題は生業を中心にすることを固めていた。それは、相手の生活世界の脈絡、文脈に沿った企画にする第一歩であった。

4. いい形で出遭える工夫

　もちろん、それで全ての課題が片付いたわけではない。半日の滞在で、何人かから「学者」への手応えが分かっただけであったので、話題はほぼ決まっていたものの、現地にも学生にも自らの成長に開かれた企画にするために、その後も細かな工夫を必要とした。

　一つは当初避けた行政への挨拶である。これは当該の自治体の市役所への挨拶というのもあったが、実際にはそれでは現場との距離感が大きすぎる。なので、現地で広報などを回す組織がおおまかに幾つあり、今の組長がどなたかを伺って趣旨説明を行っていった。そうしている間にも、地元の高齢の

女性から「あんたたちがえぇかげんなことを書きよってから」と不平をぶつけられることもあった。これは私からしてみれば身に覚えのないことで、明らかに、他の「学者」が入った記憶と混同しているのだが、この人の文脈からすれば「同じ学者」である。その記憶は私たちが受け容れられた後にも残る可能性があり、私たちの学生たちの記憶はいつかまた現地の人たちから「あんたたちがえぇかげんなことを書きよって」と誰かに向けられるかもしれない。なので、学生を連れてくるまでに全員にお会いすることは不可能だったが、それでも後続する人たちに対して、そうした負の遺産が最小限に食い止められる工夫はないかと考えた。

　そこで思いついたのが、スクール・カウンセラーなどが、学校で子どもたちに自己紹介するのにプリント倶楽部の写真を使ったり、カウンセラー通信などを配布していたことであった。

　そういうわけでこの実習企画に参加する学生に関しては、教員たちや大学院生たちとともに、顔写真と名前を一覧表にして、私たちが現地で何をしようとしているのかを数行の短い文面にまとめ、何か尋ねたいことがあれば担当の私まで連絡をしてほしいという自己紹介シートを作成して、全戸を訪ねて配布することにした。郵便で投函することも不可能ではなかったが、これからかかわってお世話になろうというところなので、配って歩くことにすれば、その最中に住民の方にお会いして、口頭でお話しすることもできるだろうと考えてのことであった。

　これで一応、実際に十数人とは話をし、また全戸には書面で挨拶し、もしも事前に不安や不満があれば聞いて、それから方針を考えよう、と構えていたが、結果的に事前に連絡

配布した自己紹介シートの例

が来ることはなかった。

　それでもこれが良かったのは、全戸にこのシートを配っていたことで、私たちが挨拶に行った時に、ほとんどの家で「あぁあの封筒の…」と既にご挨拶に来ていたのを思い出してもらえたことであった。またこの発表をある研究会でしたところ「このやり方は良い」とすぐにある大学の実習の訪問前の挨拶に使われもしたので、こうしたところに企画者と現地との間で「できる余地」があったのだな、と実感した。

　こうした細かな工夫が、私たちの実務を楽にしたことは言うまでもない。初対面であれば一回一回ご挨拶をし、趣旨を話し、それから改めて話を聞き、ということになろう。だがこの時には、既に私が伺い、その一覧表で手元にその挨拶も残され、訪問時にはたとえ私がいなくても、ある程度現地と学生との関係ができているようにしむけられたからである。

5．年間のスケジュール

　ここまでくれば、あとはこれまでのやり方で、年間の手順は大枠では決まっていた。全体としての勘所は、良い形で出遭え、良い形で別れ、その間何が生じるか分からない期間は企画者が対応できる余地をもっておけるかどうかである。そのために年度内に行うことと言えば、

①まず現地に行く前に全員で何らかの関連文献を読んでもらい、全員でその報告をきくことで、現地の生活世界の文脈を理解してゆくこと。
②次に一度全員でご挨拶に出かけ、怪しい者ではないと理解していただくこと。
③ご挨拶から帰ってきた後、その現場を想い描いて、彼らの話を聞けるような準備をしてゆくこと（学生を1人1人ばらばらにするとその学生と現地の方の相性が出てくるので、何人かを一組にするなど）。
④また私たちの実習企画ではお盆前辺りに1週間ほど現地に宿泊して集中してお話を聞くので、その交通路の確保や宿の手配をすること。
⑤夏休み明けには聞いてきたお話を整理するなかで理解を深めること。

⑥秋口に話をまとめる過程で聞き損ねていたと分かったところを補うための再訪をすること（そのため、残暑見舞いや年賀状を出しておいた方が良いこと）。

⑦最終的に報告書にまとめ、それを年度末に現地に配ること。

である。

　これは1年間を念頭にしている企画であるが、全体の期間に伸縮があってもこの7つのステップはほぼ共通になる。なおこれは私自身が考えたのではなく、私自身が学部生の際に体験した実習企画もこのようなものであった。

　また、学生に対する注意点としては、人の話を聞く際には人の時間をとることになるので、忙しそうな時に無理強いしないことと、何か手伝えそうなことがあったら手伝って、時間ができたら聞く、という姿勢でいきなさい、と伝えた。

　実際、企画の主旨は当該の被災ではないので、関係を急がせなければ相手も世間話につきあわないわけでもないという姿勢の方がほとんどであった。

　それどころかそうした姿勢で臨んでいたところ、なんと初日には学生たちがあちらこちらから手土産を持ち帰ってきてしまった。こちらの方面での反応は期待していなかったため、滞在中に食べきれないほどの飲食物をいただいてしまったのであった。

　④の長期滞在中は集中して現地と学生の関係が密になるので、この時に行ったのは毎晩夕食後の簡単な報告会で全員の体験を共有したことである。

お仕事を手伝いをした後、昼食時間にお話を伺う

できるだけ現場で聞くと、話題にするものも豊富になる

複数で現地に出かけているので、そうそう相性で酷いことにはなっていないはずだが、それでも何か不安があればこの時に報告があるので、早期発見ができれば問題も小さいうちに対応できるからである。

6. 「問題はない」の向こう側へ

　上述したように、話を聞いてまとめた報告書は、年度内に全て学生と一緒に現地に配布した。その際には現地の方たちから懐かしむ声もあがったし、学生は学生でこんなふうに見ず知らずの大人から話をきくということ自体が初めてだったので、人づきあいの成長を見せた（飯嶋 2017）。

　とはいえ、事前に訪問者たちのシートを配布し、現地と学生の相性の問題が生じにくいように学生をグループにし、集中滞在している間に毎晩ミーティングで細かな課題に取り組み、誤りを修正したり確認したりする補足訪問を行っても、それで不満や不安が完全にカバーされるわけではない。

　もちろん、ここまで工夫していれば大抵の大きな問題は生じないと考えているが、個別の「助かった」という声と全体として大きな「問題はない」という終わり方は、いわば最低限の終わり方である。

　だが報告書を配った時点では、地域の方たちはその報告書を読んでいない。個別には誤りを修正したものの、全体に配布してから、ある人が語ったことに他の人の経験の光が投げかけられることがある。

　実際、報告書を配ってしばらくすると、現地から電話をいただいたのである。「ここは違うのではないか？」「ここは知らなかった」「ここは別の言い方もある」「ここは良いことが書いてある」などなど、その電話は 1 時間も続いたことから、最初から最後まで細かく報告書を読んだ上で電話をしてきたのは明らかであった。

　実習の成果報告というものは半ば自明化していて、その後、報告書がどれだけ読まれたのか、という報告はほとんど聞いたことがなかったが、逆に、こんなふうにして最初から最後まで一文字一文字読んで連絡をしてきてくれる方の話も聞いたことがなかった。

　そこで、企画段階では計画に含まれていなかったが、報告書を配布して少

し間を置いた後、訪問の際の声かけとしては「学生たちがお世話になりました
が、何かご迷惑をおかけするようなことはなかったですか？」とアフ
ター・サービスをする形で全戸を回ってみた。

するとお話をお伺いした家の大多数が報告書を読んでいることが分かった。
これは本当に驚きであった。想像するに、こうした被災地以外の地域では、
これほどまでに報告書を読むことは期待できない。おそらくは、冒頭に書い
たように、被災後半世紀経ってもなお、現在もそのことを意識していればこ
そ、報告書にどのように書かれたのかを気にして読んでいたように想われる。
概ねは喜ばれており、「こんなふうに話したことが返ってきたことは初めて
だ」とか「子どもにも送りたいからもう何冊かないだろうか」といった声も
あった。

ところが数としては少数の声なのだが「報告書にはこう書かれていたけれ
ど、そんなことは記憶にない」「あれは誰が言ったんだろう？　後からやっ
て来た人の話かもしれない。それが書いてないと判断がつかない」「もっと
未来志向で書いてほしかった」といった声もあった。

こうした声にはその都度、私が覚えていたことを応えていったが、意外
だったのは、被災の話を直接聞かなかったところにも、こうした史実への拘
りが強く見えたことであった。つまりそこには、現地に長年住んでいればこ
そ、私たちとの接点で、その人たちが生きている文脈で大事にしていること
が不満として顔を見せ始めていたのである。こうなると単に被災地という
「窓口」や、逆にどこにでもあるような関心の「窓口」とも違う、現場に固
有の姿が見えてくる。

7. 壁の向こう側へ

この段階では既に一企画実習を終えたため、その後の企画をどうするかは
予定になかった。ただそれ以前からも私たちの実習では、出遭いの窓口は企
画実習ではあっても実習を終えた後はその地域の一員のようになっているこ
とが理想的な関係であった。もちろん地域の一員と言ってもそこに住むわけ
ではないが、その地域に生まれて他出する子どもたちも多いように、1週間

ちょっとでも深くかかわったその地域の人たちと、知り合いとしてある程度の関係を持続させていくことを考えていた。

　実際、私がそれまでに学部や大学院で経験してきた実習というのはそうしたもので、毎年毎年、地域を変えて企画実習を行っていっていた。その場合、学生はほぼ毎年入れ替わるため、前回経験した現地からの不平や不満といった至らなかった点は、引率者に蓄積され、次の地域でより良いものとして活用されることになる。

　だがこうして、実習企画の後に率直な声を聞いているうちに、この控えめな不満の声こそが、この地域の文脈に沿って自分たちにできることのヒントなのではないかと思い始めた。「問題はない」という反応の壁をさらに超えて、この報告書を媒介にして、この地域に向けてより深くできることは探せないだろうか、と考えたのである。もちろん、全ては相手に受け容れてもらえるなら、という前提付きで、である。

8.　多様な声の聴き分け

　そうなると今度は、そこまでに聞いてきたさまざまな声を聴き分けることが必要になってきたのである。

　この企画実習を始める当初は、こちらの考えや想いばかりで、現地の声は一言も入ってきてはいなかった。なので、半世紀前の被災地であることは分かっていたが、そこにどのようなダイバーシティ（多様性）があるのかは、当初は何も分からずにいた。

　けれども、一企画を終えた今だからこそ、この地域のダイバーシティが視野に入ってきたのである。それは単純に、被災の被害者側と加害者側だけの話ではなかった。そのことを直接、話題にしなくとも、社会にはさまざまな課題がある。自らがどうやって生きていくのか、家族でどうやって暮らしていくのか、どうあれば住みやすい場所となるのか。それを巡って、数世代前からここに住んできた家と新たな世帯を構えた家、地域のなかでも古くからの居住地域と新開地、外の会社に働きに出た男性たちと地域の医療福祉に従事してきた女性たちなど、世代、地域、性差といった違いもあれば、漁業や

農業、会社勤めなどの職種の違いもあり、その所属している社会集団の違いや、宗派の違いなどもある。みなそれぞれの生活のなかで、少し先の未来を案じているのである。

　半世紀前にも、こうした違いもあるなかに被災があり、加害当事者と被害当事者の比較的直接的な関係は、そのそれぞれに共感する市民や支援者の出入りの間接的な関係にもなり、このことに気づいたマスメディアや研究者らの到来やその表象を巡って分岐した。さらに、これまでの生業ができなくなったことからの裁判闘争や世代を下った職種替えや移住などが折り重なって、この地域の住民は半世紀も経たのちにもその争点とともに苦しんで人によっては神仏を頼り、そうして人びとは生きてきたのではないか、とおぼろげながら想像ができるようになってきた。

　そう想像すると、これまでの地域の描かれ方を気にし、来ては自分の聞きたいことだけを聞いて去ってしまう大学の教員や学生たちに不満をもち、同じ地域に生きてきたはずなのに誰がどうしてこんなふうに違うことを言ったのかと気にかけるのもよく分かるような気がしたのである。

　最初は最低限の「失敗」にならないように、動きながら考え、考えながら動いてきたわけであるが、こうした地域の文脈を想像できるようになった今からは、意識的にこの多様な声の聴き分けをする必要が出てくるようになった。そこには本当にさまざまな声がある。私たちとの関係に期待する根本的な方針が違う声もある（過去の事実への正確さや未来志向への提案など）。

　そうなってくればこそ、今度はあれこれ個別に出てくる多様な声の全てに「役にたとう」とするわけにもゆかず、新たにこの企画に参加する参加者の持ち味（能力）とその背景（可能性）を知り、学生たちと多様な声との間で「なんとかしたい」と「なんとかなる」のはざまの可能性を手探りで探っていくことになるのである。

9.　おわりに

　振り返ってみれば、同地域での実習企画は10年間にわたることになった。その間、現地の市民講座の講師になったり、地域の市民大学の構想の相談

に乗ったり、時には地域外の行政官の集まりに呼ばれたり、地域外の経営者と現地をつなぐつなぎ役もしていたが、これは何よりも私たちが学生たちと何度もその地域に戻っていったことと、そして私たちのやり方を見ていた方たちからのお声かけがあったからこそであった。

　最初から10年目に終わりにしようと考えていたわけではない。行くたびにその都度報告書を作成し、現地に戻し、その声を聞き、聴き分け、さらにその先へと手探りで進んできた結果、報告書がかなりの厚みになってきて、企画実習の参加者が過去の報告書を読むだけで手いっぱいになってきたためであった。

　なので、最終年度の実習では、最初から聞いていて、まだ当時の自分たちには難しいと考えていた「未来志向」の声に応えることにしたのだった。それは具体的に言えば、この10年を研究室として見てきたからこそできる、現地にも、学生にも、自らの成長にも開かれた企画として「10年後の未来を想像して、ここに残していきたいもの」を学生たちと考えることにしたのである。これは10年前では想像もつかない企画であった。だがフィールドから戻ってきて、現地の多様な声を忘れずにおくなかで、さまざまな機会に出かけたり見聞きした先で飛び込んでくる情報の重みが変化してきたのである。特に自分にとっては、具体的な課題に応えてゆくデザインの手法と出遭ったのが大きかった（安藤2016）。これは地域からの声や学生たちからの声、また10年の歳月に生じたフィールドでの新たな出遭いや別れに自分が成長させられたのだろうと思う。

　少しずつ少しずつ、毎回毎回、違った現場のダイバーシティと向かい合ってゆく。それにつれて私たちの内側にも多様な成長の種が芽吹き、違った現場の可能性が見えてくる。

参照文献

安渓遊地・宮本常一（2008）『調査されるという迷惑——フィールドに出る前に読んでおく本』みずのわ出版。

安藤昌也（2016）『UXデザインの教科書』丸善出版。

飯嶋秀治（1993）「民間信仰」立教大学文学部地理学研究室『栃木県黒羽町久野又の地理と民俗』91-116。

飯嶋秀治（1994）「就業構造」立教大学文学部地理学研究室『茨城県大子町西金の地理と民俗』52-63。

飯嶋秀治ほか（1999）『椎葉神楽調査報告書──尾手納の事例から』九州大学比較宗教学研究室（演習報告書）。

飯嶋秀治（2013）「失敗のフィールドワーク史」『Field＋』No.10：16-17。

飯嶋秀治（2017）「コンタクト・ゾーンとしてのエデュケーション」『ContactZone』No.9：398-408。

飯嶋秀治・徳安祐子（2000）「栂尾神楽──生成する儀礼」關一敏・竹沢尚一郎編『椎葉の祭り』九州の祭り第2巻　平成10〜11年度文部省科学研究費（基礎研究C）：12-102。

澤田英三（2006）「自然にならう──豊島のフィールド研究から」南博文編『環境心理学のあたらしいかたち』誠信書房：126-151。

◆記録（現場グラフィー）を比較する

　　フィールドワークに失敗はない（本書第1章）一方で、同じ時間と空間で現場を共有してきたはずなのに、ある人物の記録は生き生きとしていて、ある人物の記録は精彩を欠く、ということもしばしばある。そこで、一度挨拶して現場から戻ってきた後、全員で当日のノートを比較検討すると、どのような記述が現場の事実を臨場的にとらえていて、どのような記述がそうした臨場性を欠いてしまうのかがよく分かるようになる。本章で扱ったような集団でのフィールドワークをする際の良さはこうしたことから引き出される。

◆現場でのふるまい方

吉本哲郎（2008）『地元学をはじめよう』岩波ジュニア新書

　　これは地元の子どもたちと、地元の大人たちがどううまくかかわっていったらいいのかを考えて実際にやってみた本です。著者は元々水俣市役所の職員でした。市役所の職員にはこういう動き方をできる人がいるんだということを学ぶことができる本でもあります。

現場主義の災害時外国人支援より
東日本大震災時の経験から

経験の数だけ反省が増えていく ―― 唯一解のない現場で

　私が被災外国人支援活動に初めて携わったのは、2011年3月11日に宮城県三陸沖で発生した東北地方太平洋沖地震[1]である。発災当日19時にはNPO法人多文化共生マネージャー全国協議会[2]が全国市町村国際文化研修所（滋賀県大津市）内に設置した「東北地方太平洋沖地震多言語支援センター」（以下、「センター」とする。）に全国各地から有志が参集した。それから4月末に閉鎖するまでの約2か月間、災害情報を多言語に翻訳して発信したり、電話通訳を介して被災者からの相談に対応したりした。2009年よりこの協議会の理事を務める私は、センター開設2日目から活動に参加し、思いがけずもセンター長として陣頭指揮を執ることになった。

　そこでの「何もできなかった」悔しさと反省が、北関東・東北豪雨（2015年）、熊本地震（2016年）、西日本豪雨（2017年）、九州北部豪雨（2018年）と毎年のように続く災害の被災地へと私を向かわせる原動力となった。結果的に、被災地支援に関わるたびに支援の難しさを痛感し、悔しさは募るばかりであった。が、少し時を経てあらためて見直すことで、災害支援の現場での私の経験が今後の活動をされる方々の参考になり活用されることを願い、本稿の執筆を引き受けた。他山の石としていただければ幸甚である。

日本語ボランティアから、被災地での「センター長」へ

　私は自身の生活の場において、今日まで大きな災害に遭ったことがない。高校卒業までを過ごした広島でも、大学からの7年間を過ごした岡山でも、そしていつ大地震が起きてもおかしくないと言われる名古屋に来てからの15年間でも、震度4以上の地震や風水害等による被害を経験したことがない。そんな私にとって、テレビ等で目にする国内外の災害報道は、見るたびに心を痛めるものの自分

1　発災当初の名称。2011年4月1日の閣議決定で「東日本大震災」とされた。

2　団体ホームページURL　https://www.npotabumane.com/（2020年5月1日アクセス）

事として考えたことはなかった。

　私が国内の外国人支援活動に関わり始めたのは、大学を卒業した 2002 年に地域の日本語教室にボランティアとして参加したのが最初だった。それでも 2011 年 2 月に名古屋で開催された「災害時外国人支援ボランティア研修・訓練」に参加するまで、災害支援とはまったく縁がなかった。この時も、まさか日本語しかできない自分が実際に災害支援に関わるなどとは思いもせず、どんなものかと気軽な気持ちで参加したのである。この日、訓練を終えた私は、「こんなにも専門的な知識やスキルが要求される活動は、相当訓練を積まないと無理だ。何か困っている人の役に立てることがあればという程度の気持ちでやれるもんじゃないな」と思ったのをはっきりと覚えている。そのちょうど 1 か月後に東日本大震災が発生し、翌日にはセンター長に任命された。当時の私がどれだけ困惑したかは容易に想像していただけるだろう。

被災地支援現場における「100％未満の」コンセンサス

　センターでの活動とセンター長の役割について簡単に紹介しておきたい。センターの目的は災害情報を多言語に翻訳したり、通訳を介した相談対応を行うなどして、日本語が不自由な外国人にも安全・安心を届けることである。センター開設後、全国各地の外国人支援に携わる団体や個人の協力を得て、国や自治体等からの災害情報を 11 言語に翻訳して専用ウェブサイトに掲載するとともに、5 言語で直接、相談に応じた[3]。センターは、活動内容に応じて「通訳班」「相談班」「IT 班」などのチームに分かれて作業を進めており、センター長は各班の活動状況をみながら適宜指示を出したり班員からの相談に応じたり、また外部の協力者等と連絡を取りながらセンター全体の運営を取り仕切る。とはいえ、前述のように災害支援経験のない私がそれらすべてを自らの判断で行うことはできないため、協議会の理事等と相談しながら最終決定をしていった（写真 1）。

写真 1　多言語支援センターの協力者に指示を出す筆者

　しかし緊急事態の最中には、すべ

3　センターの活動について、詳しくは「東北地方太平洋沖地震多言語支援センター活動報告書」（URL：https://blog.canpan.info/tabumane/archive/59）を参照。（2020 年 5 月 1 日アクセス）

ての検討事項について十分な議論をする時間もなく、全員一致で解を出せることはほとんどなかった。ある時、「○○という情報を翻訳して出すかどうか」で意見が分かれた。私を含め賛成派が多かった（情報を出すことにマイナス面はないと考えた）ので翻訳することにした。が、後で反対派のメンバーから「やはりあの情報は出すべきではなかったと思う。今でも自分は納得していない」と言われた。こうしたことが毎日のように起きて、精神的な疲労が積み重なっていった。そんな時、ある理事から「100％の正解がないのが災害時だ。しっかり考えたうえで行動し、もしそれが誰かに迷惑をかけてしまったら素直に謝る。そして同じことを繰り返さないように努める。それしかないんじゃないか」とアドバイスを受けた。この瞬間、私の中でセンター長としての覚悟が決まった。迷う時間もなく、明確な判断基準もない中で、自信を持って決断することはできない。が、それでも前に進めないといけない時に大切なのは、その時点での自分の判断基準を覚えておくことだ。迷いながらも、なぜその時そう判断したのかがわかれば、後で振り返った時に検証することができる。判断基準が曖昧で、なんとなく決めてしまったことは次に生かすことができない。センター長に必要な要素を一つ挙げるとすれば、自分なりの基準で、誠意をもって trial and error を繰り返しながら前に進む勇気なのだ。

支援現場のマネジメント──見えない「終わり」を設定して動く

　51 日間のセンター運営を通じて多くのことを学んだが、特筆したいことが二つある。一つは、さまざまな立場にある運営協力者への配慮である。センターには常時 10 〜 20 名の協力者が出入りし、また在宅での電話通訳やメールでの翻訳者を含め、延べ 456 名が参画してくれた。全員、無償での協力であった。支援活動が長引く一方で被災地以外での生活は平静を取り戻していき、本業が忙しくなったり金銭的な負担が大きくなったりしてきた。開始から 2 週間が経ったあたりから「この活動はいつまでやるのか」「無償で協力できるのはあと一週間が限界だ」という声が寄せられるようになった。

　特に在宅で毎日通訳や翻訳にあたってくれた方々への負担は相当なものだった。「私たちがやっている支援は、本当に被災地の困っている人たちに届いているのか。どれくらいの人たちの役に立っているのか」といった疑問も投げかけられるようになったが、私は明確に答えることができなかった。正直、私は毎日目先の検討事項に判断を下すことで精一杯で、3 日先のことでさえ考える余裕がなかった（写真 2）。ましてや、この活動をいつ終えるか、それをどのような点から決断するのかということなど考えてもいなかった。どのくらいの人の役に立ってい

写真2　情報共有ボードの一部

るのかなど、誰よりも私が知りたかったぐらいだ。

しかし、それぞれの事情を持ちながら集まった協力者によって成り立つ被災地支援現場では、被災者が直面する状況への対処のみならず、こうした協力者のモチベーションの変化や置かれている状況に気を配り、不安や不満が爆発する前に手を打たなければならないということを知った。そこで、協力者には今後の予定を示し、徐々に作業量や人員を減らしていくことにした結果、最後まで多くの協力を得ることができた。

こういった、日常から離れて支援活動へと集う人たちとの協働においては、当然ながら、速やかに被災者にむけた支援活動を開始することが肝要だ。が、それ以上に、いつ終わるのか、つまり、どのようなタイミングで収束させるのかをできるだけ早い段階で検討し、関係者間で共有しておくことが重要である。そうすることが、実際にはなかなか先が見えないながらも、協力者にとっての安心材料となり、ひいては全体としてミッションへのコミットメントを高め維持するうえで非常に重要であることを学んだ。

支援者だって要支援──他者の気持ちに寄り添えること

もう一つは、センターに常駐していた協力者への精神的なケアである。災害支援では、さまざまな影響から支援者側の心身に支障をきたすことがあり、「二次災害」とも呼ばれる。SNS等で見知らぬ人の「こんな大変な時に日本人をおいて外国人を支援するのか」といった情報を目にして傷ついたり、自分がやっていることの意義や成果が実感できず無力感に苛まれたりする。土日の休みもなく朝起きてから寝るまで狭い空間での活動に没頭する毎日を続け、自分が思っている以上に身体的にも精神的にも疲労が蓄積し、それで頭痛やめまい、倦怠感といった症状が現れる人もいた。ある日、協力者の一人から「Aさんの体調がよくないようなので、今日は休ませてあげてほしい」と言われ、私はハッとした。Aさんの状態に驚いたのではなく、自分を含めた協力者側の体調や精神状態を、センター長として気にかけていなかった自分にその時初めて気づいたのだ。教えてくれた人に感謝するとともに、自分の愚かさを猛省した。言い訳に過ぎないかもしれないが、被災地支援の現場では、眼前に被災者という明らかな被支援者がいる

ことで、「支援する側」への要支援について、どうしても後回しになりがちである。

　私はその日から、各自の作業の進捗状況だけでなく、体調はどうか、今どのような気持ちでいるか、心配や悩みなどはないかと自分から積極的に問いかけるように心がけた。が、それでも実のところ、人の内面を把握することは私にとって非常に難しいことだった。しかし幸運なことに、協力者の中に他者の心の機微に敏感な人がいたので、その人に「何か気づいたことがあったら教えてほしい」と伝え、了解を得た。自分が不得手なことは、それが得意な他の人に任せて頼るというチームプレーの基本を思い出させてもらった。この点でいえば、被災地の外国人支援現場で「役に立つ」ということの意味は、単純に外国語が話せるというだけでない。それ以外にも、心の柔軟性や洞察力といった、共に動く協力者の気持ちに寄り添い理解し、安心して動いてもらえるかを考え、配慮できることでもある。

変化する現場に寄り添い、応える

　最後に、失敗から得た教訓を次に生かすことができた事例を一つ紹介しておきたい。東日本大震災の支援活動を終えて1年ぐらい経った時、東北で震災支援活動を振り返るイベントが開催された。その際、ある地元の団体の方から「当時、多くの支援団体から連絡があったが、ほとんどが自分たちはこういう支援活動をしているから、それが必要な人を紹介してほしいというものだった。私たちの団体の活動に協力したいが何が必要かと聞いてくれた団体は、たった一つだけだった」という話を聞いた。支援の現場では常に、支援する側のオファーとの適切なマッチングが求められている。私は、自分たちの活動を思い起こし、当時、少しは多言語での情報が必要な人の役に立てたかもしれないと思う一方で、他方では地元の支援団体の役にどれほど立てたのだろうか、実際にはもっと細かく多岐にわたる支援の形が必要だったかもしれない、もっと他にできたこと、やるべきことがあったんじゃないだろうかと反省した。多言語支援として想定していたことや支援する側ができることと、毎回異なる現場で出会うそれぞれの相手が求めていることのズレを適宜確認し、その都度繰り返し調整しながら進めることを怠っていたように思う。

十人十色の現場対応と、変わらぬ姿勢

　その後、2016年4月に発災した熊本地震でも地元の支援団体の要請を受け被災地に駆けつけた。最初に担当者に会った時、私の口から「今、どうされたいで

すか？」という言葉が出てきた。現地に向かう車内で、今何をすべきか、自分に何ができるかをいろいろと考えていたのだが、担当者の答えは私の予想とは違っていた。必要なことではあるが、事前に聞いていた状況から考えて、きっと今これはやらない・できないだろうと思っていたことだった。しかしその瞬間、私の頭の中に東北の支援者のあの言葉が浮かんできて、私は迷わず「わかりました。では、それをやりましょう。お手伝いします」と答えた。

　災害は、一つとして同じものはない。活動マニュアルをもとに日頃の訓練のとおりやれば困っている人は助かる、というわけにはいかない。その都度、被災状況や活動環境に応じた行動が必要になる。もちろん、それには外国人支援に関する専門的な知識や支援スキルも必要になる。が、私はご紹介した経験をとおして、共に支援活動をする人々が安心して作業に専念できる環境をどうつくっていくか、支援先に対してどんな姿勢で臨むかということが何より価値があるということを深く学んだ。これは、センター長という立場に限らず、活動に関わる一人ひとりが自覚し意識しておくべきことである。そうした基本的な姿勢が、組織全体の運営をスムーズにし、支援先の被災者が真に必要としている支援を可能とし、引いては持続可能な課題解決につながることを確信している。

参考資料
・土井佳彦（2011）「多言語支援センターによる災害時外国人支援——情報提供と相談対応を中心に」駒井洋編 移民・ディアスポラ研究会『移民ディアスポラ研究2』第8章。
・土井佳彦（2011）（財）自治体国際化協会「多文化共生マネージャー奮闘記——東北地方太平洋沖地震多言語支援センターの活動を通じて」『自治体国際化フォーラム』262号、pp.19-20（URL：http://www.clair.or.jp/j/forum/forum/pdf_262/05_sp.pdf）（2020年6月10日アクセス）。

土井佳彦（どい　よしひこ）

　大学で日本語教育を学び、卒業後、留学生や技術研修生らを対象とした日本語教育に従事。同時に、地域日本語教室にもボランティアとして参加。2008年、多文化共生リソースセンター東海の立ち上げに参画し、翌年の法人格取得とともに代表理事に就任。東日本大震災をきっかけに災害時外国人支援活動に携わり、その後も各地で被災地支援を行いながら、2018年からはNPO法人多文化共生マネージャー全国協議会の代表理事を兼務し、全国の外国人支援団体等と連携し、平常時の啓発活動にも注力している。

第Ⅱ部

臨む

<ruby>臨<rt>のぞ</rt></ruby>む

いま地域でできること

職場や学校、ご近所づきあい。

いま、目の前にある日常に、「現場」は立ち現れる。

ちょっとした好奇心の先にあるまちづくりの姿であったり、

辺鄙な山並みの新たな価値の発見であったり、

伝統のもやい直しであったり。

それは、決して「他人事」ではない、あなたにつながる世界。

我知らず身にまとってきた「ふつう」だけにより[※]かからず、

今日からでも始められる、あなた自身のアクション。

※ 茨木のり子（2007）『倚りかからず』ちくま文庫。

まちづくりにダイブする

「プロトタイプ」をつくる方法としての現場グラフィー

福井時代のゼミ生たちと地域イベントの企画後に（2018 年 5 月撮影）

早川公

はやかわ　こう

　1981 年宮城県生まれ。筑波大学大学院在学時に
つくば市北条地区のまちづくり活動に関わりなが
ら研究を開始する。2009 年には同地区にある旧矢
中家住宅の保存活用を企画する NPO 法人を立ち
上げ理事長に就任。大学院修了後、NPO と会社員
(SE) の二重生活を経て、2015 年から大学教員と
なり宮崎、福井、大阪を転々としながら各地で大
学の地域志向教育を実践している。現在、大阪国
際大学経営経済学部准教授。博士（国際政治経済
学）。最近の研究テーマは、まちづくり実践にお
ける「アナーキズム」と「共創」のありようにつ
いて。単著に『まちづくりのエスノグラフィ──
《つくば》を織り合わせる人類学的実践』(2018 年、
春風社)。

1. はじめに

(1)「わかりにくい内なる他者」に近づくために

　第Ⅱ部では、「いま地域でできること」と題して、具体的な場面を対象としながら、実務に活かせる現場グラフィーとしての少しの移動を紹介することにしたい。本章では、それをわたしと関わりの深い「まちづくり・観光（まちづくり）」の場面に設定する。

　上の文を読んで、読者のなかには、本書の副題に掲げられている"ダイバーシティ"と、本章の設定に対して違和感を覚える人もいるかもしれない。"ダイバーシティ"という言葉の響きには、どこか外国人や性的マイノリティ、あるいは心身にハンディキャップをもつ人のような「わかりやすい外なる他者」を想像しがちである。しかしながら、これまでのまち・地域をあたかも一枚岩で同質的であるかのように考えること自体が、問題の本質を見誤っているのではないかとわたしは考える。したがって、後述するように、これからの「まち・地域」を考えるためには、「わかりにくい内なる他者」へのアプローチが必要となる。

　具体的な例として、わたしが大学院生時代のフィールドワークの経験を語ってみたい。わたしが関わったのは、茨城県つくば市の北部、筑波山のふもとにある北条地区の商店街である。フィールドに入る前のわたしは、研究学園都市開発という巨大な開発プロジェクトによって生まれた「学園地区」と「周辺地区」の間にある「格差」をなんとかしようとするものとして商店街の「まちづくり」を捉えていた。そして目の前にある「寂れた」商店街の姿は、それを見事に投影していると思っていた。しかし調査を始めて、閉まりかけた（と我々にはみえる）衣料品店の店主が毎年海外旅行に行っているという話にとても驚いたことがある。それはいわゆる「田舎には都会にない良さがある」といった精神的な豊かさの話の類ではなく、かれらは経済的に豊かであったのだ。一方、わたしが筑波山の観光ホテル内のスナックに連れていかれて飲んでいると、そこでは先のお店から30mも離れていない別の衣料品店の女性が「アルバイト」をしていたことがある。つまり商店街には、一枚剥くと「商店主」と一括りにはできない個別の事情が横たわっている。

この例は経済的事情の話だけだが、もちろんそれ以外にも、業態、まちの居住年数、学歴などの社会学的変数はもちろん、まちへの愛着の程度、先代どうしの確執、今や恒例となった名物イベントを立ち上げた関係者かどうかなど、定量的なものには還元しづらい出来事やエピソードに紐づけられた差異も存在する。こうした差異に気づき、そこからまちづくりのようにあるべき何かを築いていくためには、そこに向ける意識の構えが何より重要となる。それは、まちづくりという、地域社会にとって重要な取組み課題（アジェンダ）につきまとう偏見の壁を爆破するためでもある。まちづくりは行政機構や専門家や特定の活動家によって担われるものではなく、人類学者でアナキストのデヴィッド・グレーバーの言葉を借りれば、人びとが新しい価値を求め、社会、経済、政治的生活の新形式をつくり要求するための企画（プロジェクト）なのである（グレーバー2006）。

　2014年以来「地方消滅」という用語とそれを機とした一群の地方創生政策が話題となっている。人口過減少の局面において、その地に生まれ育った人だけでなく外部者も織り込んで新しい「まち・地域」のあり方をかたちづくるためには、より一層の企画力、すなわち、現状を適切に理解しその効果的な解決を構想する能力が求められる。「よそでこの手法が流行ったからうちでも導入する」といった先例踏襲主義や成功モデル横展開方式が必ずしも結果に結びついてこなかったのは、ここ四半世紀の実情から明らかであろう。ゆるキャラも、B級グルメも、奇をてらった移住促進PR動画も、後発の地域が成功したケースは多くない。だからこそ、「まちづくり・観光」を効果的に進めるためには、問題の枠組みや前提、あるいは先入観といったものを相対化したうえで、課題解決の仕方を構想する必要がある。先ほど「まち・地域」を一枚岩ではないと表現したが、喩えをさらに重ねるなら、そうした地域という岩の裂け目、成分構成、重なりや欠けの具合を知ることで新しいかたちがみえてくるのではないだろうか。そもそも、「まち・地域」を「岩」とみなす想像力自体が適切でないのかもしれない。それは「もつれて絡まった糸の集まり」かもしれないし「さまざまな素材の寄せ集め」かもしれない。わたしたちはいま一度、問題の起きる現場から、「まちづくり・観光」への想像力の作業台を設える必要がある。

さらに「まちづくり・観光」にとって重要なのは、解決案を構想できるだけでなく、実際にそれを具現化しそこに自身を関与させることのできる存在、すなわち「自分事」として受け留め、引き受けることである。こうした点についても、わたしの実際の取組みを紹介しながら、少しの移動でできることについて考えてみることにしたい。

(2) 本章の想定読者

・観光や来街者向けの地域振興を担当する部署の自治体職員・公的セクターのコーディネート系職の関係者

　　自治体職員に採用されて3年目。部署移動で観光振興課に配属されることになった。観光は趣味ですることはあるけど、専門的な勉強はしたことがない。配属早々、上司からは「毎年夏におこなわれる食のイベントをリニューアルしろ」と言われて正直困惑している。まずは、関係する団体や活動している人に挨拶にいこう。それと、先進地域に出張視察に行く予算はすでに組まれているので行かなきゃいけないけれど、どうしたらいいだろう……。

・地元に12年ぶりにUターンして戻ってきた地域おこし協力隊員

　　東京のIT企業に勤めていたが思うところがあり退職して地域おこし協力隊に。エンジニアの経験を活かして、地域でITを活用したプロジェクトをやりたいと思っている。この集落のことをどうやって調べたらいいだろう。誰に聞けば、自分のやりたいことに協力してもらえるかなあ。まずは何から調べよう。

・フィールドワークが専門ではなく、まちづくりが研究でもないけれど、業務として地域連携に関わる大学関係者

　　大学の方針で、大学が所在する自治体と包括連携協定をむすんで、学生が行政から提示された地域課題解決について考える授業を担当することになった。しかし、当方はフィールドワークを研究方法としていない〇〇学の専門である。これまで市の委員会に学識者として関わったことがあるけれど、地域課題解決は専門じゃないので正直しんどい。フィールドワークを学生に課して地域課題をみつけるために、

どういうところに着目して進めたらいいんだろうか。

　以上の類型は、本章の内容に引きつけて想定する読者像を描写したもので
ある。ここでわざわざ戯画的に表現したのは、それが業務であれ何であれ、
自分の「専門」（ものの見方）を離れて、住み慣れた土地（あるいは意識すらし
なかった土地）を見直す状況に置かれた人である。そのような場合に、「現場
を成すひとりとして、誠実な応答をとおして、今、そこにある課題や問題に
接近してゆき、一緒に悩み、考え、対処策を見出そう」（序論より）とする現
場グラフィーはきっと使い勝手の良いAPI（Application Programming Inter-
face：応用の仕様）になる。以下では、すでに世の中に流通している「応　用」
の方法に触れた後に、具体的な所作を検討する。

2. まちづくりに使えそうな文化人類学の方法

(1) 文化人類学の「応用」

　文化人類学は、伝統的に「異文化」を研究する学問として発展してきた。
その学問的方法は、遠く離れたフィールドに飛び込み、自らの身体をある種
のセンサーのようにして対象社会を感知し、それを民族誌として細やかに描
き出すことにあり、「異文化」の理解を通じて自文化の「あたりまえ」を相
対化することにあった。

　近年、文化人類学の方法や態度は、遠く離れたところだけでなく身近な社
会を分析する仕方として、（とくにアメリカ社会では）存在感を発揮している。
ここでは代表的な例として二つの例を紹介したい。一つ目は、デザイン思考
（design thinking）である。デザイン思考は、優秀なデザイナーや経営者の創
造的思考のプロセスを体系化した方法論としてスタンフォード大学を中心に
2000年代に方法論化された。日本では主に2010年代に輸入され、さまざま
な書籍や組織がその方法を紹介している。このデザイン思考の体系化に寄与
したコンサルティングファームIDEOの創始者トム・ケリーは、その著書で
「デザイン思考で人類学者［の役割］ほど大切なものはない」（ケリー＆リット
マン 2006）と述べている。そこでの意図は、統計調査や消費者アンケートの

ような数値に基づいて対象を分析するだけでなく、人類学者のように生身の人間を観察することから創造的な課題解決案が導き出されるのだ、という主張にある。

　二つ目は、人類学の教育を受けた後、フィナンシャルタイムズの編集長も務めたジャーナリスト、ジリアン・テットの「サイロ・エフェクト」である。サイロとは、小麦やトウモロコシを入れる倉庫のことで、ここでは複雑化した社会に対応するために専門分化してコミュニケーションがとれなくなった組織を窓のない壁に囲まれたサイロに喩えている。テットは、SONYの衰退をサイロ・エフェクトから説明し、またFacebookがSONYにならないようにするためにどのような工夫をしたか、を説明する。そして彼女は、サイロの罠に陥らないようにするために、アウトサイダーの視点から関わる組織をみつめなおし、さらにサイロを壊して点と点をつなぐ重要性を主張している（テット 2016）。

　これらの例は、人類学を現代社会の問題に向き合うために応用することの有用性を説明してくれる。本章は、それをまちづくりの観点から、わたしのフィールドでの体験をふまえて描くことを試みたい。

(2) エスノグラフィー

　エスノグラフィーは、文化人類学が対象社会をモデル化し記述するための方法である。その方法や態度については多くの専門書が出ているためここでは省略するが、本章で強調したいのは、エスノグラフィーとは自分を対象社会・現場に潜りこませて対象社会・現場を理解しようとする方法だ、ということである。いわば、自分自身を測定器として利用しつつ、センサーである自分を通して対象を把握する自分という、「二重の自分」をつくりだす必要がある。その場合、センサーとしての自分の感度を高めることも重要である一方で、かつセンサーから状態を記録する精度も重要となる。

　「二重の自分」と書くと難しく聞こえるかもしれないが、あらためて書けばそういう表現になるというだけで、わたしたちはこの実践を日常的におこなっている。というより、ヒトという種は、自分の「ものの見方」をベースとして他者の行動やその背後にある考えを読み解こうとする能力を備えてい

ると言った方が適切である。

　ここでは、エスノグラフィーを、そうした他者への共感を自覚的・反省的に捉えるための方法であるとして、話を進めることにしたい。そして実際の場面に即しながら、問題が生起する現場としての地域のダイバーシティを「発見」していくための術を、わたしの失敗談を中心に紹介しながら現場グラフィーとしてあらためて紹介する。

3.　現場グラフィーの方法——ほどく

　わたしたちが普段生活する社会は、歴史的・空間的にさまざまな要因が織り重なってできている。現場グラフィーの方法は、「グラフィー（Graphy）」が「書法」の意であるように、その生活の模様がどのような書法で描かれているのかを理解することである。本節ではそれを比喩的にほどく（解く、理－解する）として、その具体的作法について考えてみることにしたい。

(1)「心のサイロ」をはみだす
　たとえば観光振興の部署にきたら、まず現場で始めるべきことは「観光のことだけを考えなければいけない」という考えを捨てることである。同じように、大学関係者も自分の専門的な関心だけに注意を向けることに自覚的になる必要がある。現場に足を運ぶと、いろいろな情報が一気に入ってくる。その情報の重要さの軽重や濃淡は一挙に与えられないがゆえに、その出来事に対して「これは関係のない情報だ」と整理したり、「これはこういうことだろう」と目の前の出来事を丸めてしまいがちである。しかし、この「関係のない、よその部署の、専門外の」と感じてしまう理解の枠の構成、いわば自身の「心のサイロ」に気づき、さまざまな場所に足を運ぶ、あるいは運んでいいんだ、と思うところが現場グラフィーの始まりである。

　わたしが関わってきた茨城県つくば市にある北条商店街では、平成に入ってから商店街の衰退に取り組んでいたが、商店主に当時の話を聞くと誰もがなかなか成果を上げることはできなかったと述懐する。街灯を整備したり、スタンプ事業に力を入れたり、大売り出しを頑張ってみたりしたけれど、ど

れもうまくいかなかった、と。しかしあるとき、商店街だけでなく地域に点在する歴史的史跡や残存する明治・大正時代の店蔵に目を向けウォーキングのイベントを開催すると、県内だけでなく千葉などの隣県からも人が集まる盛況ぶりであった。それから15年以上が経ち、北条地区は登録文化財の建物が4件となり、市内6件の登録文化財のうち3分の2を占める市内で有数の歴史・文化を感じる場所として観光マップにも掲載されている。それは、まちづくりを従来の「中心市街地活性化」の枠組みでのみ捉えていたのではみえない「まち」の特質である。こうして北条地区は、イベントのたびに地区外から来街者を引き寄せているが、今でも北条で活動に関わる人は、自分たちのやっていることを「観光」事業とは思っていない。「まち」にやってくる「お客さん」が、昔と今で変わっただけなのである。

　わたしたちは仕事をするとき、どうしても問題を特定の課題や対象に切り分け、そのうえで対処しようとしてしまう。しかしながら、もし物事を総体的に理解しようとするなら、そうした「専門」にフォーカスするやり方は、関係するかもしれない出来事を枠の外に出してしまうおそれがある。喩えるなら、（わたしの趣味を引き合いに出して恐縮であるが）野球でいえば「周辺視野」の考えをもつことが重要である。野球で打者がボールをうまく打つためには「ボールだけをよくみて」打とうとしてはいけない、と言われる。つまり、ボールだけに集中するとそれ以外の情報を遮断してしまってかえって打てなくなってしまうため、ボールに集中しながらも、投手の動作や野手の動き、味方や相手の声なども ぼんやり捉えることが必要だと言われる。現場グラフィーも、この周辺視野の理論のように、対象に集中しつつもそのまわりにあるものを ぼんやり捉えることで、理解のパフォーマンスを高める方法であるといえる。「専門」の人も、まずは目の前で取り組む現象を自前の世界観で理解しようとする考え方を脇に置いておく。専門分野が活きる場面は後でやってくると考え、まずは対象とその周囲を ぼんやりスケッチしようとすることが重要である（ノートテイクについては第1章を参照のこと）。

(2) スーツと革靴を脱ぐ、ネックストラップを外す

　「心のサイロ」は意識の問題だけではない。むしろ、そうした性向は服装

に表出する。その端的な例がスーツと革靴、そしてネックストラップであろう。「まちづくり・観光」の現場にいると、「あ、行政の人だよね」「大学関係者ね」と一目でわかることがしばしばある。それは、現場に不似合いな姿でいるために「浮く」のであり、現場で観察する際の障壁になるだけでなく自分の立場性を相手に認識させるものになりえる。

　ここで、服装にまつわるわたしの失敗例を紹介したいと思う。北条地区の隣の地区の里山の薪割り体験に初めて参加したときのことである。調査という軽い気持ちで参加したわたしは、ジーンズにスニーカー、薄手の軍手で参加したが、それがいかに「浮いて」いたのかは、集合場所に行ってすぐわかることとなった。参加者は皆、ツナギ、長靴（や足袋）、革の手袋、人によっては自前のチェーンソーを持ってきている。わたしの格好では草木が繁茂する山に参加者と一緒に入ることはできず、結局一人でポツンと集合場所に待たされる結果となった。「そんな格好で山に来るんでねーっぺよ」という言葉が印象に残っている。その後、何度か通ううちにツナギと長靴、革の手袋を揃えたわたしに、上記の方が「ようやく早川くんも山の人っぽくなったわな」と言われ、それから色んな話を聞かせてくれるようになったことを覚えている。

　この失敗談から得たのは、「浮いた」格好では他人事の情報しか得られない、という教訓である。「まち・地域」の実情をほどこうとするとき、まずもって必要なのは自分自身をほどいて向かう意識の構えと具体的な所作である。だからこそ、業務対象の観光施設に行くとき、視察に行くとき、地元の関係者と会うとき、わたしたちは「ステータス」を表現するモノを外して現場に身を投じる必要がある。それはフィールドに向き合う姿勢の問題であると同時にセンサーの感度を高めるために必要な準備である。山の作業の例で言えば、参加し体感することで活動の魅力もみえてくる。薪割りや篠竹切りの作業は、当時20代の大学院生でもヘトヘトになる重労働であるが、綺麗に割れた際の感覚や荒れ地が開拓される感覚は心地良いものであった。参加者の多くは市内の薪ストーブユーザーが多いものの、参加者のなかには薪を必要としなくても「リフレッシュのために参加している」と説明する人もいた。その説明は、自分自身が薪割りを体験することで身体的に理解をするこ

とができたのである。

このことをふまえて、たとえばグリーンツーリズムのような農山村を対象とした事業に携わるなら、自らその対象となる観光客の服装や行動を想像し真似てみるのも具体的な所作の一つである。そうした想像が、その先のサービスの受け手側にある差異への理解につながっていくのではないだろうか。

(3) 「調査」は社交とともにあり

このように、わたしたちが依拠している理解の枠組みは、失敗や衝突、驚きのなかで顔をあらわす。それは、問題をよりよく理解しようと「調査」するときでも自覚しておく必要がある。ここでもまたわたしの失敗談を例にとってみる。

わたしが商店街に関わり始めたとき、一緒に関わっていた学生で商店街の「調査」をしようとなった。それは、商店街の課題やあるべき姿を抽出することを想定していたが、当初、各商店を訪れた際にはときにやんわりと、またときに露骨に断られることばかりであった。「商店街の調査」という単語を出しただけで「そういうことは商店会長さんに聞いてちょうだい」ということもあった。質問項目に区切られた「調査」はうまくゆかず、一方で孫同然の学生が訪れてきた物珍しさからか「まち」の昔話は延々と聞かせてくれることもあった。そして、昔はこうだった、何があった、いつまでは羽振りが良かった、という一連の区切られていないお話には、「調査」で確認したかったことが問わずとも語られていたのである。

もちろん、こうした「調査」の方法は「インフォーマル・インタビュー」という名称でれっきとした社会調査法の一つになっているため、このこと自体に新規性があるわけではない。ここで伝えたいのは、インタビューに限らず「調査」とは社交とともにあるという（現場視点でいえばあたりまえの）前提である。「まちづくり」を、特別な、あるいは日常とは無関係のものとしてではなく日々の営みとして捉えるためには、現場の人びととのコミュニケーションを「調査」に押しこめてしまわない作法が必要となる。なお上記の学生による「調査」では、社交となることで商店の課題ではなく、商店主個人の趣味やライフワークに話が及んだ。その結果、美しい切り絵を制作す

る商店主や自作の切子人形を制作する商店主を「発見」し、それぞれの作品の展示会を企画するに至ったのである。

(4) さまざまな他者に潜りこむ

　これまで書いたとおり、「まちづくり」にダイブする際には自分のセンサーとしての感度を磨く必要があるが、だからといって全てを自己完結させる必要はない。現場に自分自身を開いていくためには、自分とは異なる他者を媒介にしてその肩越しにみえるものを理解することも重要である。

　北条地区で住民と学生が改修予定の店蔵の大掃除をしていたときのことである。蔵の奥から埃とともに昔の道具が出てくるたび、北条の人びとは「昔はよく使っていた」「懐かしい」と口にした。一方で、学生はそれをみて「レトロ」や「逆に新しい」と言いながらケータイやデジカメでわいわい写真を撮っていた。わたしにはこの「逆に新しい」という言葉遣いが衝撃であった。古いから価値があるのではなく、今との関係で意味があることをこの短い言葉は鮮明に物語っている。そうして、そのときに蔵から発見された小道具は、蔵の雰囲気を残した改修後のカフェでジャズの流れる空間のインテリアとして並んだのである。ちなみにわたしはこのカフェの取り仕切りを担当していたが、イベント時に「北条らしさ」を出そうとBGMに昭和歌謡曲を選曲したときは学生からも住民からも「くどい」と言われて不評であった。

　別の場面では、こんな話があった。同じ店蔵のカフェの前で、いつものように男性商店主たちがタバコを吸いながら談笑をしていると、店番をしていた女子学生がわたしに「こんなところでタバコを吸われたら北条の風情が台無しですよね。他の観光地でみたらもう行かないと思う」と不満を伝えた。両者は北条の「まち」に愛着を感じて活動しているが、それでも何が「北条らしさ」であるかについては認識を異にしているのである。

　これらのエピソードを通じてわたしが強調したいのは、立場や来歴の異なる人間がまちづくりのプロジェクトに関わるとき、それぞれに異なる風景がみえているだけでなく、そこに異なる可能性があるということである。「他者は自分を映す鏡」という表現もあるが、さまざまな他者に触れ、その考え

の由来に潜りこむことで、自分にとって共感したいものへの輪郭がかたちを成してくる。

「まち」が日々の実践の産物であるなら「まちづくり」もまた日々のものであるはずなのに、それを「地域活性化」や「観光」という言葉で名付けると途端に遠いものに思えてしまう。専門家を呼びその理屈を取りいれようとするのではなく、そこに関わる人びとの考えをベースにすることにこそ、これからの未来に向けた姿が投影されているのである。

4. おわりに――エスノグラフィック・プロトタイプ

本章ではまちづくりにダイブする具体的な態度や所作について紹介してきた。ここまで述べたように、まちづくりに人類学的に関わることは、自身の「まち」にもつイメージやそこに住む人びとに関する思考の枠組みに自覚的になることを促す。それは、「都会／田舎」や「寂れた／豊か」や「住民／学生」のような区分をつくっている境界線に気づき、その糸目をほどいてみる実践である。そして何よりその営みは、その線を構成する糸がわたし（たち）自身を構成していることにも思考を巡らせる。すなわち、「わかりにくい内なる他者」とは、わたし（たち）のなかに存在する他者であるともいえる。そのことに気づいたとき、わたしたちは、まちづくりが経済的活性化や地域人口の増加のための業務ではなく、「まち」と「わたし（たち）」が関係性をむすびながらともに変わっていくプロセスであることを発見する。業務上であれ個人の問題意識であれ、「まち」に関与する者が「いま地域でできること」は、実践を通じて両者をほどくことだ、というのが本書で伝えたいことである。

一方で、ほどいた後にはどんなあり様が考えられるのであろうか。その一つは「かたどる」ことではないかと考える。例としてわたしがかたどった「伝統的婚姻儀礼の再現」を紹介しよう。

北条地区での実践と並行したフィールドワークが終わる頃、北条での活動を通じて知り合った女性と結婚することになった。北条の人に、結婚の報告をしようと考えた際に思い起こしたのが、かつてこの地域で執りおこなわれ

「提灯取替」の様子

ていた「提灯取替」という婚姻儀礼であった。「提灯取替」は、結婚する両
家の提灯を、両家に縁のある男児と女児が嫁ぎ先の玄関の前で交換するとい
うもので、昭和40年頃を境に見なくなったとのことであった。その存在に
ついては以前より聞いていたが、いざ実施するにあたりあらためてゼミの後
輩の学部生2名と地区内の老人ホームなどを巡って年配者にインタビューを
おこない、それに基づいてプロトコル（儀礼の手順）を構成した。その際の
聞き取りでは、男性は「提灯取替」のことは知っていても作法についてはほ
とんど覚えておらず、主に女性から作法を教えてもらった。わたしも婚約者
も地区外の人間のため、「家に入る」という儀礼では、わたしたちが活動し
ていたNPOの拠点である屋敷を使っておこなうことにした。両家の家紋入
りの提灯は浅草の業者に発注したものの、「提灯取替」をやりたいと北条の
人たちに相談すると、新婦側の着物やかんざしなどは相談した女性を経由し
て方々から貸してもらえることになった。儀礼の当日、新婦が控えるまちづ
くり活動の拠点に「嫁迎え」に行くと、周知をしたわけではないのに商店街
の通りには人だかりができていた。新婦を迎え、屋敷に戻るために関係者一
行と「花嫁行列」を始めると、人びとはカメラやケータイを向けてその様子
を撮影した。通りには、アウトドア用の椅子を置いて眺めながら、「良いも
のがみれた」と涙する年配の女性の姿もあった。

このエピソードは、まちづくりの華々しい成功事例ではない。また、幾度かの調査はおこなっているとはいえ、厳密な時代的・民俗学的考証もしていないという点において学術的であるともいえない。しかしながらそれは、偶発性やある種の適当さを含みこみつつも、まちづくりを通じて構築された人間関係やモノのネットワークを使って、北条という「まち」のあり様の一部を暫定的に具現化したものである。民族誌が他者理解と自己理解の方法であるとすれば、この「提灯取替」はテクストではない別の仕方のエスノグラフィーとはいえないだろうか。

　この中途半端で試行的な発明品を、わたしは「エスノグラフィック・プロトタイプ」と再定義し、現場グラフィーの可能性として最後に提示したい。まちづくりにダイブすること、それは「わたし（たち）」と「まち」の関係をとりむすぶことであり、それは計画的で予測的な行動とは別の思考法である。偶然性や首尾一貫性のなさとともに対象に潜りこむことによって、未来の糸口が自らの内から顔をのぞかせる。そしてその糸をたぐって試作品を設えることが、「まち」を自分たち事として引き受けていくことの始まりであるといえよう。

参考文献

グレーバー、D.（2006（2004））『アナーキスト人類学のための断章』高祖岩三郎訳、以文社。

ケリー、T. ＆リットマン、L.（2006（2005））『イノベーションの達人』鈴木主税訳、早川書房。

テット、G.（2016（2015））『サイロ・エフェクト——高度専門化社会の罠』土方奈美訳、文藝春秋。

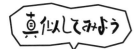

真似してみよう

　「ほどく」の節で紹介した内容を、読者の日々の業務にちょっと差し挟んでみてほしい。

　本章には記載しなかった業務担当者向けの「少しの移動Tips」として、視察研修時に大手旅行代理店サイトに載っていないホテルや旅館やゲストハウスに泊まる、というものがある。これは、今も筆者がやっていることであるが、「観光」として提示された場所ではないところだからこそ、その「まち・地域」の実情を知れることがある。

読んでみよう

　本文でも参照した『イノベーションの達人』や『サイロ・エフェクト』は、読んでみてほしい。

　日本の書籍で、いわゆる「地方」の魅力をデザイン思考的に再構築していったものとしては、岩佐十良（2015）『里山を創生する「デザイン的思考」』（KADOKAWA）が好例である。

　文化人類学の考え方のエッセンスを知るエッセイとしては、松村圭一郎（2017）『うしろめたさの人類学』（ミシマ社）がおすすめである。このエッセイに登場する「構築人類学」という考え方は、本章の「まち」と「わたし（たち）」の関係の編み直しという考えに通底している。

5

ジンルイガクのトリセツ

世界農業遺産が生まれる現場から

徳島県の自治体職員のみなさんと FAO での世界農業遺産認定式後に（2018 年 4 月撮影）

内藤直樹
ないとう　なおき

　1974 年東京都生まれ。多数の文化人類学者が在籍している弘前大学在学時に、現代沖縄のマグロ漁師を対象にした生態人類学的研究を開始する。アフリカを対象にしたフィールドワークのメッカである京都大学大学院在学時には、合計約 3 年半にわたってケニアの牧畜社会の開発と文化に関する研究をおこなう。大学院卒業後は国立民族学博物館に勤務し、難民キャンプの市場や経済に関する研究を開始する。2011 年に徳島大学に着任してから、文化人類学がそれまで思っていたほどメジャーでも社会に必要とされてもいないことに気づきショックを受ける。ひょんなことから、2014 年からアドバイザーとして世界農業遺産登録に関わるようになる。気がついたら、なぜか 2018 年にローマの FAO でおこなわれた認定式で講演をおこなっていた。近年では四国山地の伝統的な発酵食品にかかわる微生物を宇宙に打ちあげる実験をおこなっている。恥知らずの折衷主義者。美味いものが生きる愉しみ。著編書に『メディアのフィールドワーク──ケータイとアフリカの未来』(2011年、朝倉書店)、『社会的包摂／排除の人類学──開発・難民・福祉』(2014 年、昭和堂) がある。

1. 文化人類学の使い道

　腰が痛いので医者に診てもらう、発明品の特許をとるために弁護士や司法書士に相談する、政党支持率を分析するために社会調査士に依頼する…。あるいは美味しい魚が食べたくて魚屋に相談する、とびきり美味いワインが飲みたくてソムリエに相談する…。彼らは専門的な知識やスキルを駆使して、私たちクライアントの必要を満たしてくれる。

　それぞれの専門家が依拠する知識やスキルを見てみよう。医者は医学、弁護士や司法書士は法学そして社会学者は社会学という専門知識とスキルに依拠している。それらの専門知識やスキルは、病院、事務所、法廷、企業、研究機関そして大学といった現場で刷新され続けている。刷新された知識やスキルは専門家集団に共有され、さまざまな現場で実践される。このように専門的な知識やスキルの刷新とそれを使った実践は、車の両輪の関係にある。では、本書でたびたび言及されるジンルイガクという専門的な知識やスキルは、どのような必要をいかに満たしてくれるのだろうか？

　文化人類学の専門知識を使っても、身体の痛みは改善しないし、特許申請書は書けないし、政党支持率を割り出す統計分析もできないし、美味しい魚やワインも選べない。だが文化人類学の専門知識は、身体の痛みは治せないものの、痛む身体と共に生きていく術を探す際に参考になるかも知れない。また、開発した新たなモノに社会・文化的な意味づけを与える術、あるいは政治意識の背後に存在するユニークな価値観や人間関係を明らかにする術をクライアントに提供することができるかも知れない。つまり文化人類学の専門知識は、病んだ身体で社会生活を営みたい、開発したモノを「商品」として位置づけて販売したい、ある人びとの考え方や行動について知りたいというクライアントの必要を満たすために役立てることができる。ただ、そうした「まどろっこしい」貢献は、必要や欲求をすぐに満たしたいというクライアントには喜ばれないことも多い。

　医学や法学や社会学といった他の専門知識と異なり、今まで文化人類学の専門知識やスキルが生産され実践される場は、ともに大学や研究所といったアカデミックな場が中心だった。そうした専門知識やスキルがもつ意義は、

他者（異文化）について理解して書くことを通じて、自分たちが前提としてきた価値観を見つめ直すことにあるとされてきた。

　もし、文化人類学の専門知識の生産と実践が、医学や法学や社会学のようにクライアントの利益に直結しているならば、それでいい。大学や研究機関に所属する文化人類学者は、これまでどおり他者や自己についての理解を深めた結果を論文として書いていけばいいのだから。だが、文化人類学の専門知識の生産と実践がクライアントの必要に応答できる可能性について考えるのであれば、論文を書かない医者、法律家、社会学者の実践がそうであるように、「論文を書かない文化人類学的実践」とは具体的にどういうものであって、その時に文化人類学のどういう専門知識やスキルがいかに「使える」のかが問われなければならない。

　この章では文化人類学の専門知識やスキルを使って何らかの必要を満たすためにおこなう諸実践を、「民族誌なしの民族誌的実践」（伊藤 2015）として捉えなおしたい。そのために、これまで大学の中で民族誌を書くことをしてきた文化人類学者（私）が、社会人による民族誌なしの民族誌的実践の現場にいかに関わることができたかについて振り返りたい。逆にいえば、これまで文化人類学という専門知識の存在や専門家を知らなかったクライアント（読者）のみなさんに、その使い勝手や使用上の注意を知って頂くためのトリセツということになる。そして、できれば使ってやってもいいと思っていただきたい。

　そのために、私がある地方公務員との偶然の出会いをきっかけに、地方大学に所属する文化人類学の専門家として徳島県西部の世界農業遺産申請に関わり、一度の落選を経て認定に至ったプロセスを紹介する。

　世界農業遺産（GIAHS）とは、世界的に重要な農業遺産システム（Globally Important Agricultural Heritage Systems）の略であり、国連の世界食糧農業機関（FAO）が人類の食糧安全保障と生物多様性および文化多様性の保全に貢献する食糧生産システムを人類全体の遺産として保全・共有することを目的に、2002 年にヨハネスブルクで開催された「持続可能な開発に関する世界首脳会議」にてスタートした制度である。つまり世界農業遺産制度はグローバルな問題解決のための手段である。他方で過疎・高齢化に悩む日本の

地域社会は、世界農業遺産を国内外からの観光客誘致や地域活性化にむけた手段として考える傾向にある。その意味で世界農業遺産はローカルそしてナショナルな問題解決の手段でもある。

　日本における世界農業遺産は、グローバルな問題解決とローカルそしてナショナルな問題解決という目的のせめぎ合いのなかにある。ある地域の在来農業が世界農業遺産に認定されるまでの過程には農家、地域住民、申請書のとりまとめをおこなう地方公務員、国家公務員、専門家会議のメンバー、国連職員、科学者委員会のメンバー等の多くのアクターが関わる。こうした多様なアクターの思惑や働きかけの中で、何が私たちの遺産かが決まることになる。この「私たち」の意味するところは、地域の人である場合もあれば、人類である場合もある。本稿では、世界農業遺産申請作業に関わった多様なアクターによるネットワークのなかで文化人類学者が果たし得た役割はどこにあったのか、ということを振り返りたい。

　結論を先にいえば、文化人類学者としての専門的な訓練をうけた私が貢献できたことは、その地域の農業や歴史に関する知識ではなかった。また、地域の方々のものの見方や考え方を無条件に肯定して協働することでもなかった。私がしたことは、そうした地域の人びとの思いやものの見方から一定の距離をとることだった。その上で私は、世界の他の地域と比較した時に、この地域の農業のどこがどうユニークなのかについて考え、説明していった。そうした説明に対して早い時期に興味を示したのは、世界農業遺産登録の審査に関わる国家公務員や国連職員であり、地域の公務員や農家のみなさんではなかった。結果的に4年にわたった世界農業遺産の申請過程を振り返ると、それは地域の人びとがグローバルな関心に、そして国連職員や国家公務員がローカルな関心についての理解を深める過程だった。たまたまその場に関わり続けることとなった文化人類学者ができたのは、異なる利害関心をもつ人びとと学び続けることであった。そうすることで期せずしてお役に立てたのは、「よきケンカ相手」であり続けたからであった。

　くり返しになるが、私たち市民は医療や法律や統計調査についてよく知らないから、医者や弁護士や社会調査士の知識やスキルをあてにする。つまり彼らのような専門家がもつ知識やスキルをどういう場合に、いかに利用する

かについての知識は持っている。それに対して、ほとんどの市民は文化人類学の専門的な知識やスキルについて知らないのはもちろん、その利用方法についても知らない。だからこそ、この機会に文化人類学者がもつ知識やスキルの使い方を知ってほしい。そして、できればうまく使ってもらいたい。それがジンルイガクのトリセツである。

2. 世界農業遺産とは何か

　世界農業遺産は農業に限らず、狩猟採集や漁撈、牧畜、養殖、林業、製塩等の多様な食糧生産システムを含む。この制度の目的は、グローバリゼーションのなかで大きく変容しつつある家族農業（family farming）や持続可能性が高い伝統的な食糧生産システムの保全にある。社会や環境に適応しながら何世代にもわたり形づくられてきた食糧生産上の土地利用や、伝統的な食糧生産に関わって育まれた文化、景観、生物多様性などが一体となったシステムのなかでも世界的に重要であると考えられるものを国連食糧農業機関（FAO）が認定する仕組みである。2020年1月現在の認定サイトは21ヵ国58ヵ所で、地域別の内訳はサハラ以南アフリカ地域：3、アジア・太平洋地域：36、ヨーロッパ・中央アジア地域：7、ラテンアメリカとカリブ海地域：3、中近東・北アフリカ地域：9である。

　世界農業遺産制度の特徴は、創始者であるパルヴィス・クーハフカンが「化石化しない保全（Koohafkan 2016）」と呼ぶ、農民が環境や社会経済的な変化に対応して食糧生産システムを変えていくことを積極的に評価するダイナミックな保全を推奨する点にある。世界農業遺産は伝統的な食糧生産システムの保全をおこなう。だが、昔の農業や農法をそのまま残したり、博物館の展示品や文献資料として陳列・保存することはない。この点で世界農業遺産の目的と手段は、UNESCOの世界遺産制度と大きく異なる。UNESCOの世界遺産は、貴重な過去の遺物や自然環境をできる限り「そのまま」残そうとする。それに対して世界農業遺産は、博物館に陳列されている過去の遺物としてではなく、社会的、経済的、生態学的な変化に適応して変化しながらも継承されている「生きている遺産」としての食糧生産に関わる知識や技

術に注目している。それゆえ世界農業遺産の登録には、地域の関係者が協力し、環境の変化に適応しながらも伝統的な知識と実践を次の世代に継承していく「ダイナミック（動的）な保全」が重要となる。

　世界農業遺産の申請にあたっては、農業だけではなく、それに関連した生態系、文化、社会組織等に関する広範な資料が必要となる。その保全も、これまでの農業に関わる広範な知識・技術・社会・文化・経済・生態系・景観を、現代の市場経済と接続させながら再編することを重視しているという意味で未来志向的である。それゆえ、通常はひとつの分野の専門家がその全体をカバーすることは困難で、複数の専門家による協働が必要となる。ここにこそ文化人類学者が介入する余地があった。もともと文化人類学は、人間の生活の一部だけを切り出して見るのではなく、それらを他の要素との関係のなかで捉えようとする視点（ホーリズム／全体論）をもっている。農業に直接関わる知識や技術を中心に、それらに関連する生態系、文化、社会、経済等の関わりを捉えつつ、その将来像を具体的に構想することは、むしろ文化人類学者こそが得意とするところである。

　だが、奇妙なことに、これまで日本において、文化人類学者が世界農業遺産の登録や保全に積極的に関わってきた例は少ない。文化人類学者はUNESCOの文化遺産や日本の文化財保全の文脈で活動してきたように思われる。文化遺産は、変わりにくいものであると見なされているが故に、地域という場所とそこに暮らす人びとのアイデンティティとを結びつける媒体となる。そして周縁に追いやられたと感じる人びとの誇りと自尊心を回復させたり、そうした人びとの経済活動を活性化する働きがあるのかもしれない。1972年の世界遺産条約採択以降、世界は遺産観光ブームに沸いてきた[1]。そして、これまで文化人類学は「文化の専門家」として、文化遺産の認定に必要

1　たしかに観光を通じて地域にシビックプライドとカネをもたらす効果はあっただろう。だが、COVID-19以前の観光ブームが生じた地域でほぼ例外なく環境負荷の問題が生じたことや、観光客の移動手段による環境負荷の問題を考えると、UNESCOの世界遺産制度が我々のこの惑星における存続可能性を高める効果については慎重な検討が必要だろう。むしろ世界遺産観光ブームは、世界の各地域は外部の他者を惹きつけ必要な利益を得るようにすべきだという新自由主義的な命令に思える。

な知識やスキルを提供してきた。だが私は、徳島の世界農業遺産サイトの文化や自然に関する深い知識をこの時点では持ち合わせていなかった。

3. 桃源郷の向こう側

「にし阿波の傾斜地農耕システム」の農業遺産申請に向けた運動は 2014 年末に始まった。2016 年には国による審査段階で落選したが、この時に新設された日本農業遺産に認定された。その後、再申請を経て 2018 年に世界農業遺産に認定された[2]。にし阿波の傾斜地農耕システムの対象地域は徳島県西部の美馬市、三好市、つるぎ町、東みよし町の 4 市町で、現在の人口は合計約 8 万人である。この地域は近世以降、タバコ葉の生産で栄えてきた。だが 1970 年代以降にタバコ生産が衰退する頃から急速な過疎化が進行している。この地域の現在の農業は、タバコから他の換金作物への転換がうまくいかず、この地域に残った人びとや賃金労働からリタイアした人が、かつての農耕システムの一部を用いて「自分が食べる分」の食糧生産をおこなっている。

2014 年 9 月 29 日に開催された第 187 回臨時国会の所信表明演説において、安倍首相は東洋文化研究家アレックス・カーの言葉を引き合いに、徳島県祖谷地方を「桃源郷のような別世界」と評した。この演説では、オリンピックを前に外国人観光客の増加が見込まれるなかで、過疎化が進む地方が、それぞれの自然、文化や歴史などを活かした観光・ブランド開発をすすめることが称揚された。大歩危・小歩危の断崖絶壁や急流、そしてそこに架けられたかずら橋や山肌に張り付くような農村からなるこの地域の景観が「秘境」や「日本の原風景」として注目されている。

この地域の農村を道路から眺める分には、日本のどこにでもある山村としか思えない。だが村に入れば、時には立っていることさえままならないような傾斜畑が構成する独特の農村景観を見ることができる。独特な景観は、多

2　世界農業遺産の申請は、県が日本の農林水産省にサイトを推薦することからはじまる。農林水産省が選定した委員による審査を経て、「国際的に重要である」と判断されたものがFAOのGIAHS科学委員会に推薦される。そして、GIAHS科学委員会での審査において重要であると判断されたものが世界農業遺産として認定される。

くの集落が斜度30〜40°で標高300〜700m程度の山の中腹〜上部に存在していることに起因している。徳島県西部には四国山地がひろがっている。この地域には日本最大の破砕帯が走っており、地震や大雨による崩落や地滑りが起こりやすい。多くの集落は大規模な地滑り跡地に立地している可能性がある。これらの集落が位置する斜度30〜40°は、地面が自発的に安定を保つ斜度（安息角）である。すなわち、この地域のユニークな集落景観は、地質環境への文化的適応の表れであると考えられる。

　これらの集落には、斜面をそのまま耕作する傾斜畑が見られる。傾斜という地質環境に適応する技術としては、石垣等でつくった水平面を利用する棚田や段畑が一般的である。なぜなら、傾斜地を常畑にすると、重力と風雨で土壌流亡が発生するからである。だが、この地域ではあえて傾斜を残したまま耕作を続けることができている。傾斜畑を1mほど掘ってみると、農耕に適した表土層（A層）は5〜10cmほどで、その下の20cmは粘土と細かい礫で構成された層（B層）、それより下（C層）は大小の礫で構成されている。傾斜畑は肥沃とは言い難いが、サトイモ、ジャガイモ、コンニャクイモなどのイモ類、ソバ、タカキビ、コキビ、アワ、ヒエ、コムギ、トウモロコシといった雑穀やマメ類、野菜類が栽培されている。傾斜畑での農耕を継続するためには、表土層を維持・創出するとともに土壌流失を防ぐ仕組みの存在が不可欠である。それは次に述べるように、①採草地で採集した敷草（カヤ）の施用、②深い耕起による粘土・シルトの創出、③流亡した土壌の復元によって構成されていると考えられる。

　この地域では、秋に採草地で収集したススキを中心とする敷草を円錐状に積み上げて乾燥させた後、春と夏に細かく刻んで施用する。円錐状に積まれた干し敷草をコエグロと呼ぶ。あえて円錐状に積み上げて干すことで、堆肥になることを防いでいる。一般的に敷草の施用には、1）地温を一定に保つ地温調節、2）土壌水分の保持、3）雑草の生育抑制、4）土壌や肥料分の流亡防止、5）土壌の団粒構造の保持、6）有機物の供給などの効果がある。細かく刻んで畑にまかれたカヤは、ちょうど土壁に刻んだ藁が混ぜられるのと同様に、降雨時に傾斜畑の土と混じり合うことで塊をつくり、土壌流亡を抑える効果があると考えられる。その後、カヤはゆっくり堆肥になる。すな

わち、この地域でカヤが果たす重要な役割は、土壌や肥料分の流亡防止や土壌の団粒構造の保持をしながら、最終的に土そのものになることにあると考えられる。

　傾斜畑を耕起する際には、次章で詳述するシンコウグワ等の重く先が鋭い農具が用いられる。こうした農具を用いることで、人びとは地中深くまで鍬を入れている。すなわち鋭く重い農具は、礫が多い土壌で深く耕起するために適していると思われる。傾斜畑の薄い表土層の下は大小の礫で構成されている。礫のサイズは深くなるほど大きくなる。これらの礫の多くは緑色片岩という板状に割れやすい変成岩である。また、化学風化して赤褐色になった緑色片岩は、さらにもろい。人びとはトンガやフタツバといったユニークな農具を用いて深く耕起することで、礫を砕き、新たな土を創出しているのである。

　また、この地域ではサラエと呼ばれる熊手のような形をした農具が用いられる。人びとはこの農具をシャベルのように用いて、流亡した土壌を畑の上部に戻している。この作業はツチアゲと呼ばれる。ツチアゲでは、畑の上部からはじめ、水平に移動しながら下の土を上にあげる作業が繰り返される。傾斜畑の表土すべてを人力で上にあげる作業は重労働である。このように人びとは傾斜畑を持続的に利用するために、上からはカヤを投入し、下からは岩を砕いて土を創っている。そのうえでツチアゲによって土壌流亡を最小限にコントロールしていると考えられる。

　このように傾斜地という地質環境における持続的な農耕を可能にするためにはそれに適した農具の存在が不可欠である。その意味で、傾斜地農耕システムは農具という物質文化によって支えられてきた。かつて農具は、ごくありふれた存在だった野鍛冶によって制作されていた。農具は畑の傾斜角度や所有者の筋力などを考慮したオーダーメイドであったという。また、礫を多く含む畑を深く耕起する農具の先端はすぐに摩耗するため、たびたび野鍛冶に刃先を付け替えてもらう必要があった。だが、過疎化とともに野鍛冶の数は激減し、一時期は完全に消滅した。2017年から、若い頃に農具づくりを習った老人が野鍛冶を再開したのは明るいニュースである。

　このように農耕には適さない環境である傾斜地を持続的に利用する技術体

系は非常にユニークだが、ここで昔ながらの農耕を継続しているのは70歳を超えた方々ばかりである。彼らは「昔からこのやり方だったから」といいながら、過酷に思える作業を淡々とこなしている。とはいえ「この作業を子供や孫にさせたいとは思わない」というのも本音である。

　この地域の傾斜地農耕システムは農耕に適さない傾斜環境の持続的な利用を可能にする技術体系だろうし、それを途上国等に応用することで食料安全保障を高めることも可能かもしれない。また、安倍首相による地方創生演説にあったように、過疎地域は自らの魅力を「再発見」し、観光客や移住者を誘致することが求められている。そのようななかで、静かに消え去ろうとしていた傾斜地農耕システムが、にわかにさまざまな思惑にもとづく「切り札」として注目されるようになった。私はこの動きに巻き込まれてきたが、それが本当に傾斜地を耕してきた人びとや人類にとって良いことかどうかは、いまだわからない。「地方創生の優等生」とされた桃源郷の向こうには、そのような景色が広がっている。

4.　世界農業遺産認定に至るプロセス

　もともと私は、マサイ族などの東アフリカの牧畜社会を対象にした文化人類学的研究をおこなってきた。具体的には自然に強く依存した人びとの暮らしや価値観がグローバリゼーションのなかでどのように変わりつつあるのかという点に関心を持っていた。徳島県出身ではなく、徳島での現地調査をしたこともない私は、徳島大学への着任から間もない2013年に県内の地域社会を対象にしたフィールドワーク実習プログラムを設計しようとしていた。幸いなことに徳島県の行政職員らに、徳島県の狩猟文化に関する調査協力をお願いする機会を得た。この当時、過疎地域の鳥獣害が社会問題になっていた。そして文化人類学は文化の側面からアプローチするのが当然だと考えていた当時の私は、（いま思えばたいへん間抜けなことに）狩猟文化という切り口を選んだ。

　私は鳥獣害担当の公務員のみなさんの前で、人類史的にも重要で、現在もアフリカをはじめとする世界各地で営まれている重要な生業活動としての狩

猟に関する人類学的研究の重要性についての説明を熱っぽくおこなった。協力可能な職員は後日連絡するということで会議は終了した。その場には、やや微妙な空気が流れていたことと、会議のあとで仲介役を引き受けてくれた行政職員が何だか気の毒そうな様子でラーメンをおごってくれたことを覚えている。いま考えれば当たり前なのだが、その後行政職員からの連絡は無かった。異文化の記録と収集にしか関心がなかった文化人類学者の私は、地域社会の行政職員は基本的にそうした専門知を必要としていないということを思い知った。

　後になって、徳島県西部に位置するつるぎ町の商工観光課の職員からメールを受け取った。「鳥獣害担当職員からアフリカの狩猟や農業について研究している徳島大の教員が来たことを聞いた。実はいま、つるぎ町の農業を世界農業遺産に登録したいと考えている。そのために地元農業についてよく調べている高校の先生の発表会を開くので聞きに来ないか。アフリカのような場所の農業についての知見をもとにアドバイスが欲しい」という。狩猟文化に関しては何の連絡も来なかったので、私はひどくがっかりしていた。だが時間があったので聞きに行くことにした。

　つるぎ町とその周辺の集落を視察した後で民宿に宿泊し、地元の農業に関する高校の先生の講演を聴きながら、商工観光課の職員さんらと世界農業遺産申請に関する今後の方向性について議論した。私は世界農業遺産という制度について知ったのはこの時が初めてだったが、公務出張として参加した以上は、「専門家」として貢献する必要があると考えた。そして、文化人類学の専門家としての立場から、その場に居合わせた人びとの世界農業遺産としての価値についての認識をかなり遠慮なく批判した。

　彼らは、今日視察した集落は里山景観として優れているという。そして、この地域を世界農業遺産として登録する上で、これらの里山景観の素晴らしさを訴えていくという。「里山とは、人間の居住地とともに二次林、農地、ため池、草地を含む異なる複数の生態系からなるモザイク構造のランドスケープを表す日本語である（国際連合大学高等研究所:4）」。つまり里山とは茅葺き屋根があり、田畑があり、お爺さんが山へ柴刈りに行き、お婆さんが川へ洗濯に行くといった、昔話に出てくるようなムラの風景である。お爺さん

が柴刈りに行く山の植生は、「自然」に見えるが、それは柴刈りをされることで維持されている。つまり人間（文化）と自然の結合によるランドスケープであり、それは世界農業遺産の理念そのものである。だが、世界農業遺産は里山というよりも、日本でいえば「里山のような」、人間（文化）と自然の結合を評価しようとしている。この時点で日本では、いくつかの地域が「里山」として世界農業遺産に認定されていた。里山は人間（文化）と自然の結合の例として優れているが、日本の地域社会ではごくありふれたランドスケープだった。また世界や日本の他の地域では、里山とは別の形の人間（文化）と自然の結合が世界農業遺産として認定されていた。

　また、集落の視察に出掛ける前の予習で、私が長年調査してきた東アフリカのマサイ系牧畜民が世界農業遺産に登録されていることを知った。マサイ系牧畜民の伝統的牧畜は、労働生産性が高い（省力的）だけでなく、土地生産性についても観光や灌漑農耕と比べて高く、かつ持続可能性が高いとされている。そして伝統的牧畜民が生産する食肉こそ、急増するアフリカ都市の食肉需要を満たしている。何より家畜は個人や集団のアイデンティティおよび家族や社会の再生産と深く関わっている。また、世界農業遺産に認定されていたフィリピンのイフガオ族による棚田なども文化人類学者には有名な事例であった。それゆえ私には、ある地域の食糧生産システムのどこが世界農業遺産としての価値を持ちうるかについて、いくつもの視点を取り得ることを知っていた。それゆえ私は、マサイの事例を引き合いに出しながら、視察した集落を含むこの地域の伝統農業は「里山」としても説明できるが、それよりも他の説明原理を用いた方が良いのではないかという意見を話した。そのうえで帰学後に、四国山地の伝統農業研究[3]を紹介しながら、焼畑、雑穀栽培、傾斜地農耕[4]に焦点をあてた場合の説明を書き、電子メールで送付し

3　スーダンの牧畜民研究で有名な京都大学の福井勝義教授が、1970年代の四国の農村における雑穀生産と政治行動について描いた修士論文『焼畑のむら』など。戦前までの四国山地は日本有数の焼畑による雑穀生産地のひとつであった。

4　集落を視察して私が興味をもったのは異常なまでに急な傾斜地で農業をしている人びとの姿であった。行政職員らは、田んぼも畑も備えているため見晴らしもよく、どちらかといえば傾斜が緩やかな集落を評価する傾向にあった。だが、私は傾斜が急な集落景観の印象のほうが強く残った。そこで帰学後にFAO関連の世界の伝統農業に関する資料を調べたところ、傾斜地農耕

た。これは行政職員が評価する景観とは全く異なる種類の景観を評価していることになるので、この関係はこれっきりになると思っていた。

だが、驚いたことに、私に連絡をとってきた町職員から、あなたの説明に納得がいったので、ぜひもっと話を聞かせて欲しいという返事を受け取った。あとで聞いたのだが、私が帰学後しばらくして、世界農業遺産の国内審査の関係者が現地を視察する機会があった。当然、彼らが価値あるものと信じていた里山景観を対象地にして説明したところ、あまり評価されなかった。困り果てて、私が書きのこしたメールをもとに傾斜地農耕や雑穀生産をおこなっている集落を案内して説明したところ、大変高い評価を受けたという。私の説明を理解していただいたかはわからないが、とにかくその時の説明が効果を発揮したことが彼を動かしたようだ。

その職員S氏は、地方行政の世界では圧倒的に力を持つ県による指導や町の上層部による方針がどうあれ、自分が信じる道を突き進むという、いわゆる「変わり者」の公務員だった。県が主体となる世界農業遺産申請は、通常は県のレベルで申請を決定してから市町村に降りてくる。だが、つるぎ町の場合は、この行政職員が登録しようと考えて、上司や周囲の人びとを動かしていた。これは通常の行政職員の視点からすればナンセンスな動きである。S氏はまずシビックプライドを醸成する手段として、つぎに観光等で経済活動を活性化させるわずかな望みをかけて世界農業遺産登録運動を推進していた。地方公務員は多くの場合、その地域で生まれて育った市民である点が重要である。彼自身もいわゆる兼業農家として農業にも従事するし、近隣の高齢農家の手伝いもするムラの人間である。彼の並外れた行動力の源泉は、自分のムラを何とかしたいという想いと、何かアッと驚くような面白いことをやりたいという欲望であった。行政的な意思決定プロセスについての常識を有する「まともな社会人」であれば、世界農業遺産登録など不可能だと思うに違いない。

かくして鳥獣害対策の実務に関わる行政職員に対して狩猟文化研究の重要性を説いていた頭でっかちの文化人類学者は、この時から変わり者の行政職

（steep slope agriculture）という概念に行き着いた。

員・Ｓ氏とタッグを組むこととなった。

　本案件は変わり者の行政職員による、「ムラの農業を世界遺産にする！」という突拍子もない思いつきに、何かわからないがアフリカに行っている文化人類学者が加わっている謎の企画だった。それに対して行政がマンパワーを割く価値もなかったので、農業遺産の登録にむけた現地調査はＳ氏と私の二人でおこなうことが多かった。世界農業遺産としての価値がどこにあるかという認識が大きく変われば、調査すべき対象も大きく変わる。私たちは急傾斜地に位置する集落を片っ端から訪れ、その特徴を洗い出していった。そして以下の手順で傾斜地集落群の全体像を把握し、そのなかでもモデルとなるような典型的な景観を備えた傾斜地集落を選び出した。Ｓ氏は行政職員としては変わり者かも知れないが、多くの地域住民から愛されていたことと独特の愛すべきキャラクターがあった。このため、どの農家を訪れても必要な協力を得ることができた。

　現在に至るまで協力を得ているつるぎ町の農家を訪れた最初の日は思い出深かった。つるぎ町の山の頂上付近にある農家にまずは泊まって、酒を飲もうというのである。私は授業を終えたあとで、山道を２時間かけてドライブして農家にたどり着いた。本当にこの上に人家があるのだろうかと、随分不安になったものだ。農家でＳ氏と合流し、その付近で暮らす数軒の農家のみなさんと酒を飲んだ。その日は日本酒を飲んだのだが、酒器が一人分足りない。酒器に注がれた日本酒を飲み干したら、それを誰かに渡す。そのように酒器をシェアすることで、全員が酒を飲むことができる。だが、実はこの飲酒システムは、集中的に飲ませたい人間に酒を飲ませることことを可能にするという別の機能を有していた。結局、食卓を囲んでいる皆が、私の前に酒器を置くのである。そして、皆が「ドグ（酒器）が無いから、酒が飲めない」と文句を言うのである。つまり私が飲まない限り、酒宴は進まない。かくして私はへべレケになるまで飲むに至った。寝る前にＳ氏に聞くと、あれは酩酊したときに顔を出す隠された人間性をみる試験のようなものだという。どうにか試験をパスしたらしく、現在に至るまで畑の一部を貸していただけることとなった。農家の方にとって必要だったのは、私の大脳新皮質の活動が生み出す専門知よりも、それが機能停止した時に見える何かだったのである。

私自身には農学的な知識が無かったため、同じ大学院で学んだ農学者の近藤史さんや村尾るみこさんに来てもらって、この地域の農業の特徴を説明する上で有益なアドバイスを得た。たとえばこの地域では、山の斜面を段畑や棚田にせず、傾斜地のまま畑作をおこなう点が特徴であること、そしてそこで使われている農具はとても特徴的な形状と機能を有していること、という農業遺産の登録と保全における核心部分は、この時のアドバイスをもとにしている。つまり私がやったことは、ひとつの専門知に依拠してはおらず、多様な専門知を組み合わせて対象を把握する際のコーディネーションであった。

　次に疑問がわくのは、そうした特徴を有する農業の分布範囲である。つるぎ町を含む徳島県西部の市町村は四国山地の北斜面に位置している。まずつるぎ町の農家を見たあとで、隣接する東西の市町村の農家を訪れ、ほぼ同じ特徴を有していることを確かめた。先行研究を参照することで、四国山地の北斜面における農業は、愛媛県に至るまで類似しているだろうということもわかってきた。では、四国山地の南斜面はどうだろうか？　そこで私とS氏と村尾るみこ氏の３人で、四国山地の南斜面における畑作の特徴を調査した。そうすることで、四国山地の南斜面は北斜面と地質が異なり、そのために傾斜地農耕も実践されていないことがわかってきた。

　世界農業遺産の登録に関わる審査は2年ごとにおこなわれる。2016年夏が申請書の提出期限だった。S氏は、これまでの調査にもとづく知見をもとに申請書を提出したいという話を上司に説得し、了承を得た。そして、つるぎ町の公費を用いて、申請に必要な諸活動をおこなうこととなった。ついに私も御用学者[5]になるチャンスを得たのである。

　御用学者になることの是非について、私は同僚の地域社会学者に相談した。というのも、当時の私は御用学者を批判的に捉えていたからである。彼は私

5　『広辞苑』をみると、御用学者とは「学問的節操を守らず、権力に迎合・追従する学者」とある。行政が都合の良い学者を政策決定に関わる委員会のメンバーに任命して「正しさ」を保証する「錦の御旗」として用いており、その対価として学者は研究費をはじめとする様々な便宜を得ているという訳である。御用学者批判は、表面的には専門家／知と行政との癒着に対する批判である。同時にそれは、客観的で正しい知識を社会に啓蒙する、中立的な存在としての専門家／知の位置づけに対する市民社会からの根源的な批判でもある。

にこう説明した。「偉そうにふんぞり返って、何から何まで行政にお世話してもらうような御用学者にはなるな。なるなら仕様書まで書いてあげるようになれ。行政系のコンサルタントならどこでも当たり前にやっていることだ」。「内藤先生がやっていることは、すべて行政系のコンサルタントがやっている業務内容だ。ただ、コンサルタントは提供するサービスに対して行政から対価をとっている。内藤先生が今回つるぎ町等から受けるかも知れない受託研究費は、必要経費だけだろう？　要するに内藤先生は、行政にとっての無料コンサルになる覚悟があるかってことさ。あるなら、やればいい」。つまり、行政の思惑を「専門家」として追認する御用学者ではなく、あくまで知的サービスに対する対価を受け取っているコンサルタントをモデルにしなさいということだった。しかも必要経費以外の報酬は受け取っていないのだから、そもそもこれはボランティアの一種にすぎない。だから先方に忖度する必要も無い。

　私はそれ以来、「無料コンサル」としての立ち位置を模索しはじめた。コンサルタントである以上、クライアントのニーズを把握して、必要なサービスをこちらから提供する必要がある。だが、それは御用学者が、クライアントが求める権威を求められるがままに提供することとはまったく異なる。

　ボランティアとは、まだ国家や市場によって把握されていない多様なニーズを、だからこそ社会的に充足する営みである（金子 1992）。つまりボランティアとは、よくわからないニーズを充足しようとする「変わり者」による活動として始まり、最終的にはそれが国家や市場によって認知され、担われる形で終わる。それゆえボランティアには終わりがある。いつまでもあるニーズを満たすためのボランティアが存在し続けることは、ボランティア活動の失敗の証左である。私は報酬を得ることなくある種の知的サービスを提供するボランティアとしての無料コンサルを期間限定でおこなうことにした。

5.　文化人類学者の知識やスキルを使うこと

　世界農業遺産の申請において重要なことは、農業システムの何が、どのように世界的な価値を持つのかというストーリーの枠組みづくりである。この

地域の世界農業遺産申請の初期においては、この地域の農業を傾斜地農業として説明するか、里山として説明するかという枠組みが問題となった。私は途上国における在来農業の事例をあげながら、人口が増加している現代において、人類が利用しにくかった傾斜地を持続可能な食料生産場所とする技術体系を世界と共有することは重要であると主張した。地方行政職員は途上国のわけのわからない農業の話よりも、里山という枠組みを好んだが、農業遺産選定関係者による視察時に、傾斜地農業の説明が高い評価を得たために、私が無料コンサルを引き受けることとなった。

　傾斜地農業は四国山地の北側斜面一帯に見られる農業システムとして理解した方が妥当である。それゆえ私は、申請範囲を、愛媛・高知・香川を巻き込んだ四国山地とすることを提案した。だが、農業遺産は県単位で申請するため調整に手間がかかることと、行政担当者にとっては学術的な妥当性や人類と環境の持続可能性よりも自分のムラの発展のほうが身近で差し迫った課題であることから、申請単位は徳島県西部の四市町村とすることになった。

　申請書作成の初期段階では、市町の行政職員であるS氏から県[6]、農水省、国連関係者に向けて農耕システムの全体像を端的に説明するメールや書類を書く必要がある。このときにメールや書類の「下書き」をチェックすることがあったが、かなり大幅に修正することが多かった。たとえば次ページのメールのような、審査関係者に送る情報案を30分で加筆・修正する。私には専門家としての権威が無いため、自身が「役立つ」ことを、その都度証明し続けない限り、申請過程に参与し続けることはできなかった。

　だが、このやりとりを通じて、S氏をはじめとする市町の行政職員は私（文化人類学者）が有している知識の「使い道」を学び、私は自分が持っている知識の行政的な文脈での使い方を学んでいった。それは大学でおこなわれている体系的な学びではない。必要な時と場合に、必要な知識だけを、必要

6　申請初期の段階では、県職員は実に面倒くさそうな態度で接してきた。市町の言うことを聞かない職員が、県を飛び越して農水省や国連関係者と連絡を取り、申請を既成事実化していったことに対する不快感を隠そうともしなかった。そして私は、そのおかしな行政職員にくっついている、農学でも、地域文化の専門家でもない、アフリカマニアである。私は「御用学者」どころか、県・農林水産省・国連と様々なレベルの「公務員」にお願いをする立場であった。

To 自分, 内藤直樹　徳大 ▾

お世話になります。

たとえば、下の説明は長いですが、基本的にこんな感じのストーリーでいい
でしょうか。

生物多様性について
「この地域は、四国山地の在来農業の特徴として、高地かつ急傾斜地を利用し
た景観の集落をつくっている。
一集落の標高差では大きいところで３００ｍ以上（赤松集落等）に達している
ところもあることから、農作物の収穫期には差異が生じる。
集落では、このタイムラグを生かし、農作物の分配による互助農業やお茶など
の共同収穫システムが構築されている。
また、この地域特有の地形・気候・地質を利用した多種類の作物は、ニホンミ
ツバチをはじめとしてシーボルトミミズからクマタカにいたる生態系ピラミッ
ドを形成している。」

※生態系の資料は、阿波学会の調査資料等を利用したいと思います。
が、ニホンミツバチについては、資料がありません。
当然、互助農業を証明するための地域の聞き取りやデータの作成を今後進めて
いく。
...

naito_mac ＜　　　　　　　　　＞
To　　　　　　　　　　　　　▾

30分時間をください。ちょっと朱を入れて送り返します。

> 基本的にこんな感じの
> ストーリーでいいでしょうか。

> 事実と異なる部分などもあると
> 思いますから、そのへんを直して、
> 使える部分はお好きに使って下さい。

naito_mac ＜　　　　　　　　　　　　＞　　　　　　　　　　　2014/03/07　↰
To　　　　　　　　　　　　　▾

ちょっと日本語が変なところを直しました。事実と異なる部分などもあると思いますから、そのへんを直して、使える部分はお好きに使っ
て下さい。

　　四国の中央部を東西に貫く四国山地は中央構造線の一部であり、千ｍを越える急峻な山々が連なっている。標高1,700ｍ以上は亜高山帯針
葉樹林、800~1,700ｍ付近は落葉広葉樹林に覆われている。これらの樹林帯には、ツキノワグマ、ニホンカモシカやクマタカといった希少な
大型哺乳類・鳥類の生息も確認されており、非常に豊かな生態系が維持されていることで知られている。
　　四国山地における人間の活動に目を向ければ、石鎚山や剣山を代表とする峰々では、古くから修験道の山岳修行が盛んであった。だが、
その下部にひろがる広葉樹林帯の傾斜地に目を向ければ、山地の高度差や日照量の差異を利用した在来農法がおこなわれてきた。それはエ
チオピア南部の山々を埋め尽くすコンソの段々畑（世界文化遺産）を思わせる、急斜面に張り付くように作られた石組みの畑、カヤ場、
家屋からなる独特の景観を作り出している。
　　たとえば赤松集落（つるぎ町）では、集落内の標高差が300ｍ以上に達している。高度が100ｍ増すごとに、気温は約0.6℃ずつ低下する。
それゆえ、ひとつの集落で同じ作物を耕作する場合でも、上部の畑と下部の畑では収穫期に差異が生じる。集落の下部と上部で異なる
作物を耕作する場合もある。人びとは標高によって異なる時期に収穫される農作物あるいは標高によって異なる作物を贈与し合うことで、
端境期の少ない安定した食糧獲得が可能となっている。こうした相互扶助は、他にもお茶の共同収穫といった場面においても見ることがで
きる。
　　急斜面地に拡がる段々畑においては、秋にカヤ場で収穫したカヤを家状に積み上げて冬期に保存し、翌春に肥料として段々畑にすき込む
ことで施肥をおこなっている。＜コエグロ＞とよばれる積み上げられたカヤは、この地域特有の集落景観を創り出している。また、昭和30年
代までは、広葉樹林において＜ヤキヤマ＞とよばれる焼畑農業がおこなわれていた。現在でも、ヤキヤマを復活しようとする試みがおこな
われている。このように本地域では、化学肥料を必要としない循環型の農業が展開されてきた。
　　段々畑やヤキヤマにおいては、ソバ・シコクビエ・モロコシ・キビ・ダイズといった雑穀やイモ類および野菜類が栽培されている。東ア
フリカ原産で、日本においても四国や中部地方の山間部において栽培されてきたEleusine coracanaの標準和名がシコクビエであることが示
すように、四国山地では古くから雑穀類の栽培が盛んであった。
　　四国山地に暮らす人びとは、山地の生態学的特徴を熟知し、それを在来農業として練り上げると同時に、それに狩猟・採集・養蜂等を組
み合わせることで、ひろく山地を利用する複合的な生業活動を営んできた。この地域ではニホンジカやニホンイノシシ等を対象にした獣猟
もおこなわれているし、ワラビやゼンマイといった山菜やキノコ類の採集も盛んである。さらに、飼育方法が確立したセイヨウミツバチと
異なり、セミ・ドメスティケーション的な性格が強いニホンミツバチの養蜂も盛んである。これは四季を通じて多くの花が咲く広葉樹林と
多品種が耕作する段々畑という、ニホンミツバチにとって四季を通じて安定的に蜜源を確保できる環境が整っていることによる。ニホン
ミツバチの存在は、山と里に多種多様な植物種が存在していることの証左である。また、この地域の北斜面にはハチドウ（養蜂箱）が目に
つく。これはニホンミツバチが日照量多く暖かい場所に営巣するという性質に対応している。植物の観点から見ても、ニホンミツバチは受粉
という生態に関わる重要な役割を果たしている。このように四国山地においては、植物とニホンミツバチと人間が独特の共生関係を構築し
てきた。
　　全体として、つるぎ町を含む四国山地に生きる人びとは、山地の標高差やさまざまな山の「資源」を活用した複合的な生業システムを構
築している。このような中緯度地域の山地環境に適応した在来農業システムは、これまでの世界農業遺産には存在しない。日本においては
「里山」とよばれる固有の人間-環境系の存在が注目されてきたが、古くから里から見れば「異界」でもある山地の文化には十分な注目が払
われてこなかった。だが、国土に多くの山地をもつ日本に存在する山地型の農業システムにも十分な注目が払われるべきである。日本にお
ける山地型農業システムとして、つるぎ町における山地を利用した在来農業システムの登録を希望する。

筆者が加筆修正した審査関係者へのメール文面

なだけ使えるようにするという実践的な学びである。

　こうしたやりとりを重ねることで、認識が一致してきたという実感もそれほどない。Ｓ氏はあくまでぶっ飛んだやり方でムラを元気にしたかった。他の行政職員は世界農業遺産登録を、観光客を誘致するコンテンツ開発の一環と見なしていた。他方で私は、人類の食糧安全保障に地域が貢献する手段として捉えていた。こうした理解のズレは、しばしば大きな対立や激しい議論を生み出しもした。だが、最終的にはこのズレをズレのまま放置した状態で、しばしばギクシャクしながらも何とか世界農業遺産申請を進めたことが、登録にまで行き着く結果に繋がったと考えている。

　2018年の３月に、にし阿波の傾斜地農耕システムはFAOの科学委員会により世界農業遺産に認定された。同年５月にはローマのFAO本部で認定式が開催され、私も出席することとなった。その直前に、Ｓ氏は別の部署に異動になっていた。私はお世話になったつるぎ町の助役と一緒に講演をおこなったが、そのときに、Ｓ氏がいなかったことを寂しく思った。だが彼は、相変わらずおかしな勢いで、今度は古民家の改修プロジェクトをやったりして、なかなか元気そうである。

　今回のクライアントである公務員のことを考えると、「異動」がひとつのトピックとなる。偶然の出会いと数年間の協働を経ることで、せっかくある公務員が、ある領域に関する知識や経験を手に入れたのに、その後すぐにまったく異なる部署に異動してしまう…。というものである。だが、本書の書き手たちはクライアント（読者）を異文化理解の専門家である文化人類学者にしようとしているのだろうか？　少なくとも私はそうではない。クライアントに習得して欲しいことは文化人類学者の使い方である。

　残念ながら市民はもちろん当の文化人類学者も、社会のなかでの文化人類学的な知の使い方について、まだはっきりした知識を持ち合わせていない。読者のみなさん。全国のちょっとした大学には、たいてい一人くらい文化人類学者がいます。彼らはちょっと気難しくて、だいたい変人ですが、「あなたの企画がまだボンヤリしているとき」に話をしに行くと、案外ヒョウタンから駒のような解決に結びつくことがあるかも知れません。文化人類学者のみなさん。海外のフィールドに行くときだけ魂が入って、日本の大学で勤務

しているときは抜け殻になっているような生活はもうやめませんか？　世俗的な業務と崇高な研究の境界をもう少し柔軟に捉えたら、そこには案外広くて豊かな研究の世界が拡がっているかも知れません。

参考文献

伊藤泰信（2015）「民族誌なしの民族誌的実践——産業界における非人類学的エスノグラフィの事例から」『九州人類学報』42：17-21。

金子郁容（1992）『ボランティア——もうひとつの情報社会』岩波書店。

新村出［編］『広辞苑　第六版』岩波書店。

内藤直樹（2016）「自然を読む“桃源郷”の向こう側——徳島県つるぎ町の傾斜地農耕」『ビオストーリー』72-75。

福井勝義（2018）『焼畑のむら——昭和45年、四国山村の記録』柊風舎。

Parviz Koohafkan & Miguel A. Altieri（2016）*Forgotten Agricultural Heritage: Reconnecting food systems and sustainable development*（Earthscan Food and Agriculture）Roultledge.

◆最寄りの文化人類学者に突撃！

　あなたが暮らしている都道府県にある大学に文化人類学者がいるかどうか、インターネットで調べてみよう。彼らはどのような研究や実践をしているだろうか？　大学のウェブサイトには、所属教員の過去の研究や実践の業績がリスト化されていることが多い。その文化人類学者の主要な調査地域や研究テーマがどのようなものか調べてみよう。また、ウェビナー（オンライン上のセミナー）や公開講座等の機会があれば聞きに行ってみよう。そうすることであなたの好奇心がくすぐられるかどうかにかかわらず、いちど連絡をとって自分が抱えている案件について相談してみるのも良いだろう。馴染みのない人々の奇妙な慣習についての調査をおこなっているはずの文化人類学者は、意外にあなたが抱えている案件の手助けになることがわかるかもしれない。

多文化共生、開発、難民支援、医療、福祉、公共政策といった私たちの社会が抱えるさまざまな問題に対して、文化人類学的な知識やスキルがどのように応答しうるのかについては、山下晋司［編］『公共人類学』（東京大学出版会 2014）に詳しい。

また文化人類学者がさまざまな物事を独特の目線で捉えなおす柔軟性については、信田敏宏『「ホーホー」の詩ができるまで──ダウン症児、こころ育ての 10 年』（出窓社 2015）、久保明教『「家庭料理」という戦場──暮らしはデザインできるか？』（コトニ社 2020）がよく示している。

6

思いをつなぎ、人をつなげる文化遺産
地域遺産の可能性

鹿児島県天城町（徳之島）田植え踊りの実演に集まってくれた、前野民謡保存会の皆さん
（2011 年 3 月）

俵木悟

ひょうき　さとる

　1972年千葉県生まれ。大学院では文化人類学を学んだが、当時から一貫して日本の民俗芸能についてのフィールドワークに携わってきた。2002年に独立行政法人である東京文化財研究所の研究員になったが、そこで国内の民俗文化財の保護行政や、2003年に採択され2006年に発効したユネスコの無形文化遺産保護条約の制度形成と運用に関する国際協力事業に従事した。2011年からは成城大学文芸学部に移り、民俗学を教えている。行政機関の研究者とそれを離れてからの経歴がちょうど同じくらいになったが、どちらの立場にあっても変わらない問題意識は、文化財や文化遺産という制度が与えようとするものと、その担い手が求めるものとのギャップはどうしたら埋められるか、ということである。主な著作に『文化財／文化遺産としての民俗芸能』（勉誠出版、2018年）など。

1. 文化財・文化遺産を「活かす」という要請

　日本において地域社会と関わる行政的な施策として、文化財保護はおそらく最もポピュラーなものの一つだろう。ポピュラーだというのは、この施策が広く普及し、多くの人がなんとなくどんなものか理解しているという意味でもあるが、それに加えて「なんとなく良いこと」として多くの人に好意的に受け入れられている施策だということでもある。「文化財を大切にしましょう」という一般的な標語にあえて異を唱える者は少ないだろうし、何らかの事件や災害によって文化財が失われたと聞けば、それが自分と直接関わりのないものであっても、相応の悲しみや喪失を感じたりする。文化財はそれだけ公共的に価値を認められた「大切なもの」であり、誰にとっても関心が高く、関わりやすい文化の問題だろう。

　その文化財が、地方自治体の行政においても、また地域の市民生活においても、近年その存在感を増している。この10年ほど、地方創生や地域活性化といった社会問題に関連して文化財が取り上げられる機会が多くなっているからである。

　2010年6月に民主党政権下で閣議決定された政府の「新成長戦略」には、成長が期待される7つの戦略分野の一つに観光立国・地域活性化戦略が位置づけられ、「観光は少子高齢化時代の地域活性化の切り札」として、国内外の交流人口の拡大や文化財・伝統芸能などの文化遺産の活用が積極的に取り上げられた。これは現政権が2013年6月に打ち出した「日本再興戦略」の中にも、「世界を惹きつける地域資源で稼ぐ地域社会の実現」として引き継がれた。国家戦略の中では、地域活性化はつねに観光と結びつけられ、その資源として文化財・文化遺産が見込まれている。当然この文脈では、文化財は保存よりも活用の対象として言及されることが多くなる。

　こうした流れを受けて、2018年6月には文化財保護法が改正された。この改正の目玉は、文化財の保存・活用に関する総合的な計画を市町村が作成し、国の認定を受けることで、従来は文化庁長官の権限であった文化財の現状変更の許可などを市町村でも可能としたことである。また従来は教育委員会の所管とされてきた文化財保護の事務を、条例によって首長部局が担当できる

ようになった。全体として、国の指導の下にあった文化財保護に関わる権限が、大きく地方自治体の裁量に任されるようになったのである。この変更の趣旨は「文化財をまちづくりに活かしつつ、地域社会総がかりで、その継承に取組んでいくことが必要」だからだとされる。

　1950年に成立して以来、文化財保護法に基づく国の政策の基本的な方針は、優品主義であり重点主義であった。「法制定当時の厳しい国家財政状況を反映して、重点保護主義をとり、指定を厳選するかわりにいったん指定したものは国家が責任を持って保護するという態勢をとった」（西村2004：107）と説明されるように、戦後の混乱期において文化財の散逸や荒廃を回避するために、国家が専門的な見地から選別したものを重点的に保護する、明らかにトップダウンの仕組みとしてスタートした。その文化財行政は、いま創設以来最大の転換点にあると言えるのかもしれない。国の責任放棄と批判する者もあれば、トップダウンの仕組みを解体する好機と見る者もある。いずれにせよ、地方自治体を中心に、地域で考え、実行する文化財の保護の時代がすぐ近くまでやって来ている。こうした状況で、自治体職員や地域の住民には何ができるのか。本稿では、地域を主体とする文化財に関する先進的な取り組みを紹介し、そこから文化財・文化遺産への関わり方のこれまでとは違う可能性を示してみたい。

2.　ボトムアップの「大切な遺産」
——世間遺産と地域遺産 [1]

　従来の地方自治体における文化財保護は、国の施策のミニチュアだった。文化財の定義や選別の基準、保護のために行う事業の枠組みなどは国の法律の定めを踏襲し、「まだ国の文化財になっていない」ものをその予備軍として保護するというのが基本的な考え方だった。しかし今世紀に入って、地域の側から、自分たちが大切だと思う文化の所産を選んで残していこうという取り組みが目立ってきた。「世間遺産」や「地域遺産」などと呼ばれるこれ

1　世間遺産と地域遺産については、山川志典（2016）を参考にした。

らの取り組みであるが、なぜそれが「文化財」ではなく「遺産」を名乗るのかというのは興味深い問題である。実際にそこで扱われているものには、文化財に指定・選択されたものも少なくないのだが、それでもそれを「遺産」と呼ぶのは、その方が当事者にとって馴染む言葉だからなのだろう。

　その理由を少し考えてみよう。「財（財産）」という言葉は、それ自体が価値を備えた「もの」そのものを意味するイメージがある。それに対して「遺産」とは、「遺す／承ける」という人と人のあいだではじめて成り立つ価値あるものである。だからこそそこには、誰にとっても同じとは限らない、多元的な価値が認められる[2]。たとえば誰かが自分に遺してくれたものは、それが単なる1本のペンであれ、1冊の本であれ、当事者どうしの思いが刻まれた計量できない価値をもつだろう。ある人にとってはとるに足らないものも、別の人には何にも代えがたいものであるかもしれない。さらに言えば、遺産は積極的な価値をもつものばかりではない。世界遺産にも「負の遺産」があるように、忘れたいが忘れられない、忘れてはならないといった思いも、遺産には託されることがある。

　もちろん実際には、「遺産」という言葉が使われるようになったのは、1990年代から日本でも話題になったユネスコの世界遺産という制度からの連想だろう。ユネスコの世界遺産、とりわけそのうちの文化遺産は、国内の文化財のさらに上にある最上級の格付けだと思われている[3]。しかしここで話

2　文化財（cultural properties）と文化遺産（cultural heritage）をこのように対比的に捉える議論は、欧米にもある（e.g. Hafstein & Skrydstrup 2017）。

3　ユネスコの遺産保護事業としては、一般に「三大遺産事業」と呼ばれる世界遺産、無形文化遺産、記憶遺産（世界の記憶）が知られている。
　　世界遺産は、1972年成立の世界遺産保護条約に基づき、遺跡・記念物・建造物等の有形の文化遺産と自然遺産（後に双方を含む複合遺産も）を対象とする。日本は1992年に受諾した。世界中で大きな関心を集めるが、自然・文化遺産の双方とも「顕著で普遍的な価値」の証明が求められ、その評価が国際的な関心を集める。とくに文化遺産の価値の指標であるオーセンティシティ（真正性）については議論の的になり、1994年の「オーセンティシティに関する奈良ドキュメント」以来、文化的価値の多元性について大きく配慮されることとなった。
　　無形文化遺産は、2003年に採択された無形文化遺産保護条約に基づき、伝統的な知識・技能・表現などの無形文化を対象とする。日本はこの条約の制定に主導的に関わったとされ、成立の翌年に受諾している。世界遺産と対照的に、当初から文化多様性への配慮を中心的な理念としたため、一元的な価値評価を避ける制度設計を行ってきた。また遺産そのものよりも、遺産を継承す

九州大学・藤原惠洋研究室の主催によって、2011 年 11 月に
熊本県天草市で行われた天草世間遺産写真展の様子。
（写真提供：山川志典）

題にする世間遺産や地域遺産が、その単なる地方版を目指していると考えるのは間違っている。

それを考えるためにまず「世間遺産」を取り上げてみよう。世間遺産という言葉の出所は諸説あるが、愛知県常滑市が 2005 年に開催した「世間遺産写真展」あたりがその嚆矢とされる。写真家の藤田洋三によって広められたその活動の初期の性格は、どこにでもあって、しかし放っておくと忘れ去られてしまいそうな、それでいて興趣ある風景を写真に収めるという、私的な「面白がり」から出発したのであった。おそらく世間遺産の言葉も、当初は世界遺産と一文字違いのシャレのようなものであったはずである。

ところがこの言葉が、初期の路上観察学会のメンバーでもあり、後に文化庁文化審議会の世界文化遺産特別委員会委員も務めた建築史学者の藤原惠洋などを介して、制度化された文化遺産保護にも接続されていった。

世間遺産の語を積極的に使いながら、福岡県大牟田市と熊本県荒尾市の旧三井三池炭鉱に関わる地域の再活性化を進めた、大牟田・荒尾炭鉱のまちファンクラブの理事で人類学者・民俗学者の永吉守は、世間遺産を「地域の

るコミュニティと継承のプロセスを支援するという立場をとり、専門家による周到な保存措置を求める世界遺産とは保護の手法は異なる。また伝統的文化表現の知的財産的保護の課題と深く関わる問題でもある（俵木 2017）。

記憶遺産は、1992 年に開始された事業であるが、事業名称は Memory of the World であって「遺産」の語は入らないために、近年は日本でも「世界の記憶」と呼ばれる。歴史的な記録物の保護を行う。前出の二つの事業と異なり国際条約に基づく活動ではないために日本政府は消極的であったが、2011 年に福岡県田川市と福岡県立大学が所有・保管する炭鉱画家の山本作兵衛の作品および関連資料を、政府を介さずに申請し登録されたことで大きな話題を呼んだ。その翌年から、文化庁の特別機関である日本ユネスコ国内委員会によって申請が行われるようになった。また従軍慰安婦関連資料や南京事件記録の申請に際しては、日本でも大きな政治・外交問題として扱われた。

人々（市民）が自ら発見し、地域の宝物として価値付ける遺産」（永吉 2008：39）と定義し、地域住民の価値観と乖離して無批判にありがたがられるグローバルな枠組みとしての世界遺産と対置した[4]。世間遺産はこのように私的な草の根の活動を端緒とし、やがて世界遺産に影響されつつもそれに抵抗するオルターナティブな遺産としても展開していった。

　これに対して、もう少し行政と市民の協働に近いかたちでできたのが、後に「地域遺産」と呼ばれるようになる各地の取り組みである。地域遺産は、制度的な枠組みをもったものから、まったく自然発生的に生まれてきたものまで、成立の経緯はさまざまであるが、以下ではその中でも性格の異なる二つの事例を取り上げてみたい。

3. 身の丈にあった「身近な遺産」——遠野遺産

　岩手県遠野市は、言うまでもなく柳田國男の『遠野物語』の舞台として知られた町である。この作品に描かれた地域内の伝承文化を掘り起こし、観光資源として積極的に活用してきた経緯は、以前から人類学でも注目されてきた（太田 1993、川森 1996）。そこで注目されたのは、単に自分たちの文化を外部に対して切り売りするだけでなく、地域住民の側もその過程で身近な文化の再発見と再創造を行い、意識的にイメージの生産に関わっているというあり方だった。

　遠野市が地域の伝承文化と意識的に向き合い活用してきた歴史は古い。1970 年に岩手国体のサッカーの競技会場となったのを契機に、全国から訪れる選手や関係者を迎えるために「ふるさと」を見つめ直す機運が高まり、1971 年に遠野市民センターが開設された。その名称からはわかりにくいが、市民センターは「市長及び遠野市教育委員会の所掌事務の一部を分掌する補助組織並びに当該分掌に係る公の施設の総合体」（遠野市民センター条例第 2 条）であり、首長部局と教育委員会、図書館、博物館などが一体となって社

4　当時、これらの遺産は「九州・山口の近代化産業遺産群」として世界遺産暫定リスト入りを目指していた。

会教育、文化行政、コミュニティ形成などを推進する行政機関内の組織である。教育委員会と首長部局が連携して地域資源の発掘・継承・活用を進めるという、近年の文化財保護行政が求める改革を、50年前に先取りしていたとも言えよう。

　また市民センター開設にあわせて、同じ1971年には「遠野市民憲章」が定められた。これは宮守村と合併した翌年の2006年に新しい「遠野市民憲章」に改められたが、新憲章の中では「悠久の時を越えて継承してきたうるわしい郷土と、伝統ある文化に誇りをもち、このすばらしい宝玉を、さらに『永遠の日本のふるさと遠野』として創造・発展させる」ことが謳われた。その具体化の試みとして制定されたのが、2007年の遠野遺産認定条例である。窓口業務は遠野市民センター文化課が担当している。この遠野遺産は、地域資源を活用する自治体と市民の協働による地域遺産の代表例として取り上げられることも多い。

　遠野遺産は、条例において、①建造物や旧跡などの「有形文化遺産」、②郷土芸能や伝統行事などの「無形文化遺産」、③植物や地形などの「自然遺産」、④有形・無形・自然が複合する「複合的遺産」の４つのカテゴリーにおいて、「郷土の特徴を象徴しているもの」で、「市民によって保護されているもの」かつ「地域の振興等に活用されるもの」という要件を満たすものと定められている。このカテゴリー名称から、世界遺産や無形文化遺産の仕組みを参照していることがわかる。しかし一方で、より一般的な説明では、「遠野を特徴付ける"遠野らしいもの"で、市民が認める次世代に残していきたい全てのものを対象とする」（遠野市地域整備部都市計画課 2008：30）とされ、世界遺産のような価値の高さを謳うのではなく、市民が身近な遺産を再発見することを促している。年度ごとに一度（初年度のみ二度）募集があり、2007年から2019年までに14回、159件の遺産が認定されている。当初のペースは落ちたものの、ほぼ毎回数件〜10件程度の認定が行われており、すでに一過性ではない定着した取り組みとなっている。

　ユニークなのは、遺産を推薦し、その保護活動を行う主体が「主に市内在住者で構成する地域づくりに関する団体」だという点である。事業の7割弱は地域自治組織である自治会が主体となって実施されており、これが最も多

い。ほかには、旧遠野市内の各町に8団体、2005年の合併後に旧宮守村内の各町に3団体が組織された地域づくり連絡協議会や、無形文化遺産に分類される民俗芸能の保存会などが推薦団体になっている。認定を受けると、推薦団体は保護活用事業の申請を行うことで、

遠野遺産「宇迦神社拝殿及び旧跡一里塚石碑」の一部で、東日本大震災時に落下・破損した鳥居の修繕を、2011年度事業として行った。（写真提供：山川志典）

市から「みんなで築くふるさと遠野推進事業」補助金を受けることができる。

　推薦団体ごとの遠野遺産の保護活動を分析した山川志典と伊藤弘によれば、最も多い事業は遺産の整備、それに続いて改修等（およびその複合）であり、それらと比較するとイベント等の積極的な活用事業は少なく、全体の1割程度であるという（山川・伊藤2017）。毎年刊行されている公式ガイドブックには「おらほの遺産活用術」というページがあるが、それを見ても、民俗芸能では公演活動の報告があるものの、多くは建造物などの遺産やその風致の環境整備といった活動で、2019年に地区の子どもたちを学芸員が案内して遺産をめぐるバスツアーの報告があるのが積極的な活用の例として目立つくらいである。ガイドブックの各号には「SNS映え遺産をめぐる」（2018年）や「遠野遺産でエクササイズ」（2019年）などのユニークな提案があるが、これは遺産の担い手の実践を紹介しているのではなく、むしろ積極的な活用のアイデアの提供と言えるだろう。早くから「民話のふるさと遠野」としてのまちづくりや語り部の養成などを積極的に展開してきた遠野市であるが[5]、遠野遺産は、どちらかといえば小規模な住民組織を主体とした、ごく身近な遺産の保全のために機能していると言える。

　実際には、これらの遺産が活用されていないわけではない。遺産活用の先

5　遠野遺産以前の遠野市における伝承文化を活かした取り組みについては、佐藤一子（2016：第1章）を参照のこと。

進地でもある遠野市の場合、これらを積極的に活用する取り組みは、外部との連携も含めた別の枠組みで実施されているものが多い。遠野市立博物館を拠点とする遠野文化研究センターの各種事業や、「おもしろTONO学」を主催する有志による「to knowプロジェクト」など、より広域的なネットワーク組織によって遠野の自然や文化をめぐるツアーや勉強会、教育機関との連携などが行われている。遠野遺産は、そうした活用のコンテンツとなる個々の遺産を、その最も身近にいる地域住民が自ら維持管理するという草の根的な活動を支援しているのである。

　専門的な価値づけと、その価値を損なわないよう計画的に実施される保存措置という文化財保護行政とは離れて、地域住民によって自足的かつ持続的に行われてきたこのような活動は、しかし近年の少子高齢化などによってこれまでと同じように続けていくことが難しくなってきている。そのような活動を「遺産」と認定することで、行政による支援の枠組みを用意し、合わせて他の多くの地域で行われている同様の取り組みと並べて位置づけることで、相互の交流と新しいアイデアの獲得を促すところにこの事業の特徴が見出せる。

4. 遺産を関連づけるアイデアとストーリー
──奄美遺産

　奄美遺産の制度が作られる直接の契機は、2008年度から2010年度にわたって文化庁が公募した「文化財総合的把握モデル事業」である。2007年の文化審議会での議論を踏まえ、各市町村において「歴史文化基本構想」の策定に必要な指針を作成するための方向性や課題を明らかにすることを目的として、全国で20のモデル地域を選んでパイロット的な事業が行われた。奄美大島の宇検村・奄美市と徳之島の伊仙町はこれに共同で応募して選定され、2008年から3年間にわたって事業が実施された。

　歴史文化基本構想は、2008年5月に文化庁、農林水産省、国土交通省の3省庁の所管として公布された「地域における歴史的風致の維持及び向上に関する法律」（通称：歴史まちづくり法）と深い関係がある。この法律は、文化

財保護行政とまちづくり行政の緊密な連携のもと、文化財の保護と一体となった歴史的風致の維持向上を行うことを目的とするが、そのための「歴史的風致維持向上計画」の策定にあたっては、文化行政の観点から策定された歴史文化基本構想を踏まえることとされた。

　その歴史文化基本構想において求められたのが、「文化財を総合的に把握するための方策」と「社会全体で文化財を継承していくための方策」であり、上記のパイロット事業はその具体化を図るものであった。宇検・伊仙・奄美の3市町村による成果は、2011年に刊行された『宇検村・伊仙町・奄美市による文化財総合把握モデル事業報告書』にまとめられている（以下、基本構想に関する記述はこの報告書による）。このように、奄美遺産の始まりは国の施策の推進にかかる委託調査であった。

　しかしここからこのプロジェクトはきわめてユニークな成果を生み出していく。3市町村は、基本構想策定のためにまず、奄美群島[6]の文化財のリストアップと類型化を行った。その過程で、奄美群島固有の文化的資源には文化財の定義・分類に馴染まず、それでいて喪失の危機に瀕しているものが多くあるとの認識が得られた。この事業ではそうした「文化財未満の文化財」も含めて「市町村遺産」として抽出することとし、その基準を、島民にとって「大切なもの」「親しまれてきたもの」「将来に引き継いでいきたいもの」「守り伝え残したいもの」とした。遠野遺産と同じように、地域の人びとが「残したいと思う」ことがここでも重視され、文化財保護行政が求める専門的な価値は考慮されなかった。

　また市町村遺産を分類するにあたっても、従来の文化財とはまったく異なる体系が考案された。市町村遺産は大きく「不動産遺産」と「動産遺産」に分けられ、前者は「実態要素」と「空間要素」に、後者は「有形要素」と「無形要素」に分けられた。さらにそれぞれに小分類が設けられるが、その中でもユニークな不動産遺産の空間要素の例では、「居住に関わる場」「信仰に関わる場」「伝承にまつわる場」など、「〇〇の場」という7領域に分類さ

6　3市町村に限らず奄美群島全体を視野に入れて検討し、広域市町村圏での取り組みモデルとなることが、事業採択にあたっての条件となっていた。

れた。「場」（空間）という、文化財保護行政では扱われない対象をカテゴライズしただけでなく、そこに文化財としてはタブーに近かった「信仰」という要素を位置づけるなど、思い切って大胆なアイデアが示されていた[7]。

　さらに、文化財を総合的に把握するための方策として考えられた、ストーリーによる文化財の関連づけでも興味深い試みがされていた。ストーリーは「歴史遺産」「生活遺産」「集落遺産」の3領域でそれぞれ考えられた。時代ごとに関連づけた歴史遺産はともかく、生活遺産では群島中のさまざまな生活文化を、伝承、生業、言語、芸能などの7つのジャンルに応じてストーリーを作成し、それと並行して「シマ」と呼ばれる集落を単位としてカテゴリーを超えた遺産を集落遺産として関連づけた。

　その最もユニークな例を一つとれば、生活遺産の一つとして、「シマンチュの精神を伝える『ケンムン』伝承」というストーリーで、ケンムンという小妖怪が現れるとされる場所を群島全体から抽出した。ケンムンは人間と自然の領域の境界に現れるとされることから、これは島の人の生活と自然との共生関係を表す一つの指標になる。しかし当然ながら、ケンムンの出現場所という「文化財」は存在しない。つまりこの遺産群は、その構成要素にいわゆる文化財を一つも含まないのである。その一方で、ケンムンの出現場所は、集落遺産のストーリーでは、集落の地理的空間に他の文化財や遺産とともに位置づけられ、その場所が特定の集落の生活においてどのような意味を帯びた場所であるかを考えさせる。このように地域横断的な関連づけと、地域を単位としたカテゴリー横断的な関連づけの両方が組み合わされることで、立体的な把握がなされる。

　こうして、モデル事業において見出された歴史遺産7、生活遺産7、集落遺産3の合計17のストーリーによって関連づけられた遺産群が「奄美遺産」となった。さらに重要なのは、この取り組みを3年間のモデル事業で完成とせず、これをスタートとして持続的な展開が見込まれていることであった。基本構想には「奄美群島全体での『奄美遺産』の保存・活用の推進に向けた

7　この発想は、ユネスコの無形文化遺産の保護の対象となっている「文化空間（cultural space）」に近いもので、その影響がみられるかもしれない。

モデル構想の枠組み案」が提示されており、3市町村以外の群島各地域において、遺産のリスト化、ストーリー化、保存・活用の取り組みが推進されている。実際にその後、「今に生きる島料理」などいくつかのストーリーの追加があり、またこの事業を受けて徳之島の伊仙町、天城町などで発展的な調査事業が行われるなど、少しずつその取り組みを広げている[8]。

　民俗学者の小池淳一は、奄美遺産におけるストーリーが固定的なものではなく、これを例として新しい調査研究の課題につなげ、さらにその成果を踏まえて新しいストーリーを追加していくというかたちで遺産の活用や再認識を持続的に保証するシステムが構築されていることを評価している（小池2017）。国が枠組みを定めた補助事業から出発しながら、その仕組みを換骨奪胎してユニークな「遺産」の発見と意味づけのシステムを生み出したという点に、本事業の特徴が指摘できるだろう。

5. ストーリーを豊かにするために——遺産に「仲立つ」実践としてのエスノグラフィー

　近年の文化財保護の大きなトレンドは、「点」から「面（地域）」へと言われるように、有形・無形のカテゴリーやジャンルの壁を超えて、未指定文化財まで含めた多くの文化財を関連文化財群としてまとめて保護することである。これは冒頭に述べた、「保存」から「活用」へという、文化財保護の重点を転換し地域活性化の資源として活かすという要請と密接に関わっている。

　地域にある文化財を一体として活用するための方策が、ストーリーの提示である。ストーリーは多様な文化財をパッケージ化すると同時に、わかりやすく、かつ魅力あるものとして伝えるための手法である。そして、2000年代半ばからいくつかの施策によって進められてきたこの方向性の集大成として、文化財を関連づけるストーリーを前面に打ち出したのが、文化庁が認定する「日本遺産」である。

8　伊仙町では、奄美遺産の分類と調査方法を踏襲して、町内の悉皆的調査を行った（伊仙町地域文化遺産総合活性化実行委員会事務局 2015）。また天城町では、奄美遺産の「集落遺産」の手法によって、住民との協働による調査の成果をまとめた（天城町文化財活性化実行委員会 2017）。

日本遺産は、2016年に実施された全国10箇所での実態調査を踏まえて、2017年3月に事業概要が発表され、第一次の募集が始められた。地域において文化財の効果的な保存・活用を図るためには、文化財を総合的に把握し、それらを一定のテーマやストーリーで捉えることが有効であり、それを産業や観光の振興とも連動してまちづくりの核とすることが目的とされる。前述の実態調査の対象には遠野遺産認定制度も含まれており、また認定申請を行えるのは、歴史文化基本構想または歴史的風致維持向上計画を策定済みの市町村となっていることから、これまで述べてきた地域遺産の動向の延長線上にあると言える。何より大きな特徴は、認定を受ける対象そのものが、地域の歴史的魅力や特色を通じて日本の文化・伝統を語る「ストーリー」だということである。

　筆者のうかがう限り、日本遺産は地方自治体でも好意的に受け入れられ、積極的に取り組まれている。2015年から毎年20件弱ずつ、2019年までに総計83件のストーリーが認定されている。そのうちの半数以上が、複数の市町村にまたがってストーリーが展開するシリアル型の認定であることも、行政事業としては大きな特徴である[9]。

　この事業の効果や影響について現時点で判断するのは時期尚早ではあるが、少なくとも従来の文化財保護の事業が、専門家の価値づけによって選別を行い、運用にあたっても規制の多いものであったことと比較すると、地域の事情に応じて独自のアイデアに基づく取り組みが行えるという点で今後に期待を抱かせるものである。確かにその趣旨は保存よりも活用を見据えたものであるが、持続的な活用のためには保存や継承の取り組みは不可欠であり、文化財保護と相補的な効果を生むものとなることが望まれる。

　しかし若干の懸念もある。それは、ここで求められているストーリーが、奄美遺産で見たような後の発見や展開に開かれたものになっているかということである。ストーリーは確かに多様な性質や複雑な背景をもった多くの遺産に対する、わかりやすい見方を提示してくれる。しかし同時に、その見方

9　日本遺産事業に関しては、「日本遺産ポータルサイト」（https://japan-heritage.bunka.go.jp/ja/　2020年1月31日最終閲覧）を参照のこと。

を固定し、一つの見方だけが「価値がある」「正しい」見方であると認定することになると、それ以外の価値やそれにそぐわない遺産を見えなくする効果をもってしまうだろう。とりわけ国がストーリーを認定することによって、日本の伝統文化という予定調和的な価値にストーリーが囚われてしまうと、「遺産」という言葉がもっていた「遺す／承ける」当事者のあいだに生まれる多様な価値を歪め、固定した正しい解釈を迫ったり、ストーリーに整合するように個々の遺産のもつ豊かな意味を抑圧してしまうことが危惧される。ストーリーによる遺産の理解そのものが問題だとは思わないが、ストーリーが遺産認定のための到達目標になり、認定を受けることでたった一つのストーリーがオーソライズされてしまうことは避けるべきである。そうした隘路を越えるためには、つねに多数のサイドストーリーや語られない潜在的なストーリーの存在を認め、新たな解釈やつながりを創発することで、可能な限り多くの人の思いを排除しない豊かなストーリーを、時間をかけて育てていくことを考えるべきである。そうした発展性や柔軟性を含み込んだ制度の運用を、遺産の認定を与える国はもちろん、遺産に申請し活用を図る地方自治体においても考え実践していきたい。

そのために私たちができることを考えるために、ここで「文化の仲介」(brokering culture) というアイデアを紹介したい。この言葉は、アメリカのスミソニアン協会のフォークライフ・文化遺産センターのディレクターを務める人類学者リチャード・キュリンが用いたことで、とくに無形文化遺産保護条約によって遺産を継承するコミュニティ重視の考え方の浸透に伴って、公共部門で文化事業に従事する者の役割を表す言葉として注目されるようになった（Kurin 1997）。キュリンは彼自身のスミソニアンでの経験をもとに、調査・記録・公演・展示などの公共的な文化事業や、それを実施する研究所や博物館等の組織が、その活動を通して文化的背景の異なるさまざまな人びとの結節点として、複数の主体のあいだの翻訳、交渉、結合（linking）などの機能を果たすことを例証している。

ただし文化遺産の多くは、建造物や記念物のような有形のものも、祭りやパフォーマンスのような無形のものも、容易には別の土地にもっていったりはできないものである。だからこそ、遺産と遺産のあいだを、あるいはそれ

ぞれの担い手のあいだを、実際に訪ねて「仲立つ」役割が重要になる。遺産の担い手にとっての価値を、可能な限り当事者の視点に近いところから理解しようと試みるとともに、当事者だけでは気づきにくいつながりを見つけて交流させ、コミュニケーションを生み出すことが「仲立つ」ことの役割である。

　前節で述べた奄美遺産の「ケンムン」のストーリーも、実は考古学者の長年のフィールドワークによる発見がアイデアの素になっていた。奄美遺産を推進した中心人物であり、奄美市立奄美博物館の館長でもあった中山清美は、植生分布と食糧や生活資源としての動植物の利用の実態などの調査の成果から、奄美では限られた地理的空間における深山から海に至るまでの「資源の垂直利用」が生活基盤となっていたことを見出し、それが山の神への信仰や、集落の空間秩序を形成するとともに、シマ（集落）ごとに異なる言葉や習俗、芸能などを育んできた要因と考えた。そのような集落ごとの多様な文化を、人と自然の関わりと畏怖の象徴である「ケンムン」という小妖怪に注目することで、海を隔てて連なる奄美諸島に共通する文化として意味づけるとともに、自ら「けんむん村」村長として、「けんむんフェスタ」を開催したり、市民を集めて探検会などを実施することを通して、それぞれの集落に伝わる文化の再発見や再評価を進める仕掛けとしたのである（中山 2012a, b）。

　このように、地道なフィールドでの経験から得られたアイデアが、複数の遺産を結びつけ、そのつながりがまた別の新しいつながりを創り出すきっかけとなる。そうやって人が遺産に寄せる多様な思いを紡いでいくストーリーを育てていくために、遺産とそれを担う人びとのあいだに仲立つ実践を重ねていくことが、これからの地域における文化遺産との関わり方になっていくことを期待したい。

参考文献

天城町文化財活性化実行委員会（編）（2017）『兼久採集手帖——地域住民との協働による天城町「文化遺産」調査報告書』天城町文化活性化実行委員会。

伊仙町地域文化遺産総合活性化実行委員会事務局（編）（2015）『伊仙町の文化遺産——伊仙町における奄美遺産悉皆調査報告書』伊仙町地域文化遺産総合活性化実行委員会。

宇検村・伊仙町・奄美市（編）（2011）『宇検村・伊仙町・奄美市による文化財総合把握モデル事業報告書』宇検村・伊仙町・奄美市。

太田好信（1993）「文化の客体化——観光をとおした文化とアイデンティティの創造」『民族学研究』57（4）。

川森博司（1996）「ふるさとイメージをめぐる実践——岩手県遠野の事例から」青木保ほか編『思想化される周辺世界』（岩波講座文化人類学第12巻）岩波書店。

小池淳一（2017）「奄美群島域における歴史文化資源の調査と活用——『奄美遺産』の試みをめぐって」『西郊民俗』238。

佐藤一子（2016）『地域文化が若者を育てる——民俗・芸能・食文化のまちづくり』（シリーズ田園回帰7）農文協。

遠野市地域整備部都市計画課（編）（2008）『遠野市景観計画』遠野市地域整備部都市計画課。

中山清美（2012a）「奄美歴史遺産データーベースによる地域歴史文化遺産の活用と保全」『情報処理学会研究報告』2012-CH-93（7）。

中山清美（2012b）「小妖怪『ケンムン』と奄美遺産」『季刊まちづくり』35。

永吉守（2008）「市民に寄り添う活動家兼研究者——近代産業遺産活用の事例より」『九州人類学会報』35。

西村幸夫（2004）『都市保全計画——歴史・文化・自然を活かしたまちづくり』東京大学出版会。

俵木悟（2018）『文化財／文化遺産としての民俗芸能——無形文化遺産時代の研究と保護』勉誠出版。

山川志典（2016）「『世間遺産』と『地域遺産』——なんでもないようなものを遺産にする動きに着目して」『世間話研究』24。

山川志典・伊藤弘（2017）「住民団体と地域遺産制度への取り組みの関係——岩手県遠野市遠野遺産認定制度を事例として」『都市計画論文集』52（3）。

Hafstein, V. T., & Skrydstrup, M. (2017). Heritage Vs. Property: Contrasting Regimes and Rationalities in the Patrimonial Field. In *Routledge Companion to Cultural Property* (pp. 38–53). Routledge.

Kurin, R. (1997). *Reflections of a Culture Broker: A View from the Smithsonian*. Washington, D.C.: Smithsonian Institution Press.

加藤幸治『文化遺産シェア時代——価値を深掘る"ずらし"の視角』（社会評論社、2018年）

民俗学者の加藤幸治さんの著作で、本書における文化遺産のシェアという考え方は、遺産に「仲立つ」実践という本稿のアイデアにも大きな示唆を与えてくれた。文化の多様性という概念が、異文化を「かれらの」文化として遠ざけてしまうことがあるのに対して、積極的な交流を通して自分との関わりという視点で考えるというアイデアに学ぶところは大きい。また文化遺産の制度面だけでなく、博物館や図書館などの施設やそこで働く者の役割が大きく論じられている点でもお勧めできる。

7

つながりをデザインする

コードのズレを生かし新しいモードを生成するまちづくり

フィリピン南ラナオ州での親族の集まり（2019 年 8 月撮影）

森正美
もり　まさみ

　フィリピンで、マイノリティとして生きるムスリム社会・マラナオの人々の「もめごと」のフィールドワークや多宗教の人々が暮らすパラワン州での調査を通じて、人にとっての「ルール」とは何か、さらに家族や親族、宗教や伝統、国家やグローバル世界の様々な制度や価値観のなかで揺れ動きつつ生きていくとはどういうことかを考えてきた。

　同じ視線を子育てや仕事で関わる自分の身近な場所に向けたとき、本章で取り上げるような地域社会での様々な活動に自然に関わるようになった。ただ、いつも目の前のことだけで精一杯で、フィリピンと自分の暮らす地域での活動が地続きの問題意識でつながっていると明確に言語化できるようになるには時間がかった。2017 年に調査地を襲った悲劇が私をマラナオ社会に戻してくれたが、次世代・次々世代の親族ネットワークの広がりに命のつながりの有り難さを感じている。主な著書に、Tokoro, Ikuya (ed.) (2015) Islam and Cultural Diversity in Southeast Asia, 東京外国語大学アジアアフリカ言語文化研究所、『法文化論の展開──法主体のダイナミズム』(共編著、信山社、2015)、『人をつなげる観光戦略──人づくり・地域づくりの理論と実践』(共著、ナカニシヤ出版、2019)、『実践！　防災と協働のまちづくり』(編著、ミネルヴァ書房、2021) など。

1. 異なる立場や考え方を理解するのは難しい

　　私の専門は「文化人類学」です。初めて聞く分野だという方が多いと
思います。漢字を見て下さい。「文化」はそれぞれ個別の人々のやり方
や価値観です。一方、「人類」はそれを超えて世界に共通する存在です。
「文化人類学」は、この二つの言葉の組み合わせのように、様々な個性
がある人々が互いに理解し合って、（同じ人類として）「なんとか」一緒
にやっていこうとする方法を探そうとする学問です。そこには正解も
ゴールもありませんし、なかなか手間のかかる作業です。このような文
化人類学の考え方が、「まちづくり」や「コミュニティ」での日々の活
動や苦労と重なると考え、地域活動をさせて頂いています。

　上記は、私が市民向け講座などでの自己紹介に用いる「文化人類学」の説
明である。そもそも「文化人類学」という言葉すら聞いたことがないかもし
れない方々に、元々クリスチャンが多数派のフィリピンで少数派のムスリム
の社会での法やもめごとの関係を研究してきた私[1]が、なぜまちづくりや地
域活動に携わっているのかを説明するためのものである。私自身は、京都府
宇治市の大学に勤務しながら約20年間、様々な地域活動に取り組んできた。
「地蔵盆」「商店街」「バリアフリー」「都市計画」「宇治茶」「観光」「文化的
景観」「コミュニティ」「総合的な学習：宇治学」「フューチャー・デザイン」
など、一見バラバラで多様なテーマの活動に携わってきた。テーマも関わる
人々も異なる中で、私自身が一貫して意識し実践してきたことは、多様な
人々の意見や考え方の違いを理解し、全体像を描き、それらの異なる立場の
相互関係を分析し[2]、意見や考え方の相違を生じさせる要因となる「ルール」、

1　フィリピンのムスリム社会で、民族、イスラーム、国家、グローバル世界の複雑な関係性の中
　に生きる人々の生活を「もめごと」の中から読み取れる「ルール」とその背景となる価値観、そ
　の変化についてフィールドワークに基づき研究し、社会におけるマイノリティの人々の権利の承
　認と実現がどのように可能なのかを考え続けてきた。その意味では、本章は、同様の問題意識に
　よる日本での実践研究に基づくものである。

2　従来の人文・社会科学研究では、研究対象となる社会における事象についての、調査、整理、
　考察、分析までで留まることが通例であったが、近年では人類学分野でも広く共有されているよ

そこに組み込まれている「コード」のズレを読み解き、橋渡しする調整役を果たし、「つながりをデザインする」ことだ。

　地域には、住民、行政、企業、学校、各種団体など様々な個性を持つ異なる立場の人々や集団が存在し、課題特性や目的に応じて、意見調整や合意形成をしなければならない。だが互いの立場を理解したり、共通の目的のために行動したりすることは想像以上に難しい。そもそも親族ネットワークが基盤となるような社会ではなく都市化した現代日本社会では、つながりの希薄化や地縁組織の弱体化が進み、互いが尊重し分かち合う関係を作ることも容易ではない。格差解消や多文化共生など多様化する人々の特性をどのように捉え、調整し、より良い地域を作っていけるのか、行政職員や地域活動に関わる者にとっても悩みがつきない。それでもなんとか、同じ地域や社会、あるいは世界に暮らす人々と共に生きていきたいと願うしそのためにどうすればいいのかを考える。私自身も、そのような悩みを抱えて活動している一人である。

　たとえば、私が関わったコミュニティ活性化のための行政委員会は、より良い地域コミュニティのあり方を考えようという熱意に溢れた委員によって構成されていた。しかし何十年も地元での活動に携わってきた年配の委員らは、「町内会に入らないのがおかしい」「地域に暮らしているのだから助け合うのが当たり前」という考えが強く、また一方には今後のコミュニティのあり方を検討するのに町内会・自治会を基礎単位として議論することに批判的な立場の委員もいて意見調整は至難の業であった。また行政批判ばかりを口にする委員もいて、事務局を務める職員が居心地の悪い思いをすることも少なくなかった。委員会自体は、行政の原案について参考意見や要望を述べるだけの会議ではなく、市民と行政が一緒になって、コミュニティの課題を共有し今後の対策を真剣に考えようとする誠実なものだった。しかし前例がなく、悩みの深いテーマを抱えた委員会であったともいえる。

　世代も経験も「違うからこそ一緒に」できることを考えませんか、何か

うに研究者自身の事象、状況、そこに関わる人々への「関与」「応答」が当然のものとして捉えられるようになっている。特に本書は、そのような人類学の立場を前提として編集されているものであり、本章も筆者の経験や実践について当事者性を重視して扱っている。

「共通のカード」を探しませんかという姿勢でじっくり意見交換し対話を促すと共に、各自の経験や自分の地域の現状を少しでも相対化してもらえる工夫として、市内全体の課題を俯瞰できるように実態調査を実施し（宇治市2014）、他市町村の事例も提示するなどした。それらのプロセスを経て、同じ市内でも、地域の成り立ちや開発経緯などによって町内会などの組織特性が多様であることが一定は理解された。地域の実態や委員の多様な意見に触れ、行政職員も改めて課題を再認識し従来の手法では解決できないと痛感したようであった。弱体化する地域のつながりを見直し今後のコミュニティ施策を考えるというテーマの難しさと委員会権限の限界もあり、共有された主な課題と解決の方向性を市長への「提言」（宇治市地域コミュニティ推進検討委員会 2015）としてまとめるだけで2年間の時間は尽きた[3]。

これは、あくまでも「会議」という場の例であるが、実際に地域活動やまちづくりの現場では、提言内容を実行に移していかなければそもそも課題は解決せず現状が変わらない。意見の齟齬が日常の人間関係の不調につながることもあり、率直な意見交換すらはばかられることも少なくないだろう。実際、ある程度歩み寄ったようでも、次の会議では議論が振り出しに戻ることもよくあった。自分以外の人の経験や考えを理解し受容することはとても難しいし、自分の考えや行動を変えることはさらに難しいようだ。

ではなぜ、このような難しさが生じるのだろうか。「町内会への加入」という行為一つをとっても、「当たり前」「義務」「任意」「面倒」「メリットが分からない」などいろいろな言葉で評価され表現される。それらの表現は、「法的義務があるか」「損か得か」「楽しいかどうか」など、何らかの判断基準で意味付けられている。しかしその判断基準は、普段は明確に意識されていない。自分なりの「普通」「当たり前」「常識」の中でなんとなく生活している。それが自分と異質なものとの出会いや意見対立、選択の必要が生じると、判断の根拠になる基準や「ルール」を改めて参照し言語化がなされる。地域活動では、そこに表れるズレを受け止め調整し、新たなやり方、様式、

3　委員の自主的な提案により、有志のメンバーと職員の手作りで、初めて会長を務める方にもわかりやすい冊子『町内会・自治会の手引き』（2013、以降毎年宇治市により改訂）を作成した（https://www.city.uji.kyoto.jp/soshiki/82/6040.html）。

スタイル＝「モード」を生み出す工夫と知恵が必要である。

　ここで覚えておきたいのは、「ルールは可変」であり、一人一人がコードを組み換え新たなモードを作れるということだ。一般的な生活感覚では、ルールが元々存在し現実を構築しているとだけ考えがちだが、行為（前例）の積み重ねがルールを生成する側面があることを忘れてはいけない。まちづくりで「よそ者」「ばか者」「若者」「すぐれ者」などが重要だとされるが、これは単にそういう属性の者がいればまちづくりが上手くいくという話ではなく、地元住民だといろいろしがらみがある中、明確な他者性、異なるルールやスタイルを持つ者の方が、現状打開のために機能しやすいということだろう。また他者性を持つ者が場に参画することで、それまでの「当たり前」や「前例」が攪乱され、混乱し、見直しを迫られる契機になることもある。ということは、たとえ地元住民同士や職場の同僚同士であっても、違う立場や視点を持つことを認め合い生かすことができれば、新たなやり方やルールを生み出し課題解決への突破口が開けるかもしれない。

　本章では、私自身の地域での活動事例を紹介する。様々な課題に向き合い、多様な主体と関わりながら、その時々に応じて、地域に存在する慣習やルール、規則、前例パターンなど＝「コード」を読み解いてきた。そして、立場によって衝突しズレてしまうルールの解釈を言語化し、調整してきた。そのことで、地域の主体と主体を媒介しさらに地域の外部とも接続しながら、新たなやり方、様式、スタイル＝「モード」を生み出そうとしてきた。それは、私自身が、時に一人称、二人称、三人称、さらに俯瞰的な視点と立場へと移ろいつつ、差異の間に立ちながら「つながりをデザインする」ために試行錯誤したプロセスである。読者自身が地域の多様な人々の間に入って、様々な調整をし、つながりをデザインするためのヒントになればと願っている。

2. 文字から非文字へ
──宇治の地蔵盆調査とワークショップ

　「お地蔵さん」の祠の存在や地蔵盆は、京都の地元の人々には当たり前だが、よそ者の私や学生達にはその存在が興味深く、町内会や地蔵のお念仏を

唱える女性達の「尼講」といった地縁的なつながりに関わらせて頂きながら、行事の調査をし、記録を報告書としてまとめて地元に返すという活動を4年間行った。調査の詳細とその活動の目的や可能性については、森（2007）を参照して頂きたい[4]。

　調査を始めた2000年頃、担い手である地元住民は、行事準備がかなりの負担で、自分達も高齢化しつつあることを案じていた。子どもが一人もいない町内で、将来生まれるかもしれない子どものためにと地蔵盆を続けている事例にも出会った。今思えば、地蔵盆調査を通じて私は初めて少子高齢化や地域コミュニティの存続危機を実感した。そしてその経験が20年近くたった現在も地域コミュニティの課題を考え、関わり続ける起点となっている。

　当時は、外部の若い学生達が地蔵盆に関心を持つことを大変喜んで下さる「尼講」の方々がいて、報告書は各町内で大変喜ばれた。一方同じ宇治市内でも地蔵盆がなく「お地蔵さん」を知らない地域の子ども達や若い親の世代が少なくないということもわかり、地域文化の継承には何らかの工夫が必要だと考えるようになった。少子化のための直接策を講じることはできなくても、商店街イベントと連携したワークショップやスタンプラリーなどの手法で、「非文字」で「お地蔵さん」という地域文化に体験的に親しんでもらう企画を、学生や卒業生達で構成される「うじぞー組」[5]（写真1、2）で開催した。河原の石やフェルト素材でMyお地蔵さんを作ったり、うじぞーぬりえを楽しんでもらったり、学生自身が楽しいこと、子ども達が喜ぶことを企画することで多くの親子連れがブースを訪れ、お地蔵さんと親しんだ。

　調査当初、市の文化財担当者から、「文化財には該当しない民間信仰なので文化財地図には載っていない」「文化人類学者は物好きな調査をするんで

4　科学研究費補助金「『人と人を結ぶ地域まるごとミュージアム』構築のための研究」（課題番号15320123）による共同研究によって、調査報告書の作成が可能になり、宇治市歴史資料館や宇治橋通り商店街などの様々な団体と連携し、ワークショップや特別企画展示（宇治市歴史資料館「まるごと・いろいろ・たからもの――『地域まるごとミュージアム』の一つの試み」（2006年5〜7月））を同資料館で実施することが可能になった。

5　うじぞー組の活動については、https://www.kbu.ac.jp/kbu/gakubu/jinrui/culture_festa/ujizo.htmlやhttps://www.kbu.ac.jp/kbu/kyoiku/bunka/tiikimusium/musium/pdf/02houkoku_05.pdfを参照のこと。

写真1　うじぞー組のぬりえワークショップ　　　　写真2　商店街イベントでのうじぞー組の
　　　　　　　　　　　　　　　　　　　　　　　　　　　　　　ワークショップ

すね」と言われたのをはっきり覚えている。当初は地域文化として調査し記
録に残すことを目指していたが、一連の調査やワークショップ型の企画実施
は、隠れた「地域資源」の発見と発信の手段として有効だと認識するように
なった。そこで「実践人類学」的な「地域連携」の枠組みをデザインして、
学科内の「文化開発領域」担当教員による「地域まるごとミュージアム」共
同研究を開始し、宇治市歴史資料館や宇治橋通り商店街振興組合などの様々
な団体と連携した。なお「地蔵盆」は、地方創生が謳われる2010年代にな
ると「市民遺産」[6]と名付けられていったが、宇治での活動を通じてつながっ
た京都市山科区や北区で地蔵盆調査に関わる郷土史家の活動[7]が、京都市での
「遺産」認定根拠となっている。日本における「文化財」概念の変化が後か
ら追いついてきた形となり、うじぞー組の取組は、地域文化の継承者育成の
一つの試みとなっていた。

6　京都市では、「京の『地蔵盆』」を、京都をつなぐ無形文化遺産第3号として認定している。
　　http://kyo-tsunagu.net/jizo/jizo-sentei/　山科区ふるさとの会の活動は、京都市での「無形文化
　　遺産」認定時に参照されている。

7　京都市山科区市民活動支援事業選考委員を務めていた私は、山科区制30周年記念フォーラム
　　（2007）会場で、地蔵盆や地域の歴史調査のパネル展示をされていた「ふるさとの会」浅井代表
　　に出会い、うじぞー組の活動などを紹介しふるさとの会も研究発表を超えた様々な発信活動を展
　　開されると良いのではないかという趣旨のお話をさせて頂いた。また京都市北区紫野町内会の有
　　志の方々とは、うじぞー組メンバーが活動紹介や資料交換などで交流させて頂いた。ふるさとの
　　会は、その後も継続的に、地域のまちあるきや、図書館や学校などでの子ども達への発信活動を
　　積極的に展開している。

3. 多様な主体が関わる「場」と「楽しさ」
――商店街に「消費」以外の意味を付加

　2003年になって、地蔵盆調査でつながった商店街役員から、「空き店舗も増え続け商店街単独でのイベント実施は限界に来ている、例年の秋のイベントを初めて実行委員会形式でやりたいが、予算も担い手も少ない、イベントをやっても儲からないし疲れるだけという声もある」と相談を受けた。

　私はまず「消費者」の視点から、「商店街イベントと聞くと、どうせ宣伝して儲けるためと感じてしまう。店主も大勢の人が来るから儲けたいという人寄せの気持ちが前面に出る。でもそれでは消費者はひいてしまう。消費者を呼び込み儲ける以前に、まずは商店街に来たことがない住民や日頃買い物をしない人にも、『商店街』という場所に一度足を運んでもらい、店の存在や魅力を『知ってもらう』ための機会と考えるべき。それには、儲けるためではなく地域コミュニティの『アリーナ』[8]を提供する感謝の姿勢と地域への責任感が重要だと思う」と率直に伝えた。

　「儲け方を知らない文化人類学の立場で良ければ」という条件で「細く永く」協力を続けると理事長・副理事長（いずれも当時）と相談していたので、それまでの商店街での数々の補助金や計画策定での教訓を基に、地域における商店街の果たすべき役割は何かを話し合い、個々の店や商店街の利益を超えた「地域の利益」を考えることが結局商店街の将来価値を生むのではないかという視点を共有した。そこですでに縁のある地元団体などに出店や出演を依頼し、それぞれが何をできるか考えてもらうという「持ち寄り方式」でのイベントを提案し、そこに大学生という新たな参加者を加え「来場者を増やすのではなく参加者を増やす」「参加者がまずは楽しみ、家族友人を誘い『場』を生み出すこと」を最初の目標にした。名称も「まるごと文化フェス

8　理事長（当時）に、「アリーナ」の意味を、商店街という空間を、地域の人が出会い交流し輝く舞台のような場として提供し楽しんでもらう、各店が商売のために何かをするのではなく、地域の黒子に徹してみたら結果として地域の皆さんが安心して商店街に集まってきてくれると思う、自ら差し出すことがまず必要ではないかと説明した。

タ」とし、手作りの体験型イベントがスタートした[9]。770メートルの長い商店街の端から端までを埋め尽くそうと新たな参加団体を増やす工夫や改善を重ねたことが今は懐かしい。それまでは小学校以上の学校に協力依頼していた路上での絵画展示の提供先を、近隣の保育園や幼稚園にも広げた。するとその園児の両親、祖父母など大勢が絵を見るために商店街にやってきた。祖父母世代はかつて商店街での買い物に親しんだ世代であり、親子三代で楽しそうに商店街を歩いていた。

　2007年には、宇治市が窓口の商店街空き店舗対策事業の補助を受け、勤務校の「サテライトキャンパス」を開設した。職員を雇用し、補助金交付終了後も、学校法人の経費負担でサテライトキャンパスを維持できるよう様々な活動を継続した[10]。また後述する「宇治茶」関係の活動を通じて、他の商店街との連携強化や賑わい創出の相乗効果も意識し商店街同士のつながり創出を働きかけた。現在私自身は商店街イベントの企画運営には携わっていないが、秋のイベントは来場者数2～3万人の地域イベントとして定着した。2014年には、商店街活性化を目指す勤務校の学生プロジェクト[11]が発足し、現在の理事長体制でも商店街でのイベントに協力し続け、さらに独自の企画も展開している。

9　2002年から現在までのイベントの変遷はhttp://www.ujibashi.jp/festa/festa.html参照。補助金申請の年限で名称変更が必要な際には、イベントとして何が重要か、何を打ち出したいかを議論して名称変更をしていた。イベント名の定着という点では課題があったが、マンネリ化せずコンセプトを見直すには貴重な機会だった。地域イベントを実施する際に行政が支援しやすい「理屈」「説明」をいかに言語化しストーリー化するかという工夫を通して、外向きの発信意識を商店主との知恵の出し合いで獲得していった。

10　橋本和也ゼミでは、毎月商店街のおすすめの品を販売する「ええもん市」を継続的に実施した。活動の様子の一部は、以下を参照。https://www.kbu.ac.jp/kbu/kyoiku/bunka/tiikimusium/musium/eemon06.pdf

11　地域パートナーと協力し、地域課題に取り組む学生の自主的な課外プロジェクト活動を学内公募審査により選定し、活動資金を補助している（https://www.kbu.ac.jp/kbu/campuslife/project.html）。文部科学省特色GP「地域と結ぶフィールドワーク教育」（2007年度採択）を活用して制度化し、補助金終了後の現在まで京都文教大学教育後援会、京都府補助金などを活用し支援継続している。また地域などと関わりながらPBL（Project Based Learning）型学習で実践的に学ぶ「現場実践科目：プロジェクト科目」は、特色GPの成果として正課科目としてカリキュラム化された。

2014 年の平等院の修復完了や抹茶ブーム、全国的な急激なインバウンド増加に伴い、商店街を取り巻く客層は大きく変化し、地元外からの資本も入り新たな飲食店などが開業している。商店主の顔ぶれも変化し、観光振興における住民生活との共存が課題となっている。今後商店街が「地域への責任」をどのように果たすことができるのかが改めて問われている。

4. 体験価値と意味の再構築
——宇治茶の生産、消費、文化の相互作用 [12]

　「宇治と言えば『宇治茶』ですよね」と商店街での活動に携わっていた学生が言った。2006 年から開始した大学生ガイドによる中高生の宇治修学旅行フィールドワーク・プログラムでは、個人的につながりのある茶農家さんに協力をお願いしていた。私自身宇治茶の大ファンであると共に、「文化的景観」の概念に出会い、宇治茶が重要な地域の生業・文化であるとは考えるようになっていたが、茶業者ではない部外者が関わるには難しいと感じていた。

　しかしちょうどその頃、京都府の観光関係の会議で修学旅行プロジェクトの紹介を依頼され報告をしたところ、茶業団体の職員の方と出会い宇治茶の危機的な状況に対する認識が一致した。ペットボトル飲料の隆盛の陰で、茶葉消費量は減少の一途を辿っており、茶業界では「急須でお茶を」を合い言葉に宣伝活動が始められていた。

　うじぞー組の活動や商店街との連携経験で、地域文化の継承には担い手である子ども達を対象にした働きかけが重要であると考えるようになっていた。また大学生が関わると、子ども達と地域の人々のちょうど良いつなぎ役になることも経験していた。そこで 2009 年から、大学での「実践人類学実習」という授業履修生と正課外有志の学生によって「親子で楽しむ宇治茶の日：宇治茶スタンプラリー」（写真 3、4、5）を開始した。PBL（Project Based Learning：プロジェクト型学習）型の授業運営をしていたが、そのグルー

12　宇治茶による地域活動、観光まちづくり、地域人材育成の取組や意図、課題などについては、森（2019）、森（2021a）を参照のこと。

写真3 スタンプポイントでクイズに答える参加者

写真4 宇治茶スタンプラリーでクイズを出題する
学生

写真5 宇治茶スタンプラリーのゴールに到着した
子ども達

プを母体に大学の地域連携学生プロジェクトに応募し活動資金を得ることができた。いろいろなことに「チャレンジ」することを目標に、学生達は「宇治☆茶レンジャー」とプロジェクトを命名した。

　宇治橋周辺地域には、宇治茶を扱う商店や問屋、茶畑、宇治茶に関する文化・歴史的な場所が数多く存在している。生産、加工、消費の全てがコンパクトなエリアに凝縮されており、それらを「茶畑から茶の間まで」と表現して、宇治茶の販売促進を目指すのではなく「宇治茶の歴史や文化に触れることで、改めて宇治茶の価値に気付き、飲んでみたいと思ってもらう」企画を構想した。お茶屋さんも数多く存在するが、地元の人にもそれほど知られていなかった。親子で宇治のまちを歩きながら、「宇治茶」の魅力を再発見してもらう企画を目指し、実行委員会形式で実施することとし、私から関係先に協力を依頼した。最初の年に大学で開催した顔合わせで、茶業界、観光業界、宇治の三商店街、商工会議所、宇治市役所の方々が一堂に会し、互いに初めての名刺交換をしている姿に大変驚いた。つまり、目と鼻の先に所在しながら、商店街同士や、茶業界と商店街がそれまでつながりを

持っていなかったのである。「大
学」がハブになり、それまでバラ
バラであった存在が一気につな
がった瞬間だった。この「オール
宇治」のつながりは、2011 年か
らの「宇治市観光振興計画」の策
定、その後の宇治でのイベント実
施の重要な基礎となったと考えて
いる。

写真6　店主が自らもてなす聞き茶巡り

　さらにこの「宇治茶スタンプラリー」は、元々観光イベントではなく、
「宇治茶」という地域文化の継承を目指していた。そこで多くの地元の子ど
も達に宇治茶の魅力に触れてほしいと考え、教育委員会と校長会に依頼し、
宇治市内小学校の全児童に台紙を配布してもらった。さらに茶業組合を通じ
（株）京阪電鉄に協力要請し、主要駅の構内にポスター掲示やチラシ配架を
してもらい、京阪神からの来訪者に宇治茶の魅力を発信する連携を目指し、
観光文脈とも接続した。

　2010 年度からは、地元の茶商団体に協力を依頼し、茶問屋や茶の小売店
（総称して茶商）を巡って宇治茶の魅力を味わってもらう「聞き茶巡り」（写真
6）という企画を始めた。いわゆる業界人でない大学教員や学生が宇治茶の
イベントを実施するということで、私達が感じる宇治茶の魅力とその魅力を
多くの人に伝えたいという思いを全ての店舗を一軒ずつ訪問し伝え協力を取
り付けた。それまで個人客が訪れることがほとんどなかった茶問屋にも、大
勢の参加者が訪れ、店主の話と宇治茶を楽しんだ。また後日店舗を訪れ、茶
を購入する客も現れた。2014 年からは、公益法人化された京都府茶業会議
所の宇治茶振興助成金の援助を受け、毎年続いている。

　一方で、宇治茶には歴史文化や消費という側面だけでなく、「生産」とい
う重要な側面がある。そこで 2011 〜 12 年度には、手摘み宇治茶の産地であ
る宇治市白川地区の茶生産、年中行事や地域課題をテーマにフィールドワー
クを実施し報告書をまとめた（森 2012）。そこでは、宇治茶の農業としての
苦境、茶農家の後継者不足など生産現場の現状を聞き取りで学んだ。また同

時期に、静岡県や鹿児島県など他の茶産地のフィールドワークにも出かけ、「宇治茶」の特性を相対化して理解する視点を養った。

2011年から京都府では、宇治茶の世界遺産登録を推進する検討が開始された。その頃には、抹茶スイーツブームが始まり、宇治茶を取り巻く状況は少しずつ変化し始めていた。京都を中心に和食の世界遺産登録が推進された影響で、宇治茶の世界遺産登録に向けての機運が高まった。2013年からは、京都府が中心になって行政や住民が協働して取り組む「宇治茶世界遺産登録推進プラットフォーム」が構成されることになり、私は京都府の依頼でその代表を務めることになった。世界遺産への登録を目標とする広報や宣伝を牽引するつもりはなく、実は一旦依頼を断った。しかしそれまでの宇治茶に関する活動と調査から宇治茶生産の状況に危機感を抱いていたので、農林水産部の担当者と話し合いを重ね、世界遺産登録を目指すことによって、宇治茶生産の持続性をサポートしようという方向性を確認し改めて代表を引き受けた。プラットフォームの世話人には、茶業関係者だけでなく、NPO、メディア関係者など、自らが宇治茶の魅力発信のために活動しようとするメンバーが集まった。

茶農家、茶問屋、茶商、行政、業界団体、地域住民、学生、研究者、宇治茶ファン、消費者、観光客、国内外、様々な立場の人々とのつながりを生み出すために、現在も多くの活動を展開している。たとえば、宇治茶に関する歴史資料に基づく最新研究成果を学び、茶農家や茶商から話を聞き宇治茶を味わう「宇治茶文化講座」（写真7、8）を京都府と共催し、宇治茶のコアな

写真7 南山城村の茶畑で茶農家さんと

写真8 木津川市で合組体験する参加者

ファンを育てる企画を続けている。2017年度からは、世界遺産登録候補地である宇治茶生産の文化的景観を有する産地を参加者と共に訪れるフィールドワーク型の講座を実施している。これらの企画に茶産地の関係者に関わってもらうことで、消費者である参加者と直接出会う喜びの体験をしてもらい、行政関係者も含んだ茶産地での交流の担い手の掘り起こしをすると共に、体験型プログラムのひな形の共有化を狙っている。このような手法は、外部主導型の大規模な観光振興の弊害を避け、より持続的な地域づくりにつながる観光と宇治茶のマーケティングについて考えてもらう契機となることを目指している。そしてそのことで、宇治茶生産の持続性を模索している。

　同時に、地元の将来の担い手、あるいは消費者となる子ども達の育成のために「総合的な学習：宇治学」に用いる「宇治茶」をテーマとした小学校3年生用の副読本を作成した（詳細は橋本2019）。さらにSNSを活用し宇治茶に関する積極的な情報発信をし、多言語に対応したホームページを整備した。海外でのMatchaブームと宇治茶に関する情報発信をリンクし、宇治茶の消費喚起を促すだけでなく、宇治茶文化の価値を世界に伝えようとしている。グローバル化する世界における宇治茶の状況について研究調査し、地元とは異なる視点から「宇治茶」を相対化することも重要であり、そのような視点を提供するのも研究者としての役割だと考えている。

5. つながりから未来を紡ぐ
──コミュニティとフューチャー・デザイン

　第1節で、コミュニティに関する委員会の様子を紹介した。宇治市におけるコミュニティ活性化の検討は提言として提示したが、深刻化する地域のつながりの希薄化やコミュニティ活動の停滞はいまだ解消していない。委員会での提言を実行するために、2016年度からは京都文教大学「地の拠点（COC）事業」の主たる柱であった地域との協働研究として、宇治市の担当部局とコミュニティ施策についての研究を続けてきた。

　その実践研究の成果については、年次報告書（森・宇治市文化自治振興課2016、2017、2018、2019）と森（2021b）にまとめているが、コミュニティの課

題解決はもはや行政が施策に取り組むだけでは限界があることが明らかである。2018年度からは、新たな視点と方法として、総合地球環境学研究所・高知工科大学の西條辰義教授や中川善典准教授の助力を得て、宇治市でも「フューチャー・デザイン」（西條 2015）に取り組み始めた。フューチャー・デザインは、たとえば30年後の地域や地域課題のあり方について将来人になって構想し、その構想の実現のために今から何をすればよいのかを検討するための新たな考え方と手法である。宇治市でも、それまでの啓発型の講座や懇談会ではなく、2018年度には市が公募した参加者による連続ワークショップを開催した。2019年度は、その参加者を中心に設立された「フューチャー・デザイン宇治」という市民グループがワークショップを開催し、市民主導のまちの未来構想づくりが始められた。また、市役所の若手・中堅職員を対象にフューチャー・デザインの研修が実施され、庁内からの意識改革の取組が開始された。

　フューチャー・デザインに取り組むと、現代人としての眼前の課題解決への囚われから解放され、将来人として中長期的な視点からの新たな発想が可能になり、現在の選択行動や価値観にも影響がみられるようになる。ワークショップでは、30年後には「宇治川の氾濫を避けるために、所有権に関係なく住民が高台に移転して新たなコミュニティを作っている」「学区がなくなり、子ども達はオンラインで受けたい授業だけを受け、スポーツなどをするときだけ集まるので、不登校という概念もなくなる」「効率化が進み、週に3−4日だけ仕事をすれば良くなっている」などといった新しいライフスタイルが語られていた。フューチャー・デザインの経験は、参加者個人のそれまでの経験や個性の違いも影響はしているだろうが、多くの参加者にとってこれまでのスタイルや既存のルールについての評価が大きく変わるきっかけとなっていた（森 2021c）。

　一方、同時期に、宇治市の地域包括支援センター職員への研修依頼を受けた。都市計画的な地区特性の把握と「コミュニティ・カルテ」の枠組みを活用し、担当地域の特性を理解することと全市的な多様性の理解を促進しようとした。しかし、現場職員は個別の利用者の困りごとに対応することが日常業務であり、個別事例に関する情報蓄積は個々の職員に委ねられている状態

だった。そこで全市横断的に情報を共有するため、ICT を活用し個人カルテとマップを結びつけ地区内や全市的なデータを俯瞰する方法を提案したが、個人情報保護を理由にデータ活用が難しかった。結局職員個人の記憶と記録を超える情報の俯瞰はできない仕組みで、かつ情報開示の範囲も自分の担当地域のみに限定されているので、自分の担当事例や担当地域を相対化することができなかった。現在のやり方を少し工夫することにさえ高い壁が立ち塞がる状況に直面し、フューチャー・デザインのワークショップでイメージされているような 30 年後には、今のやり方のままでは到底辿り着けないという危機感を覚えた。

　経済産業省は、現在、国家や政府が法によって規律する現在のガバナンスのスタイルが、様々なアーキテクチャが規律するサイバー空間とうまく融合していないという懸念から、イノベーションを促進するためのこれからの法やガバナンスのあり方を規定するルール形成を検討している（経済産業省 2019）。この報告書案では、主に政府による法形成、モニタリング、エンフォースメントからの視点で論じられているが、その中では、市場と同様に、コミュニティや個人も情報を共有し評価する主体として位置付けられている。フィジカルな空間とサイバー空間を融合する新たなガバナンスやルールを考えるために、フューチャー・デザインは様々なヒントをもたらすかもしれない。

6.　目の前の現実と向き合い、前例を覆し、新たなモードを生成する

　いわゆる「お役所仕事」の定型句に、「決まりですので」や「前例がありませんので」といった言葉が存在する。これらの表現は、政府や自治体によって正式に決定され明文化された「法」や「条例」に従いつつ、業務を執行する行政職員にとっては「当たり前」であるが、このような表現が「お役所仕事」と揶揄されてしまうのは、そこに住民実感からのズレや違和感が存在するからである。

　地方創生の時代である現在、従来からの決まりや前例に囚われることのな

い新たな考え方や手法が求められている。地域間格差の広がり、多様化、スピード化、サイバー化の進行が東京発の一律主義の限界を如実に示しており、地域ごとの工夫が必要な時代になってきている。加藤（2019）は、全国各地で新たな方法で行政を実行する人々の事例を「常識・前例・慣習を打破する仕事術」として紹介している。地域の個性も違うので単純なマニュアル化はできないが、一つ一つの実践や事例が新たな可能性のヒントになり、それが積み重なればルールを変えることにもつながる。いまだに多くの公務員はルールには従うものだと思って仕事をしているかもしれないが、変革能力のある行政職員は前例主義と戦い新たなやり方やルールを生み出そうと苦労しているのだ[13]。

　窓口で申請業務の手続き手順や書類の記入方法を間違いなく実行することと、新たな地域課題に対する施策を考えていくための「政策形成能力」（島田 2014）とは異なる。新たな内部要因や外的状況などにも左右され、地域課題は無限だが、どのような根拠で、制度との関係を整理し手続きを経て、現実に政策によって対応していけるのかを、常に全体の布置と様々なコードの関係性を整理しながら考えていく必要がある。そして、さらにその「コード」を多様なステークホルダーに情報として共有し、つながりと発信の方法をデザインしながら、新たなモードを生み出していかないと地域は変わらない[14]。

　それぞれの役割がある、だから踏み込みこまない、という考え方もあるだろう。しかし、得意を生かすということと、特定のことにしか関わらないということは別であり、できることややる必要が出てきたことがあれば関わっ

13　デジタルテクノロジーの変化と「公共」のあり方を問い、若林が『次世代ガバメント』（2019）で取り上げる「ガバナンス」を巡る様々な課題や可能性は、本章で扱った個々人の行動や気付きをどのように「制度」と接続するかについての多くのヒントを与えてくれる。個人の行動と制度的変革の相互連関については、より深い議論が必要になると私は考えている。デンマーク・デザインセンターCEOのクリスチャン・ベイソンは、「センスメイキング」を目指す文化人類学は、「生活のコンテクスト」を調査し科学的リサーチでヒトをモルモットとして扱いがちになるという危険を回避できる謙虚なツールである、と述べている（ベイソン 2019）。

14　筧（2013）では、ソーシャルデザインを軸に、つながりと発信を実践する方法を多くの説得的な事例と共に示している。

ていくことが大切なのではないだろうか。私も戸惑いながら、地域活動に関わり、住民や学生と接し、自分の研究成果をより積極的に社会と接続するためには、むしろ自らの専門性や役割、従来のやり方の境界を取り払い乗り越えていくことが必要であると強く意識するようになった[15]。

また理屈でわかることや考えられることと具現化できることは違うということも痛感しており、拙速な批判だけでは何も生み出せないとも感じている。自分だけではできないことがあることを知り、自分の能力の限界がわかると、他者の持つ自己との差異が新たな可能性と捉えられるようになる。複数のコードのズレを調整しながら、時には舞台で複数の役割を持つ即興劇を演じているかのような状態に陥ることもあるが[16]、全体の布置と自分の位置、周囲との関係性や自らの言動の作用を意識して行動することで少しずつ新たなやり方に近づいていくしかない。そして、その際には立場の違いから生まれる格差や権力性、暴力や排除に配慮しながら、地域活動を通じて小さなつながりをデザインし続けることで、ささやかな社会変革に関わっているという希望を持って謙虚に研究・実践を重ねていきたい。

参考文献

伊藤泰信（2020）「文化人類学の資格と方法論を実務に活かす —— ビジネスエスノグラフィの可能性と課題」八島惠子（編著）『企業経営のエスノグラフィ』311-337、東方出版。

15　伊藤泰信は、「異化」「リフレーミング」が発想法や思考法としてだけでなく、具体的な文化的な他者との経験として捉えられるところに人類学的なエスノグラフィの特徴があり、様々な実務分野で注目されていることを論じている（伊藤 2020）。本章では具体的な実務分野でのエスノグラフィとしては論述していないが、本章で述べたような視点を取り入れ、筆者が担当する大学での「インターンシップ」の学習などで組織内の立場の違う人々の行動を想像してみるワークショップや観察手法などについての指導に応用している。

16　矛盾した表明になるかもしれないが、私自身が「大学教員」「研究者」「女性」「母親」「京都出身でない」「宇治市民」であることなど、「私」に付随する様々な特性や権力性が発動している側面も当然あったと思われる。プレーヤーとしての私の地域連携活動を研究対象とし「ソーシャルキャピタル」論で分析をした研究が存在する（久木元 2011）。また一つの社会において、複数の価値観で様々な行動やできごとが発生進行し、そこに多様な価値観や人々の選択が関わる状況を杉島編著（2014）では人類学的なフィールドワークに基づいて扱っている。

宇治市（2014）『地域コミュニティ意識調査　町内会・自治会長アンケート調査結果報告書』。

宇治市地域コミュニティ推進検討委員会（2015）「町内会・自治会の活性化の方策および地域コミュニティ・協働のあり方に関する提言」。

筧祐介（2013）『ソーシャルデザイン実践ガイド――地域の課題を解決する7つのステップ』英治出版。

加藤年紀（2019）『何故、彼らは「お役所仕事」を変えられたのか？――常識・前例・慣習を打破する仕事術』学陽書房。

久木元秀平（2011）『ソーシャルキャピタルと大学の地域貢献』大阪公立大学共同出版会。

経済産業省（2019）「Society5.0の時代における法とアーキテクチャのリ・デザイン」（案）。

西條辰義（編著）（2015）『フューチャー・デザイン』勁草書房。

島田曉文（2014）『みんなが幸せになるための公務員の働き方』学芸出版社。

杉島敬志（編著）（2014）『複ゲーム状況の人類学――東南アジアにおける構想と実践』風響社。

ベイソン、クリスチャン（2019）「未来のガバナンスへの対話①人間中心　起業家精神をもった『賢い行政府』のアクティビズム」『NEXT GENERATION GOVERNMENT 次世代ガバメント――小さくて大きい政府のつくり方』156-165、黒鳥社。

森正美（2007）「地域で学ぶ、地域でつなぐ――宇治市における文化人類学的活動と教育の実践」『文化人類学』72-2、201-220。

――（編著）（2012）『茶のある暮らしの生活誌　2011年度宇治・白川フィールドワーク実習報告書』京都文教大学。

――（2019a）「観光まちづくり人材を人類学的手法で育てる」橋本和也（編著）『人をつなげる観光戦略』ナカニシヤ出版。

――（2019b）『京都・宇治発　地域協働の総合的な学習』（橋本祥夫編著、共著）ミネルヴァ書房。（担当：第3章第3節、第4章第3節第1項、第5章第7節）

――（2021a）「文化としての『宇治茶』と観光」片山明久（編著）『旅行者と地域住民が想像する「ものがたり観光」』ミネルヴァ書房。

――（2021b）「地域コミュニティの課題と可能性」森正美（編著）『実践！　防災と協働のまちづくり――住民・企業・行政・大学で地域をつなぐ、未来を創る』ミネルヴァ書房。

――（2021c）「フューチャー・デザインで描くコミュニティの未来――宇治市の取組」森正美（編著）『実践！　防災と協働のまちづくり――住民・企業・行政・大学で地域をつなぐ、未来を創る』ミネルヴァ書房。

森正美・宇治市文化自治振興課（2016）「地域コミュニティ活性化推進のための制度改革に向けた方策の検討」『平成27年度京都文教大学COC地域志向研究ともいき研究成果報告書』55-60。

――（2017）「地域コミュニティ活性化推進のための制度改革に向けた方策の検討」『平

　成 28 年度京都文教大学 COC 地域志向研究ともいき研究成果報告書』49-52。

――――（2018）「地域コミュニティ活性化推進のための制度改革に向けた方策の検討」『平
　成 29 年度京都文教大学 COC 地域志向研究ともいき研究成果報告書』39-46。

――――（2019）「未来視点を取り入れた持続可能な地域コミュニティ施策実施に向けた検
　討研究」『平成 30 年度京都文教大学 COC 地域志向研究ともいき研究成果報告書』27-31。

八島惠子（編著）（2020）『企業経営のエスノグラフィ』東方出版。

若林恵（責任編集）（2019）『NEXT GENERATION GOVERNMENT 次世代ガバメント
　――小さくて大きい政府のつくり方』黒鳥社。

実践者と研究者が協働する「メタ現場」の展開
行政職員の裁量性への期待

I. 「メタ現場」が生み出す「加工の自由」

　「メタ現場」とは、自治体職員やNPOスタッフ、住民らの日常的な活動が展開されている文字どおりの「現場」ではない。研究者の参加によって分析的な作業が可能となるような、研究者と現場の実践者とが協力して意図的につくってゆく共同作業の「場」（アリーナ）である。それは研究者の研究会とは違って客観性や抽象化の議論が好まれる場ではなく、生身の人間の暮らしのリアリティが大切にされ、文字どおりの生活や仕事の現場＝生きられた場に共同作業の成果を戻してゆくための場である。このコラムでは、実践課題への対応や解決のために求められている、研究者と行政職員らとの相互参加型のフィールドワークを意味する「メタ現場」の形成と展開を扱う。そしてそれを地域福祉における活用方法として定式化するための試みとして、幾つかの地域で段階的に試行してきた取組みを紹介する。

　筆者は、地域福祉を「地域が主体となる福祉」「地域に累積する福祉」と簡易に定義し、それを実現するために、社会福祉協議会・NPOや地域福祉行政の現場へ研究者が参加することを「実践的研究」と呼んで自ら積極的に取組んできた。と同時に、地域が主体といいながら問題の解決や対応のために研究者も介入をいとわない、この種のフィールドワークを正当化する裏付け理論と具体的な方法を、「メタ現場」に求めてきた。

　「メタ現場」における現場の関係者と研究者との共同フィールドワークについて、今まで系統的に3冊の著書にまとめてきた。第一は穂坂・平野・朴・吉村編著（2013）『福祉社会の開発 —— 場の形成と支援ワーク』で、現場との「メタ現場」の方法を提案している。第二は、日本福祉大学アジア福祉社会開発研究センター編（2017）『地域共生の開発福祉 —— 制度アプローチを越えて』で、現場と協働する「メタ現場」によって生み出される成果は「制度アプローチ」を越えた解決プログラムを開発することを明らかにした。同書の事例数は、前書の4から12に増え、その多くに「メタ現場」の成果を見出すことができた。

　3冊目の著書は筆者の単著『地域福祉マネジメント —— 地域福祉と包括的支援

体制』（2020）である。これまでの「メタ現場」の考察は、民間の自発性に根差し、新たなプログラムの開発への孵化装置の機能として作用していることを指摘するにとどまっていた。それに対して同書は、行政職員の裁量性を生み出し、国の政策化主導が進むなかで、自治体の裁量による「加工の自由」の可能性と重要さを明らかにした。3つの自治体の事例で、「加工の自由」の模索は行政職員が裁量性を発揮することを可能とし、国の政策的支援の環境や条件を修正したり改良したりするための活発な議論が「メタ現場」によって確保されるなかで促された。それらの事例は、行政職員が分析の深化発展を求めて参加する「メタ現場」ではじめて現出し観察された。それは関与する研究者との相互作用や、フィールドへの研究者の客観化と相対化の視点を取り入れることによって可能となった。行政職員の「メタ現場」への参加動機を振り返ると、実務的で近視眼的に処理する行動様式から距離を置き、分析的でメタ的な視点を発見することを求めていた。その過程のなかで、行政職員の行動様式が、より確信（革新）に満ちた裁量性のあるものへと変化したといえる。

2. メタ化された現場の概念化——研究会事業や普遍化事業

　朴や穂坂との共同作業である「方法としてのメタ現場」（2013）において、「メタ現場」が概念化されるまでに、4つのフィールドのなかでの筆者の模索や試行があった（表を参照）。Aの段階では、「メタ現場」は未形成で、あくまで研究の対象フィールドとみなしており、現場との協働性を示すが、概念化においては「コミュニティワークとしての計画」という整理にとどまっている。

　Bの段階において、コミュニティワークの目的であった住民参加に代わって行政参加の概念を打ち出すことで、研究者と行政との協働空間のイメージが形成される。両者の対等な関係のなかでの相互の分析的な作業が進むことで、一方で、研究者は行政が策定主体である他の福祉計画と異なり、地域福祉計画固有の機能は計画空間を生み出し、行政を参加主体へと変化させることを抽象した。他方で、行政が参加主体となることで、住民と協働するプログラムの提示が可能となっ

高知県地域福祉政策課の職員と大豊町を訪問

表 「メタ現場」の概念化と実践化の模索のプロセス

	フィールドワークの対象／メタ化された現場概念	メタ化された概念と「メタ現場」の形成合合との関係	研究フィールドの認識の変化（筆者）
A：大阪府枚方市 1987〜（2年間）	地域福祉計画策定 「コミュニティワークとしての計画」	コミュニティワークとしての計画は、調査研究の対象にとどまり、未形成	ミクロ研究ではなくメソ/研究現場発見
B：愛知県高浜市 2001〜（2年間）	地域福祉計画策定 「計画空間」	地域福祉に求められる自由な編集作業の空間への行政参加を実現、形成の端緒	住民参加から行政参加の研究フィールド
C：高知県 2008〜（2年間）	社会福祉協議会事務局長研修 「研究会事業」	メタ化された「研究会事業」で、相互のフィードバックの実現、実験的形成	地域福祉マネジャーの養成研究への気づき
D：北海道釧路市 2009〜（2年間）	NPOとの地域づくり研究会 「普遍化事業」	現場との共同研究としての場と目的（普遍化）の共有、メタ現場の定義化	普遍化作業を求める現場の存在の認識
E：兵庫県芦屋市 2018〜（継続中）	行政改革の地域福祉プロジェクト 「こえる場！」（固有名称）	行政改革に求められた裁量性あるメタ現場の試行的な取組み、メタ現場の実用	行政組織の変革のための実験の現場

た。このように「メタ現場」は、分析的な成果がそれぞれの日常世界に還元されるなかで成立する。

　Cの段階では、計画の現場でない「メタ現場」の組織化が、研修事業として実験的に組み立てられる。通常の研修ではなく、研究作業を前提にしたものであるため、「研究会事業」と名づけられる。高知県行政の例では、それを県プログラムとして受け入れ、県行政が試行錯誤するという現場性が確保された。研修の参加者はマネジャー（事務局長）職位の人たちであり、複数の市町村のマネジャーが参加した。この事業により、参加者が自分自身や組織のマネジメントを振り返ることとなり、マネジャーにとって、日頃直面する個々の現場とは別に、それを相対化する新たな「現場」が確保されることになる。県行政は研究会方式による人材養成の事業化の現場を創出し、参加マネジャーには自組織では得られないマネジメントの相互振り返りの現場性が確保され、研究者としての筆者は、その場を通して、地域福祉マネジャーの概念化と育成方法を研究課題とすることになる。

　Dの段階では、「メタ現場」における共通の課題として、普遍化とその事業化が志向される。つまり「メタ現場」で個々の実務を分析し、その普遍化を検討し、志向する機能が、研究上の作業としてだけではなく、実務の現場にとっても意味を持つことが明らかとなる。とくに釧路の例では、多方面の関係者をつなぎ、支える中間支援組織の現場からの参加であったことから、この機能の発見に結びついている。こうした目的を持つ「メタ現場」では、現場は個別化の論理、研究者

は普遍化の論理として区別し、還元先の分担を行うという前提はなくなる。現場が目指す普遍化への研究者からの貢献とはなにか。そのための現場観察とはなにかが問われることにもなる。

この取組みを通じて、現場が用いる普遍化作業のツールとしては、実験事業が不可欠だという気づきも得られた。この段階で、当初から筆者が

「メタ現場」での懇談風景（釧路市生活保護担当職員とNPOリーダー、認知症家族の会代表）

考えていた地域福祉は実験福祉（B段階）だという認識が、より高い次元で、「現場」で確認されることになる。つまり、各地で展開する地域福祉プログラムの普遍化には、まず実験事業による検証を伴うということである。フィールドワークはこの実験段階でのさまざまな情報と経験の収集に相当する。いわば「先行研究」ならぬ「先行実践」の意義が明らかになってくる。

3. 行政職員の裁量性から生み出された「こえる場！」が投げかける宿題

このDの段階の気づきは、筆者が模索してきた地域福祉マネジメントの概念化に大きな弾みをつけることとなった。つまり、行政の地域福祉の推進において、実験事業は不可欠なツールであり、これまでの行政文化を「こえる新たな場プロジェクト」が必要だという判断である。その後にはじまったEの段階の実験は、「こえる場！」という、固有名詞を持った「メタ現場」への参加である。

これまで地域福祉を担う地域の福祉力の強化は、国のモデル事業も含め、地域住民が担い手として想定されてきた。行政の福祉を補完するものとして、地域住民を主体とする地域福祉へ期待する構図である。しかし、行政改革の観点から多様な民間主体の協力のかたちとして、地元企業の参加を求めることが地域福祉部門にも及ぶという応用問題が出され、筆者はそれを解くためのプロジェクトを、「メタ現場」方式に求め、提案した。名前が先行する形で、これまでの行政文化を超えるという「こえる場！」プロジェクトが行政現場に生まれ、それが大企業を含む地元企業に受け入れられ、多様なアクターが参加している。

「こえる場！」は個別のプロジェクト現場であり、その点で、相対化と分析志向によって特徴づけられる「メタ現場」となりえていないかもしれない。しかし

その経緯に目を向ければ、芦屋市の事例研究（平野 2020）では、行政地域福祉マネジャーの裁量性ある行動が「こえる場！」を生み出していることが観察され、地域福祉マネジメントのミッションの根拠に活用されている。ただし、この観察による気づきは、それまで継続してきた行政職員との無意識的な「メタ現場」としての共同研究（6 年間）の延長の空間として生まれた現場だから発見できたのかもしれない。

　行政改革に求められた職員の裁量性を生み出すための、もう 1 つの現場として、職員にとって「メタ現場」が必要となり、いわば日々の現場のための「メタ現場」の実用性が問われている。筆者を含む、これらの「現場」にかかわる研究者には、行政組織の変革のための実験の現場として地域福祉が機能するのか、その中核を担う地域福祉マネジャーは役割を発揮できるのかといった検証課題が与えられている。ローカルガバナンスの条件整備をどう地域福祉部門から図るのか。これは前書の「地域共生の開発福祉」から継承している課題であり、現場と協働する「メタ現場」の展開の宿題ともいえるものである。

平野隆之（ひらの　たかゆき）

　日本福祉大学大学院特任教授。地域福祉を専門としつつ、国際開発の分野との連携によって「福祉社会開発」という新たな学際的な領域で教育と研究を進めている。同大学院国際社会開発研究科では、福祉社会開発論を、「福祉開発マネジャー」を養成する学び直し大学院では、プロジェクトリーダーを務め、福祉社会開発論に加え、地域福祉マネジメント論を担当している。NPO 法人コミュニティライフサポートセンター（通称 CLC）の理事を務め、新たなケアや生活支援のあり方を提案する中間支援にも従事している。

第III部

仕掛ける

「ふつう」を解くには

世の中は、ルールによって守られ、かつ、縛られている。

少しだけ目を開いてみよう。そして動いてみよう。

個と個の間によこたわる無数の差異。

つなぐのか。断ち切るのか。

他者への想像力が試される世界へと足を運ぶ。

わたしたちの歩く後ろに、

新たな道をソウゾウしながら。

リモート・フィールドワークのススメ
外国人技能実習生受入れ現場から

日本にいながら、SNS で家族から情報収集するインドネシアの技能実習生
（2020 年 7 月 12 日撮影）

小國和子
おぐに　かずこ

　文化人類学を学び、インドネシアやカンボジア
の農村部で現地の農業や生活向上を目的とする政
府開発援助事業に従事。その後、専業農家を営む
家族と共に北陸の福井県に生活基盤を置きつつ、
愛知県にある日本福祉大学に勤務（現職）。社会
人向け通信制大学院でフィールドワーク論を教え
る中で、「ちょっと手をのばせば使える」エスノ
グラフィー実践について理解を深めてきた。近年
は、国内外で中山間地域振興の担い手となるグ
ローバルかつローカルで多様なアクターの可能性
から学ぶ日々である。主な編著作に『村落開発支
援は誰のためか』（明石書店 2003）、『支援のフィー
ルドワーク』（世界思想社 2011）ほか。

この章では、外国人技能実習生受け入れ農園の小さな取り組みから、ダイバーシティを「自分ごと」にしていく幾つかの手がかりを考えてみたい。

　私はこの章を、一人のフィールドワーカーとして書いているが、同時に、この後で紹介する農園主家族、つまり登場人物の関係者でもある。だから今から書くことは、私が外国人技能実習生受け入れ当事者家族として見聞きしてきたことの一側面を、フィールドワークのエッセンスとして切り出したものである。

1. どこから来て、どこへ帰るのか
── 「顔の見える」地域情報を契機に

　福井県北部で多品目野菜を栽培する「農園たや」では、2008 年から、インドネシアの農業青年を、現地と福井双方における特定の農林高校間の協定を背景に、外国人技能実習生として継続して受け入れてきた。同農園の実習受け入れには一つの特徴がある。それは、やってくる実習生が「どこから来て、どこへ帰るのか」への強い関心と、それを知るための工夫だ。

　工夫の一つ目は、インドネシア人の農村研究者に依頼して、来日する実習生の出身地域の情報を調べて報告書を送ってもらうことである。同農園のホームページ情報によるとそれは「ポテンシャル調査」と名付けられている。調べる項目は「実習候補者家族の生計戦略やその地域の開発の歴史、市場、資源など」であり、やってくる実習生の出身地域のポテンシャルを調べることが目的だという。そしてそれを、実習生が日本滞在中に 3 年かけて考える「帰国後のビジネスプラン」の教材として活用する。

　同農園にやってきた実習生は、毎週、昼休みなどを使って様々な学習をしている。来日した直後から、帰国後の計画を立て始め、「そのためには今日本でどんな情報を得るとよいのか」と観察眼を養っていくビジネスプランの指導が、その核になる。ビジネスプラン自体の詳細な説明はここでは割愛するが、来日直後から、自分の地域を見直す視点を養う機会があることは、彼らが帰国後の生活設計を、日本にいながら現実味を持って具体化していく助けになるようだ。また、日本で暮らす間に経験する様々なことを、「帰国後

の将来」に引き付けて観察する眼を持つきっかけにもなる。

　ここでいう「自分の地域を見直す情報」とはどのようなものだろう。地域研究者が取りまとめた、国や地域の概要と何が違うのだろう。私の眼から見て最も興味深いのは「家族のライフヒストリー」である。この農園の場合、実習生の受け入れを統括している農園主にはインドネシアでの生活経験があり、彼らの出身国について一定程度の知識・経験を持っている。しかし、実習生が帰国後に実現できるビジネスプランをサポートするためには、極めて個別の、出身集落の慣習や自然条件、家族事情等がわからないとうまくいかないという。なかでも家族関係は、彼らが滞在中にどの程度送金を必要とするのかや、帰国後にどのような土地でどの程度の資源を持って働けるのかに直結する。だから、一人一人の実習生に合わせて、オーダーメイドの情報を集めている。得られる情報は、家族構成に始まり、村の産物、市場までの距離、お金や土地の貸し借り、水源のありか、仲買い業者の存在など、文化人類学では馴染みある調査項目だ。しかし、学者が集めた網羅的な地域概況情報は、時間的に余裕のない現場の人間にとっては「分厚い記述」ゆえに読み解き難い。これに対して、「個人」に直接つながる情報を集め、その肩越しに地域を覗き見るような作業で得られたものは、今目の前にいる実習生に直結する「顔のみえる生きた資料」であるため、受け入れ現場でも理解しやすい。

　人手不足を背景に外国から技能実習生を受け入れている農村や企業現場にとって、来日する実習生の出身地域を事前に訪問するなどは現実離れした話に聞こえるかもしれない。しかし実際に、長く実習生受け入れを行っている現場では、自ら現地を訪問して人選にかかわっている例もあり、事前情報の入手は不可能ではない。大事なのは「〈どこから来たのか〉を知ることが、来日後の円滑なコミュニケーションや、帰国後の将来に資するために重要だ」と自覚することである。

　日本は、労働者や学び手や住民として「外国籍の多様な人々」をより長期で受け入れられるよう制度化を進めてきた。この制度が、送り出し社会と受け入れ社会の双方に資するためには、まず現行の制度によって関係が生まれる二つの地域があるというシンプルな事実に意識を向け、「どこから来たの

か」に興味を持つことが、スタート地点となる。

　上で紹介した「ポテンシャル調査」は、実習生の出身地での生活に関する情報を収集することで、実習生が「どこから来て、どこへ帰るのか」を理解しようという試みである。そしてこれはまた、実習生とともに、遠隔でフィールドワークもどきの作業を展開していくきっかけにもなっている。ここで求められているのは、実習生が来日中に帰国後の生活設計を立てていく後押しとなるようなかかわり方に必要な情報、つまり「出会い方の演出」のようなものだ。

　これらの情報は、来日した実習生と共有される。そこがポイントである。私たち自身の生活を振り返ってみてもそうだが、人は往々にして、自分の足元については意識的に情報収集する機会がない。何より、自分のことはそんなことしなくてもわかっている気になるから、「わざわざ調べる」必要性を感じていない。しかし、3年間、精一杯苦労して貯めた資金を用いて帰国後に地元で「一旗揚げる」上では、実は、地元のポテンシャルや制約条件、お互いに口にしてこなかった、来日して稼ぐ彼らの貯金に対する親や親せきの期待や帰国後への意向などを早い段階で把握し、諸条件を見据えた上で帰国後の計画を立てていくことが必要になる。

　この農園にやってくる農業青年は、来日してすぐに第三者の手による「自分の地元」の情報に触れ、それが、自分たちの地域や家族をいつもと異なる視点から観る —— 相対化する —— きっかけとなる。これはその後、日本とインドネシアの地元という二つの地域に対して観察力を持つ必要性を、彼ら自身が気づくしかけといえる。

　だから情報収集は、報告書を入手して終わりではない。むしろそれらの情報を出発点に、3年かけて、実習生と共にそのことを話題にしていくことで意味が生まれる。逆にいえば、調査委託のような形をとれなくても、まずは「どこから来たのか」に関心を寄せることが大切であり、それが次に紹介する「どこへ帰るのか」を考える素地となる。

2. 農業青年のリモート・フィールドワーク
——日本にいながらSNSで地元を調べる

　農園たやで取り組まれている工夫の二つ目は、日常的なコミュニケーションの延長線上にある。来日した実習生自身がいわば調査者となって、日本から遠隔で家族や知り合いにインタビューし、SNSを駆使して自分の地元を調べるのである。これはもとはといえば、同農園が、雪害によって上で紹介した「ポテンシャル調査」が出来なかった年に、苦肉の策として、来日した実習生本人から地元情報を聞き出そうとしたことがきっかけだったという。しかしやってみたところ、実習生本人が、驚くほど地元の土地のことや、家族が何を考えているかを知らず、また、帰国後の生活設計を現実的にしていく上で、これらの情報が役立つことがわかってきた。

　昼休みを使って行われる学習会では、グーグルマップで各実習生の出身地の地理的特徴を皆で「見える化」することに始まり、各自が帰国後やりたいと思っているビジネスプランに必要な情報について、実習生一人一人に対して、農園主や他の実習生、サポートにかかわる日本人スタッフが質問を投げかける。実習生は、「WhatsApp」などのSNSを駆使して、家族や関係する人たちを介して調べを進め、結果を次の回で報告する。小さな問いと答えをやり取りするうちに、質問している日本人側は、日本での想定とは異なる現地の実情に触れ、問い方を見直すようになる（写真1）。

写真1　昼休み等を使って行われる技能実習生と
　　　　農園スタッフとの学習会の様子

　たとえば、農園にやってくる殆どの実習生が、来日直後は「日本で進んだ農業技術を身に着け、帰国後にその技術を生かしたり、日本の野菜を栽培したりしたい」という。「何を栽培したい？」「唐辛子です」「唐辛子は君の地元の村ではどこで、幾らで売れるの？」。

これらの質問への答えが返ってきたら、今度は「同じ村で栽培している人はいるの？　家族は栽培しているの？　1年に何回栽培できるの？　どのくらいの広さの土地が使えるの？　農業用水はあるの？　帰国後やるとすれば一人でやることになるの？」など、さらに気になることが具体化してくる。つまり、得られた答えが、次の問いを導いてくれる。

　またこの方法は、答える側の実習生にとっても、思わぬ発見があるようだ。たとえばある実習生は、父親のやっているおかゆの移動販売を、可能性の低い低収入の生業だとみなしていた。だから自分は父親とは異なるビジネスをやるために日本で貯金を、と考えていた。しかし実際に、「帰国後に自分が使える資源」の一つとして、父親がどのようなルートで、誰にどのくらいの量のおかゆを販売しているか話を聞いてみたら、様々なマーケティング上の工夫がされていることがわかり驚いたという。そして、思った以上に安定した収入源となっていることもわかり、それを発展させてより持続的で儲かるビジネスにしたいという希望を持つに至った。そんな彼も、来日直後に農園主から「お父さんの毎日の日収は？」「売り先はどのように決めているの？」と問われた時には全く答えられなかった。

　他にも、農園経営を中心とするビジネスを想定している実習生の場合には、親から受け継ぐ土地の条件や広さ、そこから生み出されている収入など、「問い」が投げかけられて初めて、自分が余りにも自分の身近な事柄を知らなかったことに気づく。場合によっては、自分の知らない間に、留守家族が、自分の日本での貯蓄を当てにして家を建てたり農地を買ったりといった投資をしてしまっていてショックを受けるケースもある。そうでなくとも、実習生たちは日本で得られる給与の大半を留守家族へ送金することが多く、帰国後の資金を貯めることは簡単ではない。総じて経済的に貧しい農村部出身の実習生たちが、自らの人生をかけて来日した糧を最大限に活用する上での弊害は、実は最も身近な家族との認識の違いに起因するものが少なくない。

　よって、来日直後から、帰国後に向けて問いかけていくことで、実習生自身が思ってもみなかった「出身地域や、自分を取り巻く生活環境のリアル」を知る機会になる。時には、それまで「当たり前」だった家族との関係やお金の管理の仕方を考え直すきっかけともなる。受け入れ側にとっては、実習

生が出身地域でどのような条件下で生活し、生計を立てていたのか理解が深まる。一般的に、日本の農業の技術が、気候や自然や社会条件の異なる実習生の出身地で直接役立つことは稀で、これはよく国際協力の世界でも「日本の技術を持って行っても役に立たない」と批判される。その観点から見れば、ここでいうリモート・フィールドワークを続けていくことで、受け入れ側に、少しずつ日本の農業経験からアドバイスとなり得るのは何かという勘所のような知識が、蓄積されていることが窺える。

　「でも言葉の壁がある」と戸惑う人も多いだろう。上の例の場合、受け入れ農園主はインドネシア語でのコミュニケーションが可能で、これらのやり取りを戸惑いなくスタートできたが、それはむしろ例外だ。「問いかけ」「答える」という応答のプロセスを展開するために必要な語学力を身に着けることは地道で時間を要するため、容易ではない。しかしそれでも、最初は手探りで一緒に地図を眺めるところから始めるのも悪くないのではないだろうか。実際に農園たやの例では、3年目に取り組むビジネスプランの総まとめでは、実習生は少しずつ覚えた福井訛りの日本語で、他のスタッフからのサポートを受けている。スタッフ側も、インドネシア語がわからないながらも、手探りで理解し、コメントする（写真2）。そう考えて周りを見渡せば、今は気軽に使えるツールが身近にたくさんある。グーグルマップは、彼らが思いもよらない山の中の集落からやってきたことを「見える化」してくれ、今の日本の生活でいかにギャップを感じているかに気づけるかもしれない。あるいは

写真2　3年目の実習生の学習をサポートする農園スタッフ

逆に、「途上国」とあなどっていた相手が受け入れ地域よりもよほど大都会の町から、しかし大きな借金をしてやってきた背景が垣間見えるかもしれない。手軽な翻訳機能を持つSNSもある。そんな風にして、相手の肩越しから見える生活空間に思いを馳せてみて

ほしい。

　また、実習生は来日前から一定程度の日本語を学び、来日後も日本語学習の継続は、仕事を安全に行う上でも必須のため、全く話せないという状況は、実習生自身は勿論のこと、受け入れる側にとっても深刻な課題である。そう考えると、言葉の壁がある段階から、少しずつでも実習生の出身地域事情について、互いの言葉への興味も含めて理解を深め、2年目、3年目と時間を経る中で、本人の将来への希望を話し合えるよう目指していくことは、互いが互いの言葉を知る手段ともなる。大事なのは、相手の背後にある生活に関心を持つこと、そして問いかけ、応えるというコミュニケーションを続けることではないだろうか。

3.　ホーム（当たり前の日常）をフィールド（異文化の現場）化する目を養う

　上で紹介したリモート・フィールドワークは、一つ一つの小さな問いかけの積み重ねを通じて、技能実習生と受け入れ農家の双方が、相手と自分にとっての家族や生活、農業の「日常」について理解を深めることに役立った。直接現場を訪れるわけではないのに、フィールドワークのようだと感じた理由は、この作業が、フィールドワークでいう「ホーム」と「フィールド」を行き来することで体感する、自分と他者に対する目線の変化を、SNSなど情報通信技術である程度可能にしているように思えたからだ。

　文化人類学では、自分にとって当たり前の生活がよって立つ社会を「ホーム」、調査対象となる自分にとっての異文化地域を「フィールド」と呼ぶ。フィールド、つまり異文化に身を置いて現地の生活を共にすることで、体験を通じて相手社会を「内側から」理解しようとする姿勢が生まれる。そして異文化で、生活に参加しながら行った観察（参与観察）を通じて、経験的に他者への理解が進むといわれている。

　さらに、異文化でのフィールドワークは、他者理解に終わるだけでなく、それまで「普通」で「当たり前」で無自覚だった「ホーム」、つまり自分が暮らしてきた社会を見つめ直す姿勢や目線の獲得につながる。だから、異文

化でのフィールドワークは、自己理解を深めることに役立つ。

　この発想を踏まえると、先ほどの例は、外国人技能実習生の受け入れ農家にとって、遠方にあるインドネシアの「フィールド」を、日本の「ホーム」にいながら、実習生との応答を介して遠くから理解しようとする手立てとなってくる。そしてフィールドワークが異文化の他者理解を通じて自文化理解をうながす作業だとすれば、たとえ遠隔だとしても、実習生の肩越しに相手の日常について知ろうとし続けることで、日本での生活や農業の日常をちょっとだけ違った目線で見るきっかけとなる（つまり、自分にとっての「ホーム」を「フィールド」化する）。異文化から来た他者とかかわる醍醐味はそこにある。しかし、長期的に近くに住んでいても、一緒に働いていても、「観よう」としなければ、驚くほどに見えないし気づけない。それほどに「普通」は堅固に私たちを包んでいる。気づきを可能にするのは観よう（観察しよう）とする意志と、聞いたことから相手の「ホーム」を理解しようとして発揮される想像力である。

　これを技能実習生の側から見れば、来日するまで当たり前すぎて見落としがたくさんあった地元、つまり彼らの「ホーム」を、日本という異文化の「フィールド」に身を置いて遠くから見る（つまり彼らにとっての「ホーム」を遠隔で「フィールド化する」）作業となる。だからこれを続けることで、日本で暮らしている間に、インドネシアの地元地域を観察する目を養うことになる。

　これをもう少し広い目で見てみよう。様々な立場で来日する「還流型[1]」の外国人を受け入れる人たちと、来日する人たちの間で、「どこから来て、どこへ帰るのか」を探る機会を設けることは、帰国後を考える上で有意義で、かつ日本での生活上も有用かもしれない。特に、来日前の実習生にとって、自分の「当たり前」を相対化して調べたり語ったりする経験はほぼない。自分たちの「ホーム」を少し離れた目線で眺めるには、まさに自分が日本という異文化——フィールド——に身を置いて、日常的に様々な「当たり前との

1　在留期間を更新できて、家族生活などの再生産活動も含めた日本での長期的な生活が想定されている「定住型」の立場と、外国人技能実習生のように、3年や5年といった短期的な在留期限が最初から設定され、来日者も、家族を地元に残して帰国後を想定して一時的に日本に滞在することになる「還流型」とでは、直面する課題や求められる配慮が異なる。

差異」に直面している来日中は、最適のタイミングともいえる。

4. 国際貢献か人手不足解消か？
――「私とあなた」から始める

　在住外国人の問題にもともと関心を持っている読者はお気づきのとおり、上で紹介した技能実習生と受け入れ農園側の応答の例は、決して技能実習生受け入れ現場で「よくある話」ではない。むしろ例外的といった方がよいだろう。遡れば現在の外国人技能実習制度[2]は、1990年代の初めに「外国人研修制度」として始まった。「日本の技術を開発途上地域へ移転し、人づくりに寄与する」国際貢献が目的とされていた[3]が、実際には日本の人手不足解消のため「安価で都合の良い労働者の調達」手段として「雇用主にとって使い勝手の良い制度へと改編され続けた」と批判されてきた[4]。資格や滞在可能年数、支払い額等にかんして幾度かに渡って制度が見直されてきたが、今も、送り出し国での手続きにかかる支払い額が不透明で来日する者が大きな借金を負うことなど、制度自体に改善を要する点は多い。

　私自身、日本で外国人技能実習生が話題になるのは、問題のある労働環境に起因する事件事故が多かったことから、この話題を正面から取り上げることにはこれまで躊躇があった。また、かつてインドネシアやカンボジア農村で多少なりとも国際協力事業に従事していた私にとって、「国際貢献」を謳いながら実態が伴わないといわれる技能実習制度は、率直にいえば胡散臭く見えた。夫がこの制度を用いて「来日者の将来に資する」試行を始めたことで、来日と滞在にかかる経費などの面で、制度上の限界を具体的に垣間見る

2　実際には、技能実習生の中にも年数によって1号、2号といった違いがあり、また受け入れ形態も「団体監理型」や「企業単独型」に分かれており、職種によっても状況が異なる。しかしこの章では、各章にまたがる広い関心領域の読者を想定して、制度の詳細には立ち入らない。詳細を知りたい読者は、章末に紹介する文献を参照してほしい。

3　日本側の受け入れ公益法人組織は、2020年4月1日より団体名をそれまでの「国際研修協力機構」から「国際人材協力機構」へと変更することを決定した。理由は「研修」という言葉が実態に即していないという声に応えるためだという。

4　西日本新聞社（2017）、外国人技能実習生問題弁護士連絡会（2018）、宮島・鈴木（2019）など。

ことにもなった。

　しかし同時に、現行の制度のもとでも、かかわる人の工夫で出来ることがあり、それがフィールドワーク的な面白さを持つという事実に触れる機会も得た。だからこそ現場で工夫を重ねてもこの制度を活用しているというだけで、「ああ、あの（問題のある）制度ね」といった反応をされることにはもどかしさを感じてきた。ゆえにこの章では、制度的制約がある中でも、顔の見える人と人との関係の次元で出来ることは何か、明日からでも自分が出来る工夫は何か、というところに、意図的に焦点を当てて話を進めてきた。

　日本における労働力不足の深刻化のもとで、技能実習生は貴重な人的資源となり[5]、何度かの制度改正を経る中で、日本のメディアにおける技能実習生受け入れ現場の描かれ方も変化してきた。2019年にも入管法改正[6]が行われ、「日本で働く外国人」、なかでも技能実習生としての経験者などがさらに長く日本で働くことを念頭に置いた新たな資格「特定技能」にかんする議論がメディアを賑わせるようになった。「待遇整え選ばれる国に[7]」といったように、日本社会の人口減少や労働力不足を背景に、日本にとって外国人受け入れがいかに重要かを説く記事が新聞等で連載され、外国人受け入れ現場の様々な好事例が紹介されるようになった。そんな中で技能実習生の日常が一般の人の目に触れる機会も増えてきたように感じる。この章で紹介した福井の農園にも取材が訪れ、「実習制度で国を超えた人づくり」というタイトルで取り上げられたりしている。

　さらに、上で紹介したような細々とした受け入れの仕組みと帰国後支援が、「国際協力という本来の意味で外国人技能実習制度を活用している事例」として、海外への技術協力を行っている国際協力機構（JICA）で紹介される機

5　農業分野の実態についてはたとえば堀口（2017）ほか。

6　正式名称は出入国管理及び難民認定法。日本に出入りする全ての人の出入国時の管理規則や難民認定手続きの根拠法である。日本国内の労働人材不足の深刻化等を背景に、外国人の在留資格が見直され、3年以上の日本での経験がある人を対象に、14の業種で最長5年の「特定技能1号」や、さらに熟練した技能保持者を対象とする「特定技能2号」が新設された。特定技能2号は在留制限の更新が可能で、家族の帯同が可能となることから、「事実上の移民政策に舵を切ったのでは」といった議論も巻き起こっている（法務省ホームページより）。

7　2019年2月3日付け毎日新聞「働く外国人の最前線」記事の中見出しより。

会も出てきた[8]。実際に、政府開発援助（ODA）による、技能実習生の送り出し機関を対象とする研修事業も計画・実施が始まったという。10年前にはとうてい実質的には結びつきようがないと思われた「国際協力」と「外国人技能実習生の受け入れ」が、一つの俎上に乗る場があらわれ始めたのである。

　外国人技能実習制度は、「人づくり、国際貢献」を掲げながらも、実際には様々な次元での相互不信を生じさせてきてしまった。しかし、違法な低賃金や健康被害をもたらす極端な例は論外として、できれば来日者とうまくやりたい、願わくば帰国後に日本での経験を生かしてほしい、と模索しながらも、「普通」の違いの心地悪さで距離が縮まらず相互不信に陥る例も見聞きしている。相手に対して悪意などなくとも、異文化「フィールド」から他者を「ホーム」に受け入れることは、かくも容易ではない。

5.「居心地の悪さ」と向き合う先に

　上で紹介したリモート・フィールドワークの過程では、意図がうまく通じなかったり、互いに対する無理解や誤解が露呈して気まずくなったり、腹を立てたりする場面が多々ある。あるいは、実習生自身の思いと、インタビュー相手となった家族とのすれ違いが大きくなったり、実家が思った以上に経済的に大変だという事実に直面したりして、暗澹たる思いにさせてしまうこともある。この点で、継続的に相手に関心を持ち、問うことは、楽しく学び合えることを目的化できる一過性の交流イベントとは異なる。

　でもそれは、いわば互いに見えている景色が違うことを言葉に出して確認していくような作業だから、居心地が悪いのは当然ともいえる。そして、そのプロセスが、差異——他者との違い——を、自分の「外」で生じている出来事に終わらせず、自分ごとにする手立てになるのではないだろうか。「互いの言い分をただ承認し合う」だけでは、お互いに、自分にとって心地よい

8　2020年1月には国際協力機構（JICA）主催で「『技能実習生等を送り出す途上国』と『技能実習生等を受入れる日本』がともに繁栄する道筋を——外国人材の各国制度をとりまく状況と課題に関するフォーラム」が開催され、約130名が参加した（https://www.jica.go.jp/information/seminar/2019/20200116_01.html）。

ことしか受け入れられなくなってしまう。相手の「帰っていく先」を理解することと、自分の「ホーム」を理解してもらうことは、いずれも「いいところ（だけ）を受け入れあう」段階を乗り越えた先に見えてくる。

　あなたにとって「居心地の悪さ」を感じる相手に出会った時に、少し目線をずらしてみてほしい。相手にとって、あなたこそが「異文化」であり、フィールドとホームのギャップで混乱を生じさせている原因かもしれない。例外なく誰もが、誰かにとっての「異文化」なのである。だから、私たちの誰しもがそれぞれにとっての「ホーム」を意識的に「フィールド化」して、少し遠くから見つめ直す機会が増えることに意味があるのではないかと期待したい。技能実習制度が国際貢献か人手不足解消か、といった二元的な見方に囚われず、私とあなたの目の前にある関係性から始められることはきっとあるはずだ。出会った人たち同士の個人的な範囲にこだわり、小さな応答を繰り返しながら少しずつ理解を深めていくプロセスを割愛せずに辿ることは、相手の行動を「○○人だから」と一刀両断する見方を避け、かつ、自分自身の日常の見え方が少し変わるような豊かさを得られることにもつながるのではないだろうか。

主な参考文献

あいちの働く外国人白書2018編集委員会（2018）『あいちの働く外国人白書2018──ほんとはどうなの？技能実習生の今』一般社団法人DiVE.tv.

小國和子（2019）「地域性を観て、創る──外国人技能実習制度を活用したインドネシア若手農業者育成の試みを事例に」『開発学研究』第29巻第3号、2019年、日本国際地域開発学会。

外国人技能実習生問題弁護士連絡会（編）（2018）『外国人技能実習生法的支援マニュアル』明石書店。

坂幸夫（2016）『外国人単純技能労働者の受け入れと実態』東信堂。

田谷徹（2018）「農園たや技能実習生追跡調査2018」（内部資料）。

田谷徹（2016）「外国人技能実習制度×農園たや」（福井県国際交流協会主催「インドネシア投資・貿易セミナー」資料）。

西日本新聞社（編）（2017）『新 移民時代──外国人労働者と共に生きる社会へ』明石書店。

農園たや（2008-2018）内部資料（実習生出身村調査報告書、月間・年間レポート等）。

堀口健治（2017）『日本の労働市場開放の現況と課題——農業における外国人技能実習生
　の重み』筑波書房。

宮島喬・鈴木江里子（2019）『新版　外国人労働者受け入れを問う（岩波ブックレット）』
　岩波書店。

主な参照WEB

外国人技能実習機構（OTIT）ホームページ　http://www.otit.go.jp/（2019年12月5日
　DL）

公益財団法人国際研修協力機構（JITCO）ホームページ　https://www.jitco.or.jp/（2019
　年12月30日DL）

農園たやホームページ「農園たやのプロジェクト」https://www.nouentaya.com/project/
　（2020年1月12日DL）

総務省「関係人口　ポータルサイト」https://www.soumu.go.jp/kankeijinkou/（2019年
　12月31日DL）

日本農業新聞　2019年12月1日「農山村と関係人口『かかわりしろ』広げ育もう」
　https://www.agrinews.co.jp/p49369.html（2020年1月10日DL）

やってみよう

◆地図を介したコミュニケーション

　身近に外国人技能実習生がいる人は、ぜひグーグルマップで、その人の出
身地域を一緒に観てみてほしい。「鳥の目と虫の目」を意識して、町からの距
離や、どんな風景なのかを知ることは、相手の生活を想像する第一歩になる。
言葉があまり通じない時、可視化できるSNSは強い味方だ。地図を見て気に
なることがあったら、片言でも質問してみよう。あわせて、実習生の母語を
教えてもらう機会を持つことも、「肩越しに」彼らが生きてきた生活空間を知
るための第一歩になる。

　来日する前の日々の生活がどんな動きで成り立っているかがわかることは、
日本での毎日でどのような困りごとがあるのかに気づく手立てにもなるし、
相手にとっては、自分の出身地域を第三者に説明する機会があることで、「外
から見る」目を養う実践機会にもなる。

◆「質問すること」が拓く可能性

　この章で扱った、人に質問を投げかけて、互いの理解を深めていくような、身近なスキルについてもっと知りたい人は、次の本を手にしてみてほしい。かならずしも学者向けではなく、日常的なコミュニケーションの延長線上にある「問い」が、他者と自分の関係性や相互理解をどのように拓いてくれるか（逆をいえば、問いかけ一つによって、いかに相互不理解が起こり得るか）を、具体的なやり方で示してくれており、出版後10年を経ても、筆者が教える大学の学部生を始め、インドネシアの農村行政やNGO関係者にとってもわかりやすい一冊であり、複数言語に翻訳されている。

和田信明・中田豊一著『途上国の人々との話し方 —— 国際協力メタファシリテーションの手法』みずのわ出版、2010年。

9

ミッション型活動がつなぐ「当事者」とアライ

LGBT活動の実践を省察しながら

2014年のピンクドット沖縄でおこなったゲイカップルの結婚式（撮影：木下幸二）

砂川秀樹
すながわ　ひでき

　学術（博士）。明治学院大学国際平和研究所研究員。東京大学総合文化研究科超域研究科博士課程単位取得満期退学。1990 年から HIV/AIDS に関する活動や研究に従事。2000 年に東京レズビアン & ゲイパレードを実行委員長として開催した後、2000 年代の東京の LGBT パレードを牽引。2011 年に故郷の沖縄に戻り、沖縄初の LGBT プライドイベント「ピンクドット沖縄」を共同代表として成功させた。2016 年に東京に居を戻し、執筆講演活動をおこなっている。著書に『カミングアウト』（朝日新聞出版 2018）、『新宿二丁目の文化人類学』（太郎次郎社エディタス 2015）、編著に『カミングアウト・レターズ』（太郎次郎社エディタス 2007）、『パレード』（ポット出版 2001）。

1. 社会の作り直し

「レズビアン、ゲイ、バイセクシュアル、トランスジェンダー」の英語の頭文字をとったLGBTという言葉は、ここ5年ほどの間にすっかり日本でも定着した。2018年に出版された『広辞苑第七版』には、LGBTが見出し語として収録され、マスメディアでも大きな話題になった。また、同性カップルを施策の対象として認めるパートナーシップに関する制度が、2015年11月に東京都渋谷区、世田谷区で始まったのを皮切りに全国各地に広がっている。2021年1月8日現在、74自治体で導入され、日本の人口の約33%がそうした制度のある自治体に居住している[1]。テレビでは、ゲイが主人公のドラマが次々と放映されるようになった。中学高校では、性別違和のある生徒への「配慮」を主な理由として、戸籍上の性別にかかわらずどちらの制服も着用可とする方針を発表するところも増えている。

「当事者」も含め、こうした動きを「流行」と見る向きもある。確かに、マスメディアで取り上げられる頻度や情報の流通量に関しては、流行という側面もあるだろう。しかし、言うまでもなく、LGBTという言葉が充てられるようになる前から、同性を好きになる人や同性をパートナーとしながら人生を送る人、同性と性行為をする人、あるいは出生時に振り分けられた性別に性別違和を持つ人、それに基づき性別を移行する人などは、常にどこにでも存在してきた。ただ、これまでは、そうした人たちのほとんどが自分のそのような面を懸命に隠してきた。そして、それが当然とされてきた。しかも、隠すだけではなく、同性愛者でも異性愛者としての人生を選んだり、性別違和を持っていてもシスジェンダー（生まれたときに判別された性別に一致感を持ち、その性別で生きる人）として生きたりすることも多かった。しかし、多数者と異なる自分を肯定しながら生活する人が増え始め、自分のことを周りに伝えながら生きる人も増えてきた。それは、そうした人たちが市民、従

1　Marriage For All Japan調べ。大阪府が2020年1月22日から「パートナーシップ宣誓証明制度」を開始しているが、それ以前に大阪では、大阪市など5市がパートナーシップを導入していた。よって、自治体の数としては、大阪は府と5市が導入している形になる。人口は、大阪府だけを算入し重複しないように計算されている。

業員、消費者、児童生徒／学生などとして存在することを前提として社会が作り直されていく段階に入ったことを意味する。それが、「社会の作り直し」である以上、社会に属する誰もがこの変化に無縁ではない。

その社会の作り直しに、私はオープンリーゲイのコミュニティワーカー／アクティビストとして30年以上関わってきた。1997年に大学院に入学し文化人類学という学問分野に属してからは、ゲイバーが多く集まっている新宿二丁目で、どのようにゲイのコミュニティ意識が形成されてきたかを研究テーマにしてきた。その一方で、大学院博士課程在学中に「東京レズビアン＆ゲイパレード」の実行委員長を務めるなど活動も継続した。そのため、自分自身のそうした動きも文化人類学者として自ら振り返ることにもなった。その結果、市民活動と文化人類学的観察を往還しながら、実践し、観察し、また言語化するという行為の連続を生きてきた。

ここでは、そうした私の経験の中から、2011年に東京から戻り5年間住んだ故郷である沖縄でのLGBTの活動、特に「ピンクドット沖縄」というプライドイベントについて取り上げたい。プライドイベントとは、LGBTなどの性的マイノリティが、性自認・性別表現、指向性別[2]などの多様性を顕在化させ、それらに基づいた差別的、抑圧的状況を無くしていくことを求めるイベントを指す言葉で、世界各地で開催されている。

ピンクドット沖縄を私が実施しようと決断するに至った経緯、そして、決断してから、実現するまでには、「当事者／非当事者」という枠や地域を超えた様々なアクターの結びつきがあった。それは、私自身が意識して仕掛けたものもあれば、偶然に広がっていくものもあった。

しかし、いずれにせよ、このイベントは、私自身が開催を決意し共同代表

2　恋愛や性的欲望の対象となる性別は、性的指向と言われる。その表現の方が、元となっている英語Sexual Orientationの訳語として適しており、私もその表現も使用することが多いが、指向性別という表現の方が示されている事柄を指すには適しているのではないかと考えている。性的指向という言葉を使った場合、性的嗜好という表現と混ざりがちだが、LGBTの文脈で問題にされているのは、あくまで対象となる〈性別〉のことに関してだからだ（詳細は、砂川2018を参照）。

となったことから、当事者として自己言及性の高いものとならざるを得ない。あるイベント（事柄）が生起する場面は、その始まりから関わった者にしか見えず、また、そこから始まる社会変化と抵抗の動き、ネットワークの広がり方には、その中心部にいる者にしか見えないものがあることを、私は活動と研究の往還の中で確信してきた。その動きの始まりを誰かが目を向け記録することは、ほとんどない。だからこそ、何か動きをつくり、その始まりから参加するものが、省察し書くことには大きな意義がある。また、その記述は、運動への関心を呼び起こし、理解や共感を広げる力になるだろう。実際に動いている最中には必死で省察する余裕もなく、また記録できないことの方が多い。しかし、一定期間を経た後に振り返り書き残すことで、一つの実践からの学びを次につなぐことができる。その意味で本章は、プライドイベントの企画・実施者である私の体験と見聞に基づく現場グラフィーであり、次へのステップのための備忘録ともなっている。

　ここで強調しておきたいのは、こうした往還を経験できるのは、文化人類学者（や他の分野の研究者）に限られるわけではないことだ。また、私の経験はLGBTをテーマとした市民活動におけるものだが、ここでの記述は様々なテーマ、活動にも通じるはずだ。マイノリティ性が強いテーマは、その実践や経験がその中だけに囲い込まれがちだが、そうした囲い込む思考を外し、そのマイノリティの経験に学び違う実践につなげていくことが、「ダイバーシティ」時代を豊かに生きるための知恵となる。

2.　同じ色で意志を共有し表現

　「ピンクドット沖縄」は、2013年、私が開催を提案したのち、共同代表となり、LGBT当事者だけでなく、「アライ」（Ally）とともに実行委員会を結成し始めたプライドイベントである。アライとは味方、盟友を意味する英語で、私たちの運動のなかではLGBTとともに活動するnon-LGBTの人たちのことを指す。

　もう一人の共同代表は、沖縄で同性のパートナーと長らく生活をともにし

てきた宮城由香が務めた[3]。私は、1997年に地元の新聞「琉球新報」の記事の中でゲイであることを明らかにし、沖縄出身者として顔と名前を出した最初のオープンリーゲイだが、彼女は、初回のピンクドット開催後、やはり新聞を通して沖縄初のオープンリーレズビアンとなった。私と彼女が共同代表を務めるピンクドットは、2016年まで4回開催され、その後、新しい共同代表、実行委員会が引き継ぎ、2020年現在まで続いている。

　世界的に、プライドイベントの多くはパレードという形式をとるが、ピンクドットは、そうした多様性が認められる社会をつくっていく趣旨に賛同する人たちがピンク色のものを身につけ広場に集まるという形式をとる。

　ピンクドットは、2007年にシンガポールで始まった。その後、トロント、モントリオール、香港、台北など、各地で開催され、2018年にはソウルでも初めておこなわれた。シンガポールでこの形式でプライドイベントが始まったのは、同国ではデモでの政治表現ができず、また同性間の性行為が違法とされるなど、制度的にLGBTに厳しいことが影響している。しかし、2500人で始まったピンクドット・シンガポールは急速に拡大し、その後、数十万人規模の大イベントとなっている。ピンク色が選ばれた理由だが、シンガポールの国旗の赤と白が混ざった色だから、と創設メンバーの一人が語っている記事を読んだことがある。私たちは、平和と愛を象徴する色としての意味づけをおこない、世界的にレインボーフラッグとともに性的マイノリティの象徴として用いられるピンクトライアングルも意識した。ピンクトライアングルは、ナチスドイツ下で同性愛者たちが強制収容所に送られたときにつけられた印である。

　プライドイベントとしてパレードが世界各地で定着している中、新しく誕生したピンクドットが広がったのは、シンガポールの主催者が制作した動画の力が大きい。私自身、沖縄でピンクドットを開催しようと思ったきっかけ

3　本稿では、ピンクドット沖縄に関わった人たちを、本人の許可を得たうえで実名にしている。それは、活動に重要な役割を果たした人たちは、引用論文の著者の名前が記されるのと同じように、名前が記録されるべきであると考えていることが第一の理由である。そして、たとえ仮名にしたとしても、内容から周囲の人には誰のことかわかることから仮名にする意味がないと考えるからである。

は、2012年のピンクドットシンガポールの様子を映し出した動画と、参加を呼びかけるために2011年につくられたドラマ仕立ての動画を観たことだった。

　前者の動画では、多くの人がホンリムパークの芝生の上で楽しそうにくつろいでいる様子が映し出され、「母親を初めて連れて来ました」と答える当事者らしき若い参加者、「家族が、弟を応援していると知って欲しいから」と言う弟とともに参加した姉、子連れで参加し、「この子が大きくなったときには自由な社会であって欲しい」と語る若い母親の姿などが収められている。LGBT「当事者」だけでなく、その家族、友人らが多く参加していることがわかるインタビューだ。また、大きな舞台でのパフォーマンスの様子などからは、このイベントの規模の大きさ、演出、パフォーマーの質の高さがうかがい知れる。最後には、夜になり暗くなった会場で、カウントダウンとともに参加者がピンクライトを点灯し、無数のピンクのライトで埋め尽くされている会場が上空から映し出される。しめくくりに流れ参加者が合唱した曲は、シンディ・ローパーの「True Colors」だ。この曲は、彼女がゲイの友人のためにつくった歌であり、自分らしい色で生きることを勧める歌詞となっている。その歌に乗せて、その日参加した人たちの楽しそうな表情、芝生の上に座って寄り添う同性カップルの姿などが流れる。

　こうして広場に集まり、その場を共有し、同じ色を身につけることで温かく静かに意志を表明する方法に私は心動かされ、また、強い主張を嫌う沖縄で開催する初めてのプライドイベントは、パレードよりこうした形の方が合っていると思った。「強い主張を嫌う」というのは、その地で生まれ育った私個人の実感であるが、その感覚を地元の人に伝えて否定されたことはない。こうした地元感は、この活動を実行していくうえで重要だったと思う。

　もう一方の、参加を呼びかける動画だが、ピンクドット沖縄開催の前年につくられたものを観たとき、マイノリティの市民活動を進めていくときに重要な戦略として私自身が考えるようになっていたことと同じ視点があることに気づいた。

　その動画は日常の場面をいくつか切り取ったドラマになっている。学校か何らかの宿舎のロッカールームで、同性との親しげな写真を見られた男子学

生がいじめられている場面、姉の披露宴に参加した弟が家族から「あなたの番はいつ？」と言われる場面、男の子として生まれたティーンが隠れて化粧をしている場面といったものだ。そして、それを見た友人、姉、祖父らが、そうした生きづらさが無くなることを願う言葉をカメラに向かってつぶやくように語り、ピンクドットに参加する。つまり、「当事者」よりその周りの人たちに参加を呼びかけるつくりとなっている。この呼びかけ方法は、熟慮されたものだ。まず、第一に、「当事者」に集まることを呼びかけると、LGBTに厳しい社会では集まりづらい。そこに集まる＝「当事者」と見られるからである。しかし、「LGBTがより生きやすい社会を」と思った人に呼びかけるような動画にすることで、集まりやすくなる。これは、外見等でわかるわけではない、顕在化しづらいマイノリティ性を持つ人たちに共通することだ。特に、地縁血縁の強い、匿名性が保持しづらい社会ではそうだ。

　また、属性に向けて呼びかけるのではない、ということは、同じ「思い」を持つ人たちに呼びかけることになり、ミッションに基づき集まる／動くという一つの活動の型を形成する。ミッションとは、活動をおこなう際に軸となる理念や使命のことだ。ミッションを掲げ、その下に集う人で活動していくミッション型とも言える方法の重要性を、私自身は、東京でプライドパレードを主催した経験から強く意識するようになった。

3. アイデンティティからミッションへ

　私は、2000年に「東京レズビアン＆ゲイパレード」（2007年に「東京プライドパレード」と改名）を実行委員長として開催して以降、2005～06年、09～10年には、同パレードの母体となる「東京プライド」の代表を務めた。

　こうして、責任者として東京でLGBTのパレードを何度も開催する中で、難しさを感じたのは、「当事者」ではない人の無理解、無関心だけでなく、むしろ、こうした社会運動を嫌う「当事者」からの非難であった。「自分はゲイだが、そういうのは迷惑だ」「ゲイとして同じように思われたくない」といった言葉がゲイコミュニティ／ネットワークにいる私の耳に何度も入ってきた。ある意味、「LGBTの」イベントとして、その人たちによるその人

たちのためのイベントとして、アイデンティティを土台にすると、そのアイデンティティを持つ誰もがこのイベントの関係者と言えなくもない。しかし、どんな属性やアイデンティティの人たちの中にも意見の相違はあり、立場の違いがある。そのため、属性を土台にしようとすると、動きがとれなくなったり、それを実行する人たちが「仲間」から攻撃されているという感じに精神的に参ったりすることもある。

　私自身、そうした経験があり、次第に、アイデンティティや属性を土台に動くのではなく、あらかじめ目標、共通の意識を明確に掲げ、それに賛同する人に集まってもらうことが重要であることを意識するようになっていた。その方向性と、ピンクドットシンガポールの動画は響きあった。「当事者」か否かではなく、現在の社会状況をどう変えていきたいと思い動くのか。それは、属性の区分に関係なく、その問題の当事者であることを引き受けることでもある（本書全体として、社会問題は誰もが当事者であるという立場をとっているため、マイノリティの属性を持つ人たちのことを、この章では狭義の意味として「当事者」と記述している）。

　そうした意識から、私は、ピンクドット沖縄の説明を、「LGBTなど性的マイノリティがより生きやすくなる社会を目指す人たちが集まるもの」とした。そうしたミッション型であることを重視しながら組織化を始めたことにより、また地方では「当事者」が動きづらい現状もあることもあって、実行委員会の半分以上はLGBTではない人たちとなり、委員会外から積極的に支えてくれる人たちの多くもそうなった。マイノリティの活動の中で、当然「当事者」の経験や意見は重要であるが、そうではない人たちの参加がネットワークを広げ、多くの資源を動員し、また動きを活発にする。

　例えば、「当事者」が広告募集やパンフレット配布の協力の要請にまわる場合、そこでの無理解な言葉に出会うと傷つき、消耗しやすい。またそれを予期することで動きが鈍くなることもある。だが、「当事者」ではない人たちは、もちろん個人差は大きいが、直接自分が否定された感じを受けることなく次々と交渉していくことが可能になる。

　そしてまた、「当事者」が普段の生活の中で自分のことをオープンにしていない場合、活動に参加していることが知られることで、自分が「当事者」

だと思われることへの恐れがある。実際に生活していくうえでリスクが伴う。そのため、こうしたイベントへの協力を要請したり、広報したりする際、自分の普段の人間関係、ネットワークを活用できない。よって、いかに、その問題をしっかり理解したアライが参加し、それぞれの様々なネットワークを活用するかが、イベントを成功させたり、社会を変えていったりする動きの重要なポイントとなるのだ。

　ピンクドット沖縄では、最初の実行委員会の結成の段階から、私と宮城が共同代表を務めた最後である4回目まで、アライとして活動の中心を担った人物が何人かいる。そのうちの一人、山城彰子は、多くの友人を巻き込むことで、200軒以上のショップ／飲食店等からパンフレット配布への協力を取り付けた。また、彼女は、嘱託職員として働いていた職場の関係者や知人らにも、このイベントに関わっていることを伝え、ピンクドットの宣伝キャンペーンへの参加をうながした。それは、彼女自身の人間性によって形成されていたネットワークの広さ、行動力によるものであることは言うまでもないが、アライという立場の強みがあったことも見逃せない。

　もう一人、同じように4回のピンクドット沖縄を中心的に支えたアライに、佐脇広平がいる。彼は、2012年から2年間、私が個人で運営していたコミュニティスペース「GRADi」で開催した連続講座「コミュニティ心理学」への参加者であった。この講座は、私の沖縄でのLGBT関連の活動をともにおこなっていた大嶺和歌子（臨床心理士）が講師を務めたものだった。彼女もジェンダー問題に関心を持つアライの一人であった。その講座の最後の回で、私が、先述したシンガポールの動画を紹介し、「いつか沖縄でピンクドットをやりたいんですよね」と言ったとき、「やりましょう」と即座に声をあげたのが佐脇であった。その声に、私の背中は押された。彼は、琉球大学入学のため神戸から沖縄に移り住み、その後NPO団体などでの活動経験を持っていた。そうした彼の社会問題への関心の高さを知っていた、私と彼との共通の友人の勧めで、彼は講座へ参加していた。彼がゲイであったなら（特に地元出身のゲイであったなら）、おそらくイベント開催を推す声は挙げなかっただろう。それは、自分がゲイであることを知られることへの恐れに加え、地方のゲイの指向性別の不可視化志向の強さを実感しているためオープ

ンなイベントの開催には慎重になりがちだからだ。

　こうしたアライの実行委員の動きがピンクドット沖縄の動力となった。もちろん、アライの動きだけが目立ち、「当事者」の顔が見えなかったとしたなら、それはマイノリティ運動としての訴求効果は低く、何より、その運動の正統性は担保できないだろう。一枚岩ではなく、立場は様々であることが前提であるが、「当事者」の経験を基盤にする必要があることは言うまでもない。しかし、一枚岩ではないという前提と、「当事者」経験を基盤にするということを合わせるとき、ときに違う「当事者」経験、意見によって裂かれることもある。それを避けるためにも、ミッションが重要となる。様々な「当事者」の意見と経験、実現したい社会像がある中で、どれを選びミッションとして動いていくか。そして、常にどれかを選ぶ決断をおこなう中で、選んでいる意識を明確に持つこと、なぜそれを選ぶのかという理由を確認し続けることが重要だろう。「ダイバーシティ」を意識するということは、社会全体の中でのマジョリティとマイノリティの違い、関係性だけを意識するのではなく、マイノリティの中の（もちろんマジョリティの中にもある）多様性も意識することだ。

　ここでは属性からミッションへという視点で、自身の活動の経験の流れを省察しながら記述したが、活動が広がっていく流れには、ミッションだけでは収まらない部分があることも確かだ。その収まらない部分を、ミッション外のものとして切り捨てるのではなく、うまく接合しながら進めていくことで、マイノリティの運動が、「意識高い」人にだけではない広がりを作り出す。私は、そのミッション外のものを、方向性が大きく異なる二つに整理している。それは、経済的メリットとなじみ感である。

4．経済的メリット──企業を動かす戦略として

　ピンクドット沖縄を始める際、スポンサー募集用の企画書を作成するにあたり私が強調したのは、世界に数十万～最大二百万規模のプライドイベントがあり観光資源ともなっていることや、欧米を中心にLGBTを対象としたツーリズム企画が活発になっていることであった。つまり、このイベントを

写真1　2016年のピンクドット沖縄の一コマ。スポンサーとなったJAL/JTAが用意した撮影用のフレームを使って撮影しているのは、ピンクドット沖縄に参加するためオーストラリアから来たゲイカップル。

育てていくことが、沖縄の観光業にとって大きな経済的利益になるというアピールである。

そして、この企画書を持参し、沖縄の観光を推進する「官民一体型」の一般財団法人・沖縄観光コンベンションビューロー（OCVB）に後援名義使用の申請をおこない、企業への営業をおこなった。その結果、初回からOCVBの後援名義を得ることができ、後に沖縄でLGBTに関する活動のキーパーソンとなっていく高倉直久が代表取締役社長として経営するホテル・パームロイヤルNAHAがスポンサーとなった。また、こうした流れで、第4回目には航空会社のJAL/JTAがスポンサーとなった。航空会社が日本のプライドイベントのスポンサーとなったのはこれが初めてであることを考えると、観光とプライドイベントを関連づける方向性は理解を得られたと言えるだろう（写真1）。

LGBTに対しては、いまだに「個人的で性的な問題」「隠すべきこと」と考える人が多く、活動が活発でない地域ではその傾向が強い（異性愛も含め、指向性別に関することは性的な部分もあるが、それも含みながら、人が生きていくことそのものと関連する問題である）。そうした中、立ち上がりの段階から企業などの社会性の高い組織を、ミッションだけで動かすのは難しい。よって、それに賛同を示すことの企業としてのメリット、それを盛り上げていくことの経済的意味を示す必要性を、私は東京でのパレードの経験と、海外での活動の様子から学んでいた。そして、私は、観光立県を謳う沖縄では、観光と結びつけることが効果的であろうと考えた。

ただ、ここで強調しておきたいのは、そう学び、考えたのは、私個人に内在する「力」ではなく、そうした世界の動きの中に身をおくアクターの一人だからだ。自己省察をおこなうには、自分が社会の中で構成されてきたこと、構成されていることへの視点を持つことが重要と私は考えている。それこそ

が、フィールドワークやエスノグラフィーにより要請される／養成される重要な視点と言えるのかもしれない。

　実は、マイノリティ運動の中では、こうして企業的な論理に合わせていくことへの批判も根強い。その論理では、結局はお金を持つ人たちだけを優先することになりかねないからだ。しかし、私は、そうした企業論理を「利用する」ことを選んだ。もちろん、そうした論理を退け、違う方法を選んでいく方法もある（さらに、同じ人物、組織が相反する論理や方法を用いることもありえる）。ただ、ここで意識しなければならないのは、繰り返しとなるが、たくさんある議論や意見の中で何かを選んでいることへの意識である。

　そして、ミッションという枠から外れる部分でのつながり、動きのもう一つの方向性が、「なじみ／親密感」とも言える部分だ。

5.　「なじみ」によるつながり

　ピンクドットでは、行政機関、企業、マスメディアといった様々なセクターとのつながりが大きな役割を果たしたが、行政機関では、「なは女性センター」の存在が大きかった。ピンクドットを始めるにあたり、同センターの職員へ説明し協力要請をしたが、彼女らは、こちらの依頼を待つ形だけではなく、那覇市への共催名義の依頼など、主体的に動いた。当時、主幹であった当山浩子は、ピンクドットがファンドレイジングのためにつくった缶バッジなどを、役所内でのつながりや集まりで宣伝し販売した。彼女が役所内での立場を超えて協力してくれたことが、市行政機関内での広がりをつくることになった。こうした動きが可能となったのは、同センターが2000年から毎年、私の帰省に合わせて私の講演を企画してくれており、関係性があったことだ。しかも、役所の正規雇用の職員は3年ほどで異動するのが通例だが、同センターがスタートしたときに雇用された人たちは任期のない嘱託職員だった（その後、任期制の採用に変わっている）。それにより、やりとりを繰り返し、講演の度に顔を合わせ、講演終了後の交流会で飲食をともにする機会を重ねることでできた信頼関係が継続した。また、彼女たちは、私の講演を聴くことで、LGBTなどのセクシュアリティに関する知識も深めて

いった。そして、定期的に入れ替わる正規雇用の職員と私との橋渡し役でもあったことから、職員の異動に伴いゼロから関係構築と知識のインプットを始める必要がなかった。そのおかげで、同センターと私の間にはなじんだ関係性があった。

　また、地元の企業との最初のつながりをつくってくれた人物に、私の高校時代の友人であり、翻訳通訳に関わる会社「アンテナ」を経営している石原地江がいる。彼女とは、高校時代の同級生との集まりで数十年ぶりに再会し、そこでこうした動きについて説明したことから、関わりが始まった。彼女は、地元の経営者の集まりに声をかけ、関心を持ってくれた人を紹介してくれ、また、OCVBとの橋渡しもしてくれた。そして、地元の新聞の取材を受け、会社の社員総出で紙面に登場し、これはこの活動が当事者だけでない広がりを持っていることを示す効果があった。

　その記事の中で、彼女は、高校時代の私を振り返り、ゲイであることによりつらい思いを抱えていたのではないかと思いを馳せて語っている。これらは、ある意味で「なじみ」感を土台にして、ミッションへ賛同していく形とも言えるだろう。

　もう一つ、とても小さなエピソードだが、私が象徴的に感じている手助けもあった。それは、3回目（2015年）のピンクドット沖縄の前夜祭として開催したゲイ向けのクラブイベントでのこと。その前日の打ち合わせで、三人の大柄な男性三人のパフォーマーが踊るためのステージ、「踊り台」が必要という話になった。しかし、あまりも急なため業者に依頼して間に合うはずもなかった。頭を悩ました結果、私が決断したのは、義兄―― 2005年に亡くなった私の姉の夫――に助けを求めることだった。彼は、個人で建築や内装関係の会社を経営しているからだ。しかし、実は、彼にこうした頼みごとをするのは、私にとってはとても難しいことであり、思い切りが必要だった。彼は人当たりの良い義弟思いの義兄であったが、私がオープンリーゲイとしてLGBTの活動をしていることには共感があるように感じたことはなく、会話から彼のジェンダー観を知ることで、LGBTに対してネガティブな考え方を持っているだろうと想像していたからだ。指向性別や性自認・性表現にマイノリティ性を感じているものには、そうした感触から家族や親族と距

離をとるものが少なくない。それは家族、親族の中でもマイノリティとなる属性の持つ特徴だろう。しかし、このステージの依頼をしたとき、彼は快く引き受けてくれた。それは、このイベントのミッションに賛同しているからではなく、義理の弟が「がんばっているから」「困っているから」という思いからと私は感じた。イベントが、その中で動く者が持っていた、地縁／血縁、職場関係などをきっかけにつくられていた「なじみ」の関係性、親密感／親近感を持つ関係性を再編するかのようにつなぎ、相手の感情を動かし動員する働きをもたらしたのだ。

6. 交差する動機

　ミッションと利益と「なじみ」は方向性が違うものの、必ずしも区分できるとは限らず、交差することも多い。先に名をあげたホテル・パームロイヤルNAHAの高倉の存在は、まさにそれを体現しているかのようだ。彼は、私と宮城が共同代表を降りた後のピンクドットの共同代表であり、アライの経営者として、観光やビジネスとLGBTに関するテーマで講演をおこなっている。彼は、「レインボーアイランド構想」を掲げ、沖縄をLGBTフレンドリーにするという目標を掲げている。彼は、これから沖縄の観光業を率いていくであろうと期待されている若き経営者だ。よって、そうしたミッションを掲げる背景には、観光業に関わるものとしてのホスピタリティ精神だけでなく、沖縄の観光業を盛り上げていくというメリットへの視点もあるだろう。そして、また、逆にミッションやメリットで動く土台には、LGBTに対する「なじみ／親近感」もある。（写真2）。

写真2　2016年のピンクドット沖縄の会場。左手に見えるのが、高倉氏の経営するホテルである。ピンクドットの開催に合わせて長いレインボーフラッグを発注し、掲げている

彼がLGBTの活動に関わるようになったきっかけは、私が、あるゲイの紹介でピンクドットへの協力を要請したことだが、自身の経営するホテルがゲイバー街の近くにあることから、顧客にゲイが少なくないことを感じていたこと、友人にゲイがいたことなど、以前より、ゲイに親近感があったと言う。

　また、アライとして参加するそれぞれも、ミッションだけで動くわけではない。実行委員として中心を担った山城は、自分の高校時代の仲良しグループの一人に、もしかしたらLGBT（のいずれか）のマイノリティ性を持っていたのではないかと思う人がおり、卒業後連絡が途絶えたことを気にしていた。そして、佐脇は、性別違和ではないが、男性に期待される性別役割などへの居心地の悪さを感じていた。そういう意味では、二人も（他のアライも）この問題を自分の問題の地続きにあるものとしてとらえている。そこには、「誰もが当事者」という意味を超えた当事者性がある。それは、「節合（articulation）」された当事者性と言えるかもしれない。節合とは、分節されることと同時に接続されることも意味する言葉だ。つながることは、同時に差異が意識されることでもある。モノとモノをつなげるのと違い、おそらく人と人は、つながり面が消えるときもあれば際立ち始めるときもある。

　ある意味では、メリットを見出すこともなじみの関係性も、当事者性と言えるのかもしれない。こうした、当事者／非当事者性という区分を超える当事者性のつながりが、ダイバーシティをめぐる問題への取り組みを広げていくのだろう。

7. 行き来するということ

　最後に、ピンクドット沖縄でおこなった具体的な宣伝戦略などについて記しておきたい。まず、常に意識したのは、マスメディアに掲載されやすい形での宣伝活動だ。例えば、ピンクドット沖縄のプレイベントとして、レインボーバレンタインと銘打ったキャンペーンをおこなったことがある。これは、オリジナルパッケージで「チロルチョコ」をつくれるサービスを利用したもので、寄付金を募り、レインボーデザインのパッケージのチョコをつくり、

街頭で配布するというキャンペーンだった。こうした「絵になりやすい」（「インスタ映え」するような）宣伝キャンペーンを実施することで、マスメディアが取り上げやすくした。

　また、SNSでは、日本語だけでなく、英語、中国語で発信した。それは、観光資源になることをアピールして企業等を巻き込んだからでもある。それにより実際に、世界各地のLGBTイシューに関心のある層にアピールすることができた。フェイスブックで最もアクセスの多かったのは、ピンクドットの発祥の地、シンガポールからであった。また、イギリス、米国、シンガポールに拠点のあるLGBT関連のニュースサイトでも紹介され、スペイン語、韓国語で紹介するサイトも登場した。

　こうしたマスメディアやSNSで掲載されるときにも、ビジュアル素材が重要になる。シンガポールのピンクドットが動画により世界に広く知られたことからもそれは明らかである。もともとピンクドットは、ピンクを身につけた人たちが集まっている様子を写真や動画におさめ発信するものであるため、そうしたビジュアル展開を要としていた。そうした写真を見た人が、「当事者」も含めて来たいと思わせる工夫が必要となる。そのため、私は、LGBTの中で最もコミュニティが発達しているゲイへのアピールをまず考え、ゲイアイコンとなる人が写真に写るように工夫した。また、第二回のピンクドットのときにおこなったゲイカップル（カナダで結婚している沖縄出身の金城一樹さん、米国出身のハロルドチャペットさん）の人前結婚式の様子は、「素人」がつくったものにならないように、結婚式の動画作成のプロに撮影と編集を依頼し、その短い動画をSNSで公開した。この動画は、同性カップルの仲睦まじい姿とともに、イベントの楽しそうな様子を観る人に分かりやすく伝えるツールとなっている。

　そして、沖縄では初めてとなるプライドイベントを実現するためには、広い範囲から人的、資金的資源を集める手段を意識せざるを得なかった。こうしたイベントに関わった経験のある人がいない中、私が東京で活動する中で築かれたネットワークから、東京など県外在住の友人、あるいは県外出身で沖縄に移住した友人にも実行委員に加わってもらい、重要な実務を担ってもらい、それが大きな下支えとなった。また、第二回目から四回目までクラウ

ドファンディングに挑戦し、全国各地から資金提供を受け、三回のうち二回目標を達成させることができた。当時、沖縄ではクラウドファンディングはほとんど知られてなかったこともあり、この挑戦自体も大きな宣伝効果をもたらした。

ピンクドット沖縄には、ミッションを共有しながら、またそれまでのなじみ関係を巻き込みながら、「当事者／非当事者」という区分を越えていく動きとともに、地域も越え、人的、資金的資源においても地域を越える越境がある。また、ピンクドット沖縄自体が、シンガポールの動画に刺激され、学び、始まったもので、さらに自分たちもまた世界に向けて情報を発信していく、という情報の越境の中にあった。

しかし、越境とは「境なんてない」と言うことではない。実際には、社会的に力を持つ、あるいは意味を付与される境が常につくられている。また、「当事者」が傷ついたり、リスクにさらされたりすることを避けるために、自分にとって大事なこと（LGBTに関しては指向性別や性自認など）を「隠し」たり、距離を保つ形でも境はつくられてもいる。その境の形成は、マイノリティの生きる術でもある。よって、越境は、差異、力関係を意識しながら、それを意図的に越えようとすることである。だが、越えるという行為は一度で完結するわけでもなく、完成形があるわけでもない。行き来を経験することである。

それは、ちょうど、私自身が、社会への働きかけを実践する活動家と、自分をも俯瞰する研究者を往還するのと似ている。そのことになぞらえて言うならば、越えて俯瞰したあとに元のポジションに戻り実践する私は、行き来する前の自分とは違う目を持っている。それと同じように、「当事者／非当事者」の行き来をした人は、違う自分を経験するはずだ。そうした、違った自分になる経験が文化人類学のフィールドワークの重要な一側面であり、それを意識していく作業がエスノグラフィーを書くということなのだろう。

しかし、文化人類学の研究者でなくとも、そして、実際にはフィールドノートを書かず、厚い記述をしなくても、非日常の時空間と日常生活の場を行ったり来たりしてみること、つまり越境を意識して動くことで、今まで見逃してきたもう一つ別の世界の在りようが立ち現れてくる。それは、社会の

成り立ちの多様性への新しい気づきと思考を生み出し、さらに、多様性を意識した「社会の作り直し」のための新しい動きをもたらすことだろう。

主な参考文献

ピンクドットシンガポールの動画
　2011：SUPPORT THE FREEDOM TO LOVE
　　https://www.youtube.com/watch?v= FrIB5Ojbqns
　2012（ピンクドット沖縄で字幕をつけたもの）
　　https://www.youtube.com/watch?v= JVonUiOtkUc
　2013：HOME　https://www.youtube.com/watch?v=S1dQCsfEJ5o
ピンクドット沖縄 2014 年の動画　https://www.youtube.com/watch?v=D27IZ7GHuf4
砂川秀樹（2018）『カミングアウト』（朝日新書）

やってみよう

　全国各地で、主にパレードという形でプライドイベントが開催されている。札幌レインボープライド、青森レインボーパレード、岩手レインボーマーチ、仙台プライドジャパン、埼玉レインボープライド、東京レインボープライド、名古屋レインボープライド、レインボーフェスタ和歌山、関西レインボーパレード、明石プライドパレード、丸亀レインボーパレード、福岡レインボーパレード、ピンクドット沖縄など、大都市以外での開催も目立っている。どのイベントも、誰でも参加できるものとなっているので、近くのパレードの開催予定を調べて足を運んでみてはどうだろうか。

10

実務が変わる、
人生観が変わる

フィリピンで台風被害を受けた人々への食糧支援にフィールドワークを活かそうとする
（2014 年 10 月 17 日撮影）

堀江正伸

ほりえ　まさのぶ

　博士（学術）。大学卒業後、就職した会社でた
またま ODA 案件の担当となったことで国際協力
の現場に触れる。その後、国連世界食糧計画へ転
職し、インドネシアやスーダンで勤務中にフィー
ルドワークを行う。兵庫県にある武庫川女子大学
教員となった 2017 年からは、再びインドネシア
にて「既に取り残された人びと」の生活より、
SDGs の有効性や意義を考察している。

　主な著書に『人道支援は誰のためか──スーダ
ン・ダルフールの国内避難民社会に見る人道支援
政策と実践の交差』（晃洋書房 2018）、「SDGs が
目指す持続可能な社会」山田満編『新しい国際協
力論』（明石書店 2018）、「ダルフール紛争におけ
る国内避難民支援と遊牧民」小泉康一編『難民を
どう捉えるか──難民・強制移動研究の理論と方
法』（慶應義塾大学出版会 2019）。

1. 私とフィールドワーク

　本章は日本で生まれ育った筆者が、国際協力関係の実務を行うにあたり
フィールドワークをしながら異文化のなかで暮らした記録である。具体的な
エピソードは、もう20年以上前に会社員としてタイに駐在した時点から始
まる。その後、人道的な食糧支援を任務とする国連世界食糧計画（World
Food Programme：WFP）へ転職し、インドネシアの西ティモール、スーダン
のダルフール、フィリピンのミンダナオ、イエメン、アフガニスタンと勤務
した。

　企業やWFPでは「勤務地の人びと、文化を理解することが大切」といっ
た文言を頻繁に耳にした。相手を理解することが大切なのは、何も海外勤務
に限ったことではない。国内外、職種を問わず、対人関係が基礎である仕事
であれば、相手を理解することの重要性は同じなのではなかろうか。私も各
所でその場所の人びとや文化を理解することに努めたが、いつも成功したわ
けではない。結論を先取りしてしまうと、やみくもに相手を理解しようと相
手に合わせようとするより、むしろ相手社会で自分が果たせる役割を見つけ
て行動した方が良い関係性を築ける場合がある。私はその役割を、フィール
ドワークを通して見つけていった。

　本章のフィールドワークの事例は、インドネシアとスーダンで実務の合間
に趣味的に行ったものである。私がフィールドワークで観察した人びとや社
会は、私が担当する支援事業や私の存在を原因として変化はするだろうが、
そんなことがあろうとなかろうとその場に存在する。そう考えると、変わっ
たのは現地の人びとや社会より、フィールドワークを行っていた私の他者理
解や私自身であったようにも思える。そこで本章では、異文化で暮らしなが
ら実務をすると同時にフィールドワークをすることで、自身にどの様な影響
があったかを考察することを目的とする。

　異文化と言えば、昨今日本においてダイバーシティという言葉が多用され
ている。ダイバーシティという単語が日本語で使われる際「多様性」という
意味に加え、これからの社会のあるべき姿であるかのように使われる。さら
に言えば、最近唱えられているダイバーシティは、マジョリティ側がマイノ

リティ側に配慮するという意味合いで使われている気もする。本章に記す私の経験はそれとは違った状況、つまり異文化のなかでマイノリティとして生活しつつも、途上国における日系企業の社員あるいは国連職員という、ともすると権力側の人間として得たものである。この、ある意味偏った境遇に身を置いた経験の振り返りが、日本でのダイバーシティ実現の一助となれば幸いである。

2. タイの「日本人コミュニティ」を飛び出して 住んでみた

　私は、入社4年目にタイのバンコクへ転勤を命じられた。フィールドワークを行ったのはその後にWFP職員として駐在したインドネシアとスーダンであるが、初めにバンコクでの出来事に触れておきたい。それは、バンコクでの勤務は私が異文化に身を置いて実務を行った最初の体験であり、前節で触れた自身の変化と関連するからである。

　バンコクへ転勤を命じられた時、海外勤務を希望していたわけでもない私は落胆した。しかし周囲のタイ勤務経験者が「タイはいいところだ」と口を揃えて言うのを聞き、多少気分も上向いた。同時に皆が言うのが「タイで日本と同じように仕事をすると嫌われる。彼らの文化を理解することが重要だ」ということだった。

　タイへ到着した日、空港からの高速道路を降りたとたんガタガタの歩道、斜めの電柱に無秩序に張られた電線等が視界に飛び込んできて、途上国と呼ばれる場所へ初めて赴いた私は正直驚いた。しかし、多くの新たな出会いは刺激的で、私は急速にタイ生活に慣れていった。職場においては当時20代で独身の私は日本人のなかでも明らかに異質な存在であり、最初は様子を窺っていた同世代のタイ人職員は、2か月もすると食事、ショッピングなどに誘ってくれるようになっていった。一方、日本人は、タイ人を理解することの大切さを唱えながらも、タイ人とは距離を置いているように見えた。この際、誰も体験したことのないレベルでタイを知ろうと思った私は、会社に内緒でタイ人の同僚と同居してみることにした。

当時バンコク駐在の日本人は大抵スクムビット通りに住んでおり、私も当初はそうしていた。しかし、タイ人と同居を始めた家は、ラープラオという地域にある急ごしらえの家々が密集している地区にあった。居候させてもらった家には、地方からの出稼ぎ者を家長とする4世帯が同居していた。当初は住むに堪えないと考えた場所も、2、3か月もすると周囲が醸し出す下町感がすっかり気に入り、近隣の人と立ち話をしたり、休日の夕方に路地のどこかで開催される飲み会に参加したりしていた。おんぼろバスも乗りこなし「日本人駐在員で自分ほどタイ人の生活を理解している人はいない」と少し天狗になっていた。事件が起きたのはそんな折だった。

　ある日、同居人と些細なことから言い合いとなり、それはやがて私が人生で経験した喧嘩のなかでも大きなものの一つとなった。恥ずかしいが思い切って内容を簡単に紹介すれば、私は不機嫌になる友人に「金をくれる日本人にはいい顔するくせに、金をくれない奴にはそういう態度なんだな」と言ってしまったのだ。相手も激高し、それから一週間は口もきいてもらえなかった。この経験は、タイ人のことが理解できたつもりでいた私を落ち込ませた。

　私がやみくもにタイ人社会に飛び込んだ背景には、タイ人を理解することの重要性を強調しながら彼らと距離を置く日本人を見て、不思議に思ったからである。しかしタイ人はそうした日本人の態度を気にすることなく、自分の益を最大化するためにうまく日本人と共生することばかりを考えているように見え、私はもやもやした気持ちを抱えていたのである。うわべでは両者を讃えつつ、本質的にはお互いが利用し合っているとも見える社会に一石を投じようと、私はタイ人しかいない場所へ飛び込んだ。その結果、皮肉にも自分自身が「私は先進国の日本出身」という意識を確実に持っていることを知ったのである。逆を言えば、日本で暮らしていると、自分のなかに無意識にある、マジョリティとしての前提に気づく機会が殆どなかったということでもある。

　最初の海外勤務において、タイ人と日系企業に勤める日本人双方との関係作りで遭遇した壁を越えられなかった私は、次第に、さまざまな国の人が同じ土俵で仕事をしている国連という組織に興味を抱いていった。もちろん国

連の業務は、タイでの仕事を通して長期間にわたって発展途上国の前進に貢献する仕事がしたいと考えるようになっていた私に魅力的なものであった。

3. 週末フィールドワークで見えた農村のリアル （インドネシアにて）

　WFPに転職して最初に赴任したのは、インドネシアの西ティモールだった。ティモールと言うと大抵の人は2002年にインドネシアより独立した東ティモール民主共和国を想像する。しかし、私が赴任したのは同じティモール島の西半分で、インドネシアのヌサ・テゥンガラ・ティムール州（NTT州）の一部である。

　国連の食糧支援と言うとアフリカなどで行われる大規模で「無差別的な」ものを思い浮かべる読者もいるだろうが、西ティモールで行った支援はそのようなものではない。当時西ティモールでは、気候変動による降雨の減少、人口増加などの要因が重なって食糧不足や栄養失調が問題化していた。このような状況を食い止めるために、WFPは西ティモールで二つの事業を運営した。一つ目は栄養失調に陥った子供たちに栄養補助食を支給すること、二つ目は農村で住人自らが農業生産性を向上させる施設を作り、労働の対価として食糧を支給するフード・フォー・ワーク（FFW）と呼ばれる事業であった。私は後者を担当した。

　西ティモールでのFFWは、NGOとともに行うこととなっていた。NGOが村々へ出向き、村人の意向を聞いてWFPへプロジェクト提案書を提出、その後WFP職員が現地に出向き、提案書の内容を確認、承認し、実行するという流れであった。開始そうそう多数のNGOがWFPにプロジェクト提案書を持ち込み、さいさき良いスタートの様に見えた。

　FFWは一つの周期を3か月とし、村々で実行する個々のプロジェクトはその期間内に終了するものを想定していた。WFP職員はプロジェクト実施中、村々を巡回し進捗をモニタリングする。FFWは村人に歓迎され、多くのプロジェクトを通して生産性が向上するだろうと考えていた私は、最初の周期のモニタリングで問題に気づいた。実現不可能な提案や、いい加減なプ

ロジェクトに村人が「動員」されているケースが多発したのだ。村人に「どの様に実現するのですか」と質問しても、微笑むばかりである。村人は支援を喜んで受け入れてはいるものの、プロジェクト自体を喜んでいるのではなく、むしろ手っ取り早く食糧を入手することにのみ関心を抱いているように見えた。

　同じころ、私は西ティモールに駐在していた日本人を通してフィールドワークというものを知った。彼は大学の博士課程で人類学を専攻する学生で、西ティモールの山中からNTT州州都のクパンへ出稼ぎに来る「貧農」について調査をしていた。彼は、クパンや山奥の村々での調査についてよく私に話してくれた。しかし、正直に言うと当時の私には、彼の仕事の意義が分からなかった。私の仕事には「人びとの貧困、飢餓を軽減すること」という明確な目的があるのに対し、「ただ他者を観察して理解しようとする」彼の仕事に生産性を感じることができなかったのである。

　その一方、彼の学問に対する姿勢はろくに勉強をしたことがない私には新鮮だったし、彼が夜な夜な野帳に記した情報や、大量の写真を整理するエネルギーに圧倒されてもいた。そして、FFWが直面していた問題を解決する知識を得ようと、仕事をしつつ通信制の大学院で社会開発について学んでみようと考えるようになった。正直最初は理解不可能であった人類学者であったが、彼のように見るものに意味を見出そうと村々を訪れれば、そこから得られる知見はFFW運営に有益だろうとも思っていた。早く言えば、感化されたということだろう。

　西ティモールの現場にいながら入学した大学院の教員の一人は人類学者で、人類学者に感化されて勉強を始めた私にはもってこいであった。研究を通して一番解明したかったのは、村人が突然外部からやって来る支援をどう受け止めるのかということであった。

　実務を行いながら進める修士研究のフィールドワークは、プロジェクトのモニタリングで訪れた際に比較的住人と話が弾んだブラエン村で行うこととし、村人も時々私が訪問することを了承してくれた。1泊でクパン市から行き来できる点も、実務も行う私には好都合だった。

　フィールドワークの最初の難関は、村人に実務と学業のための訪問は趣旨

が違うということを理解してもらうことだった。村人の支援に関する考え方や生活をありのまま知るために、実務と学業を分離することが重要だと考えたのである。私は週末にブラエン村へ一泊で訪れるという生活を始めたのだが、交通手段としては例の人類学者の真似をして125ccのバイクを利用した。バイクで行くことで少しでも村人に「今日はフィールドワークで来ました」とアピールしようと考えたのである。

　そうした私の希望とは裏腹に、いつまでたっても私は村人にとって「支援者」のままだった。ブラエン村では、村人の家に泊まらせてもらいながら、村の歴史や農業の様子などを聞き回ったのだが、訪れる各所においてどう考えても過剰な接待をしてくれるのだ。私が特段リクエストしなくとも、私がさも「FFWで改善しましょう」と言いだしそうな場所にばかり案内したり、FFWで何が実現できるかも熱心に説明したりもした。今から考えれば、同一人物の訪問の目的を区別し難いのは当然だろう。

　しかし、フィールドワークを続けるにつれ、私は「支援者」でなくなることに関心を払わなくなっていった。そもそもフィールドワークの目的は村人の支援に対する考え方を理解することであり、支援者に見せる言動にこそそれが示されていることに気づき始めていたのだ。それと同時に、実は実務、学問の区別より、何度もブラエン村へ通ううち、真似事ながら自分が村人と同じことができるようになることに興奮していた。私が水汲み、牛の世話、農作業など新しいことを習得していく過程を村人は肯定的に捉えていたのか、村での生活に必要な「技」を次々に教えてくれた。そうした知識は実務で他の村を訪れた時にもすこぶる有益だった。村人と話す時、どの様な農具を使っているのか、どの様な農作物をどの様に作っているかを、臨場感を持って理解できるようになっていったのだ。私は、フィールドワークを続けるなか、さながら村人に遊んでもらいながら、新たなスキルを会得しているような気持ちだった。実務、学業の区別ができなくなったのは、実は私なのかもしれない。

　逆に村人が私の行動のなかで関心を示したのが、写真撮影であった。当時、すぐに画像が確認できるデジタル・カメラは普及しておらず、村人は小さな画面に映し出される自分たちの姿を興味深く眺めていた。そこで私は村中を

歩いて、積極的に家族の写真を撮って回り、クパン市で大判に現像し、次週に村人へ届けに行くということを続けた。村人は私が写真を撮り現像して配っていることを知り、次々に「俺の家にも来てくれ」と誘ってくれた。そしてある日私は大きなことに気づいた。家に誘ってくれた人びと全員が支援の受益者となってはいないことである。事業の前提は、住民全員の参加だったにもかかわらずだ。何が参加、不参加を分けているのかということが、私には気になった。

　そこで非参加者に「この村にWFPの事業あるのは知っているよね、なんで参加しないの」と聞いてみた。また参加者にも「なんであの人たちは参加しないの」とも聞いてみた。その結果、徐々にではあるが村がいくつかのグループで形成されており、お互い対立はしていないものの、村はWFPで事業計画を担当した職員や私が想定したような一つの塊でないことが分かったのである。

　このグループ分けの基本は、元々の出身とのことのようだった。村人はブラエン村に住んではいるが、耕作地は村から離れたいくつかの場所にある。この理由を村人は、出身地から移動させられて、ブラエン村に住んでいるからと説明する。移動させられた当時は伝統的統治における「王（ラジャ）」がそのまま現代的統治における郡長（チャマット）になっているケースが多く、チャマットは移動を拒む人の家に火を放つほどの強権ぶりだったと話してくれた。これは1979年に施行された地方統制の強化を目指した「村落行政法」の影響であろう。背景はともかく、村でWFPの窓口となった村人は、出身地が同じ人たちしかプロジェクトに入れていないし、実施地も彼らの耕作地がある場所に偏っていた。断っておくが、私はこれを悪意に満ちた行動などとは捉えていない。自分の出身地、耕作地で、同じ場所の出身者とプロジェクトを行うということは「（彼らにとって）普通の判断」であっただろう。そもそも彼らの村に対する意識は、私が想像していたものと違っていたのだ。

　私は、既に参加しているグループに断り、まだ参加していないグループとも接触を開始し、なんとか村内の全グループがFFWに携われるように声を掛けていった。こういった村事情に関する情報は、私が業務で訪れる他の村々でも有益だった。特に外部者が村内に複数のグループがあることを指摘

することは、村人が通常考えない視点をFFWに盛り込めるきっかけとなった。つまり、村人は他のグループの排除を意図的に行っているのではなく、慣習上それが当たり前だったのである。ここは自画自賛になってしまうが、初めてのフィールドワークによって得られたこの知識は、外部から持ち込まれる支援により村人が分断してしまうという潜在的リスク回避に繋がった。

　これは一例であるが、外部者であり支援者である私は、フィールドワークと実務を同時に行うことで、遊んでもらう以外に果たせる役割が広がっていることを実感していった。フィールドワークをすることで、私は村人の生活や農作業を理解しつつ、彼らが通常思い付かない視点を持ち込める。西ティモールで3年間を過ごす間に、私は自身が担当している支援事業に、受益者とともに参加しているような感覚を持ち始めていた。

　最後に村を訪れた際、村人が送別会を開催してくれた。村長は送別会での挨拶でWFPが行った支援を振り返った。「結局私は、送別会に至ってさえ支援の人だった」と自分でもおかしく思った。その一方で、私は支援者だから、受益者だからとかいう意識から解放されていた。むしろ、3年間一緒に同じ目標に向かいそれぞれの役割を果たしてきたという達成感と、もうそれが終わろうとしている寂しい気持ちでいっぱいだった。

4.　暇つぶしのフィールドワーク（スーダンにて）

　3年のインドネシア勤務の後、私はスーダンのダルフール地方へ転勤となった。インドネシアでの勤務が楽しすぎて、Eメールで舞い込んだダルフール転勤の打診に「インドネシア以外どこでも一緒」と即座に了解の返信をした。ダルフールで当時史上最悪と言われる人道危機が起きているのを知ったのは、その後である。しかし仕事は紛争の被害から避難している人びとへの食糧配布で、いよいよWFPらしい仕事を経験できることへの期待もあった。

　ダルフールは、スーダン西部に広がるフランスとほぼ同じ大きさを持つ地域である。ダル（ダール）はアラビア語で「場所」などを表し、フールはダルフールに多く住む民族の名である。つまりダルフールは、フール人の場所

といった意味となる。名が示すようにフール人が多数派であるものの、他の民族も暮らしている。

　最初に勤務地であるモルニ国内避難民キャンプにヘリコプターで降り立った日のことは、一生忘れることができないだろう。そこは、テレビなどで見る避難民キャンプそのものであった。大きな石を敷き詰めただけのヘリポートからWFPの迎えの車へ乗り込み、事務所へ向かった。車は、無秩序に建てられた無数のビニールシートで葺いただけの避難民の住居の間を縫うように進んでいく。正直「えらいところに来てしまった」という気持ちになった。

　モルニキャンプには元からモルニに住んでいた5000人と、避難民約7万人が住んでおり、当時ダルフールに200以上あったキャンプのなかでも2番目に大きなキャンプであった。しかしながら仕事はさほど複雑なもののようには見えなかった。私は3代目の所長であり、前任者たち及びスーダン人WFPスタッフにより、既に食糧支援システムが構築されていた。食糧配布所は一ヵ所で、毎月、何日に食糧を配るのかが決められていた。とはいえWFP職員だけでこなせる量でないのもまた事実で、WFPは住民の代表とされる20名程度の人びとからなる「食糧支援委員会」の力を借りて作業を行っていた。

　モルニに赴任して半年ほど経過したころ、同じルーティンの繰り返しばかりのキャンプ生活に飽きており、次はどこへ転勤希望を出そうかということばかり考えていた。そこで率直に言えば「退屈凌ぎ」に思い付いたのが、西ティモールで行ったフィールドワークであった。とはいえ西ティモールの時のように明確な目的は持っておらず、フィールドワークを通じて多くの人と知り合えればといった軽い気持ちだった。結果を仕事に活かすことも考えなかったわけではないが、日常業務は既に定型化されているのと、ダルフール全域で同じ支援が展開されている状況のなか、その方法も見えていなかった。とりあえず避難民がどの様な生活をし、どの様な将来像を描いているかを知ることをフィールドワークの目的とした。また、フィールドワークを自分に義務として課すために、大学院の博士課程にも入学することにした。

　まずは食糧支援委員会の人びとを中心に、キャンプ社会を理解することに務めた。食糧支援委員会のメンバーはシェイクと呼ばれる人びとであり、

WFPを始めとする国際機関は彼らを「コミュニティ・リーダー」と呼び支援に巻き込んでいた。背景としては、職員だけでは支援が行えないということに加え、「地元の伝統・文化を尊重する」ということも説明されていた。その一方で、国際機関の職員、特にモルニのように直に受益者と接する場所に勤務する職員の間でシェイクの評判は悪いものだった。シェイクは、私益を得るために支援を操作しているというのだ。

　フィールドワークを始めた私は、まずシェイクとはどの様な人びとかを知るために、彼らと時間を過ごすことと同時に、他の避難民やモルニの元からの住人からも話を聞くことに努めた。だがどの人と話していいのか見当がつかなかったため、毎日のように就業前と就業後、そして日中も空き時間ができるとモルニの中心にある木の柱にビニールシートの覆いを掛けただけの喫茶スタンドに座って、そこの客と話すことから始めた。店主が、「一週間分前払い飲み放題」を提案してくるほど通い詰めた。また、WFP事務所が風雨などで破損した時に修繕を頼む鍛冶屋の店頭にも居座り、客からいろいろな話を聞いた。喫茶スタンドと鍛冶屋での「待ち伏せ」作戦はうまく行き、やがて雑貨屋などにも話す場を広げていった。おかげで、シェイクでもない、WFPの関係者でもない知り合いが徐々にキャンプ中にでき、歩いていても「寄っていきなさい」と声を掛けてくれる人が多くいる状況になった。

　スペースの関係で詳細を記すことはできないが、フィールドワークを通じて避難民の避難以前の生活が分かってくると、シェイクは人道支援物資を捌く役目を果たしたことで、避難以前に村で「コミュニティ・リーダー」として持っていた以上の権力を持ち、今や支援を操作するに至った過程が理解できた。ただ私は、時には支援を巡って言い争いをすることがあっても、彼らを狡猾だとする感情は抱かなかった。彼らの避難以前の生活を知り、家族とも知り合いになっていた私にとって、彼らが自分だけ裕福になろうと思って既得権益を行使しているようには思えず、むしろ避難中という不安定な生活を少しでも安定したものにしようとしているだけのように思えた。

　インドネシアの村で支援事業の窓口であった人が、他のグループを無意識に排除していたのと同じように、シェイクたちも自分の家族や近しい人びとの生活を第一に思うのは当たり前のように思われた。国際機関は、「フール

人」「避難民」とあたかもそのカテゴリーに属する人びとが同一であるように扱うが、彼らとて個々の事情、性格を持つ人間一人ひとりである点は私と何ら変わらない。そして、シェイクが権力を強めることになった新しい役割を与えたのは、他でもない支援事業であった。

　そのころ、WFPでは食糧支援を減じて、その分を券で渡すことを企画していた。食糧と一緒に券をもらった受益者は、粉挽き屋へ券を提出すると粉に挽いてもらえるという仕組みで、粉挽き屋は回収した券をWFPへ持ち込むと、粉挽き代をWFPより現金で受け取ることとなっていた。受益者の多くは元々WFPより受領した食糧の一部を粉挽き代として粉挽き屋に渡していため、彼らにとってメリットはない。しかし、粉挽き屋を通じてキャンプに現金が流入し、キャンプの市場経済が活性化され、受益者の自助努力を促すというのがプログラムの趣旨であった。

　しかし、粉挽き券プログラムはモルニでは難しいこと、それどころか不安定なキャンプ社会を一層不安定にしてしまうリスクがあることが私にはすぐに分かった。まず粉挽き屋がある民族に偏って経営されていたこと、そして券の配布に必要な受益者の再登録ができないことが明らかだったからである。一方、当時トレンド化していた現金による支援の拡大を望んでいたドナー国は、粉挽き券プログラムを実行するための出資をちらつかせていた。こうした受益者側、支援出資・実施者側の双方の事情が分かる自分は苦しい立場に置かれていたが、とにかくモルニで粉挽きプログラムを行うことは適切でないことをWFP管理職に説明するしかなかった。案の定、シェイクも粉挽き券プログラムに大反対し、私はWFPにとっては、さしずめ狡猾なシェイクの代表のようになってしまった。

　一方で住人が私に提案してきたプログラムもあった。それは学校給食プログラムであり、私も住人の生活状況に即していると考えたため、WFP管理職へ提案した。食糧支援は当時6年前に行われた受益者登録に基づいて行われていた。そのため避難後に家族の数が増えた家庭にとって、配布される食糧は十分でなくなっていた。学校で給食を出すことができれば、学童は毎日一食を学校で食べてくるので家庭は助かるだろうと考えたのである。また、避難民でもある小学校の教員がフィールドワーク中の私を捕まえて学校給食

スーダンの IDP キャンプでフィールドワークをする筆者。
実務、フィールドワーク、個人的な付き合いの区別が
なくなってきた頃（2010 年 8 月 28 日撮影）

を嘆願していたということもあった。さらに私が学校給食を行いたかった理由は、学校給食はシェイクを通さない初めての人道支援となるためだった。学校給食プロジェクトを行うには、調理をするボランティア、水場の確保などの条件があるが、教師たちの頑張りで驚くほどのスピードで条件は整えられた。学校給食は受益者にはとても歓迎されたが、シェイクたちは不満そうであった。自分たちの権益が侵されたような気持ちになっていたのだ。ただ、私には、支援によって変えられたシェイクたちを、新たな支援でさらに「汚したくない」という気持ちもあった。

　以上の粉挽き券プログラム、学校給食プログラムへの私の対応は、モルニでの「街角でのフィールドワーク」で知り得た情報に基づいていた。シェイクを中心とする人間関係についての気づきがその主なものだが、実際にはそれだけでなく、キャンプの人たちの家族のことや、食事のことなど他愛もない会話の積み重ねで知るに至った小さな事柄が、間接的に私の行動を後押ししたようである。そして今振り返って気が付くのは、私はモルニにおいて「単なる WFP 職員の一人」でなく「キャンプ空間での生活や出来事の一端を共有する WFP の “マサ”」になっていたことだ。より具体的に自己認識できる自身の変化は、業務を「退屈」と思うどころか、いつしかそれに夢中になっていたことである。支援の実務は、ルーティン化されていたり、全機関レベルで決定されるものではあるが、相手の個々の背景や生き様に触れながら行うことで、実務者にとっても意味合いが全く変わっていたのである。

　もちろん私は避難民でもなく、受益者でもない。しかしフィールドワークやそれにより知り得た情報を通して支援事業を見て、実施することで、ある種ユニークな立場に立っていったのではないかと考える。自分はキャンプのなかで唯一のアジア人であり、あからさまなマイノリティだった。しかし、

受益者から見れば、私は「国連の人」あるいは「食糧支援を管理している人」という権力側の人間であった。「支援者」の枠の内部にこもって既存のルーティンを回すことだけで時をやり過ごしていれば、もしかすると「マイノリティとしてその場にいる自分」に気づくことすらなかったかもしれない。それが結果的に、趣味的なフィールドワークで多少なりともモルニの人びとの生活に触れ、遠く日本からきた「マサ」としての顔と時間を持つことで、支援現場でマジョリティと権力側の「はざま」に立たされることとなったのである。

　モルニ勤務を終える日、3年前の着任時と同じ道を逆にヘリポートまで向かっていた。3年前は、単一にしか見えずその単調さに途方に暮れたモルニではあるが、離任のためにヘリポートへ向かう道では、個々のテントのなかに誰がいて、どんな生活を送っているかを知っていた。ヘリポートへ到着すると、シェイクや鍛冶屋、雑貨屋など大勢の人びとが集まっており私をねぎらってくれた。しばし談笑していると、ヘリコプターが青空に白い点として現れ、やがてルーターの音も聞こえてきた。ヘリコプターが着陸すると、集まった人びとが手分けして私の少ない引っ越し荷物をヘリコプター内部へ運んでくれた。皆と最後の握手をしてヘリコプターに乗り込むとドアが閉まる。やがてヘリコプターが浮上を始めると、地上で大きく手を振る人びとが小さくなっていく。私は自分だけが切り離されていくような気分に見舞われ、ヘリコプター内に一人であったこともあり号泣してしまった。

5. フィールドワークを通して「そこに生きる人」になる

　本章では、インドネシアやスーダンでの、言ってみれば「実務の合間に行った」フィールドワークの試みを紹介してきた。ここで大上段に立って、「フィールドワークで私や私の考えはこのように変わりました」などと言うつもりはない。私は、単に好奇心や自身の仕事が不調な原因を探りたくて、時間の許す範囲で趣味のようなフィールドワークを行ってきただけだ。しかしながら、フィールドワークを行ったことで、多様な立場の知り合いが増え

たことは確かだろう。これは、フィールドワークを専門とする他の章の執筆者にとっては当たり前のように聞こえるだろうが、私にとってはそれこそがフィールドワークの成果だったと思える。

　知り合った人びとを通じて、彼らの日常生活を知り、仕事の企画書に紹介されている「背景」とは全く違う彼らの生きる社会の今を知った。例えばダルフールの仕事の企画書や当時の国連文書のなかでは、「フール人」「農耕民」「遊牧民」というカテゴリーが多く使われているが、ダルフールの人びとのなかに「私（たち）はこのような人です」という確固たる自覚や意識はない。フィールドワークで私はそれぞれのカテゴリーの意味を知ろうと聞き取りもしたが、明確な回答を得られずにイライラもした。しかし考えてみれば、当の私も日本人が何者なのかなど、はっきり説明できない。

　日系の会社が多いタイ、国連職員として過ごしたインドネシアとスーダン、いずれの場所でも私はどちらかと言えば権力側の人間であった。当然そうした立場は、フィールドワークをしても取り外されることはない。立場だけでなく、タイでの経験で紹介したように、そうした立場にある程度支配されている私の気持ちは、現地社会に飛び込んでも変わることはないかもしれない。それでも、フィールドワークをして良かったと思うことがある。日系企業の日本人職員も国連職員も「その場の人びとや文化を理解して」とは言う。しかし、それは「私たちはそこの人ではない」、もっと言えば「責任はない」ということを最初から表明しているようで、どこかよそよそしい響きを持つ。しかし、フィールドワークは、人種、国籍、立場など私たちを区切る圧倒的な差異について、それを乗り越えさせるわけではないが、私たちを「そこの人」、少なくとも「そこに生きる人」にしてくれるのではないだろうか。

　結果的には、フィールドワークで知り得た情報で、勤務先の方針や政策を変えるに至ったというようなことはなかった。しかし、フィールドワークをすることで、私は、支援を受ける人びとのなかで外国人でありともすると権力側の人間でありつつも、彼らが抱える問題を違った立場、角度から考察することで、支援を実行するというより参加するという意識を持った。そのプロセスで特に重要だったと考えるのは、フィールドワークを通して受益者が支援者にどの様に自分たちの現状や希望を説明するかがある程度理解できた

ことだ。受益者に限らず、人は誰でも相手が合意しやすいように話を進め、そのことはまるでオブラートのように現実を包んでいく。それを剥がすためには、「彼らが支援者にどの様な顔を見せるか」ということへの理解も必要であり、私は自身が「支援者」だったからこそフィールドワークを通じてそのことに気づくことができたとも言える。そう考えると、単なる他者理解を目的とするフィールドワーカー以上に、他者とインターアクティブにかかわる実務者がフィールドワークをすることには意義があるのかもしれない。

参考文献

（執筆の参考にした文献の一部であり、引用はしておりません）

堀江正伸（2018）『人道支援は誰のためか──スーダン・ダルフールの国内避難民社会に見る人道支援政策と実践の交差』晃洋書房。

小國和子（2011）「開発援助実践のフィールドワーク『わたしたちが変わる』場つくりのために」佐藤寛、藤掛洋子編『開発援助と人類学』明石書店。

湖中真哉（2015）「やるせない紛争調査──なぜアフリカの紛争と国内避難民をフィールドワークするのか」床呂郁也編『人は何故フィールドに行くのか──フィールドワークへの誘い』東京外国語大学出版会。

好井裕明（2014）『違和感から始まる社会学──日常性のフィールドワークへの招待』光文社。

やってみよう

◆フィールドワークで当事者意識を養う

　本章を通じて述べてきたメッセージは、私はフィールドワークをするうちに観察対象の社会における自分の役割を認識し、さらに参加感を持つようになったということである。タイ、インドネシア、スーダンと仕事で行った場所ではあるが、そこへ行ったそもそもの理由などどうでもよくなるほど楽しんだ。私は3年前に転職し、慣れない大学という場所を職場にしている。現代の大学生とどの様に接していいかにも相当戸惑った（戸惑っている）。そんななか、意識して行ったわけではないが、学生たちが取り組んでいる団地における外国にルーツを持つ児童の学習支援という活動にかかわるアクターを少

し客観的に観察してみた。対象は、学生はもとより学校の先生、行政の方、保護者などである。そこで見えてきたことが、学生たちへのアドバイスを可能としているように思われる。つまり、またしても私は「参加」してしまったのだ。このように、地域や人にかかわる仕事をする読者であれば、それがどの様な職場でも、そして国内外問わず、自身の仕事のなかにフィールドワークの題材は見つかるのではないだろうか。そしてフィールドワークは、ご自身の仕事に「別次元の参加感」を与えてくれるのではないかと考える。

コラム

「射真」という新概念

　本稿では、全盲の視覚障害者である僕の最新の実践についてお話ししよう。僕は、目で見る写真に対し、全身で感じる「射真」を提案している。21世紀の現在、デジカメ、スマホが普及し、老若男女、みんなが気軽に写真を撮るようになった。いうまでもなく、写真は人間の記憶を記録するメディアとして、きわめて有効である。写真が情報入手・伝達の手段として、簡単、便利であることは間違いない。問題なのは、その写真にあまりにも頼りきってしまう安易さだろう。

　写真で記録できるのは、いわゆる視覚情報のみである。音声などの聴覚情報は、録音という手段で記録できる。では、においや感触の記録はどうだろうか。写真は視覚優位・視覚偏重の現代文明のシンボルだが、それだけでは記録できないものがあることも忘れてはなるまい。

　2019年6月の『毎日新聞』に「写真から射真へ」というコラム（4回分）を連載した。毎回のコラム記事とともに掲載した写真は、いずれも僕が撮ったものである。素人写真で、新聞に載せてもらうようなものではないのだが、僕としては健常者が持つ写真イメージを崩したいという思いがあった。視覚メディアである写真に対する異議申し立てともいえるだろう（写真①②③④）。

　写真①は、大阪の地下鉄のホームで撮ったものである。近づいてくる地下鉄の音を聴いて、「よし、来たぞ、今だ！」と、シャッターボタンを押した。写真②は飛行機である。大阪市内を歩いている時、頭上で飛行機の音がした。「これはおもしろい」と思い、ちょうど自分の頭の上に轟音が差し掛かったタイミングでパチリ。視覚障害者の最大の強みは、ファインダーを覗かなくても写真が撮れることだろう。写真②は、両手でデジカメを持って頭の上に構え、音を頼りに撮った。空の一部を摑み取る感覚である。

　写真③と④では、においを撮った。僕の職場、国立民族学博物館は、大阪の万博公園の中にある。5月末の仕事帰り、ぼんやりと公園内を歩いていた。すると、ふわっと深緑の香りが漂ってくる。僕は深緑そのものを見ることができないが、緑風の方向に向かってシャッターを切った。その写真が③である。

　最後は食べ物の写真を、ということで頑張った。焼肉、たこ焼き、ハンバーグなど、いろいろトライしてみたものの、さほど斬新な写真は撮れなかった。担当

写真①
射真鉄則1：聴覚で被射体の位置・距離を推測する。
「音に触れ 今日から僕も 撮り鉄に」

写真②
射真鉄則2：視覚を離れれば死角がなくなる。
「飛んで行け レンズ覗かず 空を追う」

写真③
射真鉄則3：空気となって被射体をふわりと包み込む。
「風を受け 心に描く 初夏の色」

写真④
射真鉄則4：目に見えぬ震動、波動を
身体で受け止める。
「うまい物 大阪人は 鼻で食う」

の新聞記者に「いちばんおいしそうなものを選んでください」と頼んだところ、当選したのが④のお好み焼きだった。健常者も食べ物の写真を撮ると思うが、僕は鼻を使い、食べ物のにおいに集中した。見て撮る写真とは少し角度が違うかもしれない。

　4回のコラムを通じて、僕が読者に訴えたかったのは何か。もちろん、「目が見えなくても、こんなに上手に写真が撮れますよ」と、自慢するのが目的ではない。音が聞こえるような写真、においが鼻をくすぐるような写真。これらが健常者の聴覚・嗅覚の潜在力を呼び覚まし、視覚以外の感覚の復権につながることを期待している。全盲者でも写真が撮れるという事実が、視覚メディアの優位性を揺さぶる起爆剤になればと願う。

　2019年7月、「射真ワークショップ」を開催した。射真ワークショップとは、写すのではなく、射る意識を持って、「まち」の記憶を記録しようという実験で

ある。NHKの朝ドラ「スカーレット」の舞台としても知られる滋賀県の信楽で、まちあるきイベントを行なった。最近、あちこちでまちあるきが企画され、世代を超えて、多くの参加者を集めている。大半のまちあるきは、「あそこに見えるのが○○です」のように、まちの風景、景色を視覚的に楽しむものだろう。また、まちあるき参加者はごく自然に写真を撮って、まちを見た記憶を記録する。

僕たちが試みる信楽のまちあるきでは、あえて写真を撮ってはいけないことにした。写真以外の方法で、まちを記録するのが趣旨である。カメラの代わりに、僕たちは1キログラムの粘土を持ち歩いた。まちあるきのコースの各所で、においを嗅いだり、古い窯にさわったり、足裏の感覚を楽しむ。そして、自分が印象に残ったものに粘土を押し当て、型取り（フロッタージュ）する。型取りの人気スポットは、登り窯の壁と神社の階段だった。型取りした粘土はワークショップ会場に持ち帰り、加工して作品を完成させる。被写体を視覚的に写すのではなく、一点を深く射抜くような心構えで被射体に触れる。こうして生まれるのが射真である。

視覚的に楽しむまちあるき、写真をたくさん撮る観光もいいと思うし、それらを否定するつもりはない。僕は「射真」という新概念を導入することで、まちあるき、観光をユニバーサルなものにしたいと提案している。ここでいうユニバーサルとは、「感覚の多様性」が尊重されることである。射真は視覚偏重の価値観、人間観に対するアンチテーゼを内包している。

堅苦しい理屈はさておき、単純に視覚以外の感覚をフル活用するまちあるきは、健常者にとっても刺激的な「探索」になるようだ。信楽のまちあるきが成功したので、全国展開をめざし、各地で射真ワークショップを開催していきたいと考えている。2019年11月には、神戸の新長田で「無視覚流まちあるき」イベントを実施した。参加者が目隠しをして、「目に見えない風景」を想像するまちあるきは、予想以上に盛り上がった。

なお、2021年9月〜11月に開かれる国立民族学博物館の特別展「ユニバーサル・ミュージアム──さわる！"触"の大博覧会」において、信楽の射真作品を展示する予定である。ワークショップ参加者40名それぞれの作品、各人各様の射真に触れる来場者は、きっと信楽のまちあるきを追体験できるだろう。

〔参考〕歩いて、触れて、創る
ー「私たちの射真展」実行委員会趣意書ー

　射真とは真実を射ること。真実を射るためには、全身の触角（センサー）を駆使して事物に肉薄しなければならない！

　一般に、人々は旅行・観光の記録として写真を撮ります。旅の思い出、印象に残った景色を記憶にとどめるための有力かつ手軽なメディアが写真です。しかし、人間の記憶は視覚的なものばかりではなく、感触、におい、味、音などもあります。写真ではこれら身体感覚で得た情報を十分に記録・記憶することができません。

　まちあるきとは人間が触角の潜在力に気づき、その可能性を再認識する機会です。肌で感じる風、足裏がとらえる道の起伏、街に集う住民・旅行者との触れ合い……。写真を撮る際、私たちは被写体となる人物、景色を視覚で確認し、シャッターを切ります。一方、射真ではまず手を伸ばし、被射体にじっくり触れることが大切です。写真では撮影者と被写体の間に距離があるのに対し、射真では手を介して人と物がダイレクトにつながります。「写すのではなく射る」意識を持てば、人間は物理的・精神的に街に近づくことができるはずです。射真は、眼前に広がる雄大な景色を写し取ることはできません。でも、一点を射抜くような鋭さで事物の本質に迫るのが射真の醍醐味といえるでしょう。

　まちあるきの後、各自が探り当てた街の形、姿、イメージを三次元の作品にします。二次元の写真とは異なり、射真は手（身体）の動きを伴うので、立体・半立体（レリーフ）表現となるのが特徴です。街の手触りを忠実に再現する作品、目に見えない風景を自由に思い描く想像的な作品……。一人一人の射真作品は小さく、街のごく一部を切り取ったものかもしれません。しかし、各人各様のユニークな射真作品が10個、20個集まれば、単なる観光マップ（視覚情報を網羅した地図）ではなく、ユニバーサルな触知図ができるでしょう。そして、触知図は私たちの全身の触角を刺激し、新たなまちあるきへといざないます。

　第1回の射真ワークショップの舞台は信楽です。午前中は信楽の古い商店街、窯場などを巡るまちあるきを楽しみ、午後に陶芸の森にて射真作品の制作に挑戦します。できあがった作品は焼成し、2021年秋の国立民族学博物館の特別展で展示する予定です。歩いて、触れて、創る。これが射真の鉄則でしょう。「歩・触・創」は、いずれも人間が社会に働きかける能動的な行為です。あなたが動けば、何かが始まる！　令和時代の幕開けとともに、全国各地で、さまざまな素材を用いて射真ワークショップを開催するつもりです。みなさんのご参加をお待ちします。

広瀬浩二郎（ひろせ　こうじろう）

　自称「座頭市流フィールドワーカー」。1967 年、東京都生まれ。13
歳の時に失明。筑波大学附属盲学校から京都大学に進学。2000 年、同
大学院にて文学博士号取得。専門は日本宗教史、触文化論。2001 年よ
り国立民族学博物館に勤務。現在はグローバル現象研究部・准教授。
「ユニバーサル・ミュージアム」（誰もが楽しめる博物館）の実践的研究
に取り組み、"触"をテーマとする各種イベントを全国で企画・実施し
ている。『触常者として生きる』（伏流社）、『それでも僕たちは「濃厚接
触」を続ける！』（小さ子社）など、著書多数。

補論

ダイバーシティ、その一歩先へ
多様性を語りうるのはだれか

みにくいアヒルの子は

　　　なぜのけものにされてしまったのだろう

　　　　そうしむけたのは

　　　　　いったいだれなのだろう

亀井伸孝

かめい　のぶたか

　愛知県立大学外国語学部国際関係学科教授。京都大学大学院理学研究科博士後期課程修了。理学博士。手話通訳士。専門は、文化人類学、アフリカ地域研究。人びとの対等で尊厳ある共存のために、学問をどのように活かしていけるかを模索している。

　著書に、『アフリカのろう者と手話の歴史——A・J・フォスターの「王国」を訪ねて』（明石書店、2006年、2007年度国際開発学会奨励賞受賞）、岩波ジュニア新書『手話の世界を訪ねよう』（岩波書店、2009年、2009年度厚生労働省社会保障審議会児童福祉文化財推薦図書）、『森の小さな〈ハンター〉たち——狩猟採集民の子どもの民族誌』（京都大学学術出版会、2010年）、『子どもたちの生きるアフリカ——伝統と開発がせめぎあう大地で』（共編著、昭和堂、2017年）など。

はじめに

　本書では、さまざまな場面、分野における人びとのダイバーシティの様相を学ぶとともに、ダイバーシティ包摂のための多くの取り組み事例を通じて、共存のためのいくつもの技法を学ぶことができたであろう。

　本章は、基調としてその方針を踏襲しつつも、「ダイバーシティ包摂は大事です」と何気なく主張してしまえる立場性に関して、一石を投じたい。より正確には、そのように疑いなく言えてしまう権限をもっている自分たちの姿に無自覚であっていいのだろうかという問題提起である。

　最初に確認しておけば、本章はダイバーシティ包摂という原則に敵対するものではない。それを進めることに原則として賛同しつつも、その立場と認識に安住してはならないという一種の警告を発する意味合いをもって書かれている。

　「ダイバーシティ、その一歩先へ」。ダイバーシティ包摂の重要さを十分に理解した人たちにおける「次のステップ」を、ここでは目標として提示したい。私たちは、何気なく「ダイバーシティ」「多様性」と述べてしまっているが、はたしてその多様性を定義し、その認識を共有し、対象を包摂するといった諸行為の権限をもっているのは、一体だれなのであろうか。

「ダイバーシティは面白い」がもたらす違和感

ある逸話の記憶

　本章を書き起こすにあたって、今も忘れられない、ひとつの逸話から始めることにしたい。

　私が学生であった頃、学生たちによって構成されるある団体があった。総合大学であったこともあり、学生たちの所属学部や専攻はさまざまであった。

　団体構成員のひとりが、こう述べた。

　「私はこの団体に属していてよかったと思う。違う学部や専門の人たちが集まっていて、面白いから」。

　ダイバーシティを肯定し擁護する、無難な発言である。この内容を強く否

定する根拠もなさそうに見受けられる。その場にいた私も、大筋でその発言の趣旨を了解していた。一方で、全面的には承服しがたい、かすかな抵抗感をも覚えていた。

　「それぞれの学部や専門が違うこと」こそに、個人の価値があるのか。ひとりひとりの個人の存在は「自分とは異なる専門の情報をもたらしてくれる」という利益に照らして承認されるのか。たまたまある2人の学部や専門が重なった場合、どちらか1人の存在意義はなくなるのだろうか。すでに所属している構成員と同じ専門の人が参加を希望しても、「専門が同じだから面白くない」という理由で排除されたり、構成員とは重ならない新しい専門性をそなえている人の方が優遇されたりするのだろうか。団体における個人の存在意義や価値を決めるのは、一体だれなのか。結局、私がこの団体の一員として場を占めていることの意義は、すでに所属している構成員たちを楽しませるためなのか……。

　もとより、学生の知的好奇心に根ざした、他愛のない発言である。また、「均質」よりは「多様」に高い価値を置きがちな今日の主流の価値観にも沿っているかに見える。しかし、ずっとこのことが引っかかり続けている。30年近く忘れずに反芻しているというところに、そのまま字句通り承服して納得したとは言えない「飲み込み難さ」が残り続けたのである。

本章の三つの論点

　実は、社会には、上記の逸話のことばに類する言説があふれている。

　　　「女性の参加を促して、企業組織の活性化を」
　　　「障害をもつメンバーがいると、みんなにとっていいことがある」
　　　「外国人選手を受け入れて、ラグビー日本は躍進した」
　　　「多文化主義を養って、日本を真のグローバル国家にしよう」

　ダイバーシティ包摂が、少数派当事者のみならず、多数派を含めた国家や社会、組織全体に利益をもたらすということばの数かずである。

　これらの思想は、表向ききれいなことばとして受容されやすい。しかし、

その印象にとらわれることなく、これらの思想の背景にどのような権力が作用し、何を強要し、何を隠蔽しているのかを、しかと見据えねばならない。

　以下では、「ダイバーシティ」がいかに定義され、どのような視点で固定され、だれによって操作されているのかを、その原点から検証することとしたい。具体的には、三つの論点に沿って、これらの思想に潜む問題点を明らかにしていく。

【論点1】「ダイバーシティ」という認識の背景には、隠された前提としての分類基準が存在する：「みにくいアヒルの子」はいかに見出されるか

【論点2】人びとを「ダイバーシティ」として表象する前提としての分類基準を固定し、共有させている視点が存在する：リベラル多文化主義の落とし穴

【論点3】人びとを「ダイバーシティ」として表象し、その承認権限を専有しようとする立場が存在する：多数派が利益を期待する包摂の危険性

論点1：「みにくいアヒルの子」はいかに　　 見出されるか

> **本節の命題**
> 「ダイバーシティ」という認識の背景には、隠された前提としての分類基準が存在する

みにくいアヒルの子と羽の色基準

　一点目の論点として、「ダイバーシティ」はいかに定義されるかという問題を検討する。

　「ダイバーシティ」を語義通りに受け止めると、「さまざまに異なること」、つまり、複数の要素間に何らかの「違い」が認識されている状態を指す。しかし、ここでいう「違い」がひとつの政治性をもつ。

図1　4羽のアヒルの子
お互いにどこかが似ていて、どこかが異なっている。（図は全て筆者作成）

　一見自明に見える「同じであること」と「違うこと」は、さほど自明なの
であろうか。ここでは、童話「みにくいアヒルの子」を例に、「同じである
こと」と「違うこと」が生成されるプロセスを明らかにする。

　「みにくいアヒルの子」というアンデルセンの童話がある。アヒルの子た
ちの中に、1羽だけ羽の色が異なる子がいて、仲間から疎外されていた。し
かし、実はその子は白鳥であることがやがて明らかになり、そのことを知っ
た「みにくいアヒルの子」は、白鳥の仲間たちの中で自己肯定感を得るに
至ったという話である。

　この童話がもつさまざまな含意について、本章では十分に論じる紙幅がな
いが、ここでは「そもそも、そのアヒルの子だけが真っ先に除外されるべき
必然的な根拠はあったのか」という点にしぼって検討する。

　仮に、アヒルの子が4羽いたとする（図1）。それぞれ、羽の色が少しずつ
違っていたり、体の大きさが違ったり、それぞれ癖になっている姿勢があっ
たり、ほくろがあったりなかったりする。あらゆる属性において完全に同一
な2羽という組み合わせはない以上、「どのアヒルの子も、お互いにどこか
が似ていて、どこかが異なっている」と言える。羽の色というのは、それら
数ある「どれかの属性」のひとつに過ぎない。

　しかし、童話におけるアヒルの子の集団においては、「羽の色」が真っ先
に重要な基準として採用され、羽の色が違うと見なされた個体Aが排斥の

図2　羽の色を基準とした場合の分類
羽の色は、たまたまその時に基準として選択された属性に過ぎない。

a

b

c

図3　さまざまな分類の方法
基準として選択する属性によって、１羽の
みを除外する分類の方法は異なってくる。

a　体の大きさを基準とした場合の分類
b　姿勢を基準とした場合の分類
c　ほくろの有無を基準とした場合の分類

対象となってしまった（図2）。羽の色が他の属性よりも優先されるという必然的な根拠はなく、たまたまその時、その集団の多数派が、それを重要な基準と見なして選び、特定の個体に押し当てたということに他ならない。

　逆に言うと、時と状況が異なれば、羽の色ではなく、「最も体の大きなアヒル」や「うつむき加減の姿勢を好むアヒル」「ほくろのあるアヒル」などが最重要の基準として選ばれ、排斥の対象となっていた可能性がある（図3-a、b、c）。学校におけるいじめなどで、服装やことば遣い、癖、一回限りの出来事など、些細で必然性のない事柄を捉えては、特定の個人を暴力の標的にしていくという痛ましい事件が起こることがある。排斥の際に選ばれる基準には必然性がなく、その都度、多数派が恣意的に基準を決めていくのである。

アヒルの分類方法は何通りあるか

　アヒルの集団において、論理的に等価な、複数の個体を分類する基準は、数多く存在している。さまざまな特徴への注目と、それらの組み合わせを考えた場合、4羽のアヒルを、それぞれ1羽以上を含むふたつの部分集合に分類する方法は、計7通りある（表1）。

　さらに、三つ以上の部分集合に分類することや、一方が空集合（0羽）になることも許容した場合、その分類方法はさらに多くなる。基準の設け方によっては、1羽ずつをそれぞれ部分集合と見なして、「1羽ずつ、みんなそれぞれ違う」という最も細かい分類も可能である（図4）。その逆の極として、すべての個体を包摂する基準を立てることで、「みんな同じ鳥だ」と述べる

表1　4羽のアヒルをそれぞれ1羽以上を含むふたつの部分集合に分類する方法の数かず

1羽のみ除外する方法 （3羽／1羽）	4通り
2羽を除外する方法 （2羽／2羽）	3通り
計	7通り

表2　4羽のアヒルを部分集合に分類する方法の数かず

4羽／0羽	1通り
3羽／1羽	4通り
2羽／2羽	3通り
2羽／1羽／1羽	6通り
1羽／1羽／1羽／1羽	1通り
計	15通り

図4　1羽ずつを含む四つの部分集合　　　　図5　4羽すべてを含む集合
「1羽ずつ、みんなそれぞれ違う」という　　　「みんな同じ鳥だ」という
　　　　　　最も細かい分類　　　　　　　　　　　　最も包括的な分類

ことも可能である（図5）。

　空集合も許容した場合、4羽のアヒルを部分集合に分類する方法は、計15通りある（表2）。

　わずか4羽から成るアヒル集団においてさえ、これらを分類する方法はかくも多く存在している。「羽の色が違う」という口実で個体Aのみを真っ先に排斥した童話の事例は、15通りある分類の中のひとつに過ぎなかったわけである。

　はたして、これらの分類の中で、どれが「自然の法則に従った」「説得力ある」「全員が受け入れるべき」「最も正しい」分類であるだろうか。それについては、先に述べた通りである。そのような分類など、存在しない。その社会の多数派が、特定の分類を「重要だ」と主張し、他者に押し当てることによってのみ、その時代、その社会における「正しい」とされる分類が横行する結果が生じるのである。

　くだんのアヒル集団においては、あいにく羽の色が採用されてしまい、個体Aはそれゆえにつらい境遇に置かれてしまった。その暴力の根拠は、個体Aにも、また羽の色という属性にも内在していない。羽の色を重要な属性であると見なして選定し、個体Aに押し当てた、アヒル多数派の恣意的な決定に由来している。

「みにくいアヒルの子の定理」と分類の恣意性

　ここで、「みにくいアヒルの子の定理」がもたらす知見を引用したい（渡辺 1986；池田 1992）。

　アヒルの集団に含まれる複数の個体に対し、いくつかの基準を適用して、個体どうしの間の類似度を測る作業をする。たとえば、基準Aと基準Bのふたつを用いて、各個体がそれらの基準を満たすかどうかの判定をする。さらに、「AかつB」「AまたはB」「AかつBでない」など、AとBふたつの基準から派生する論理的に等価な基準（合計16の基準）のすべてについて、各個体の特徴を判定していく。すると、集団内のどのふたつの個体の組み合わせにおいても、共通する特徴の数は同じであるとの論理的な結果が得られる。

　平たく言えば、アヒルたちは、どの2羽を比べてみても、論理的には「同程度に類似し、同程度に異なっている」ということである。先の事例では、「羽の色」「ほくろの有無」などの目に見える分かりやすい特徴で例を示したが、実はそのように簡単に言語化できるもの以外の多くの論理的に等価で可視化されにくい基準がこの集合には存在しており、それらの基準をすべて含めて個体間の類似度を測ると、「どの個体も相互に同じくらい似ていて、かつ、同じくらい異なっている」という認識に至るのである。

　人によっては、「そうは言っても、羽の色の違いは目立つから、最も似ていないはずだ」「いや、ほくろの有無こそが重要だ」などという認識をもって、このアヒル集団を分類したいと思う向きもあるかもしれない。しかし、それは対象にそなわった属性から自動的に導かれる結果ではなく、明らかに、分類者が自らの認識と価値観において「基準を選んでいる」のである。

　みにくいアヒルの子は、「その個体だけ最初から特段に異なっていた」のではなかった。特定の基準を最優先の分類基準と位置付けて、排斥するための根拠として用いた、姿の見えにくい多数派がそこにいたのである。

　分類とは、分類する者の世界観の表明である（池田 1992）。分類することとは、その視点における重要な基準を自ら選ぶことに他ならない。いかに自然に見えたとしても、アプリオリに重要な基準はない。そして、分類した者は、特定の基準を選んだ責任を負うこととなる。ある分類の結果を、自然条件による所与の現象であるかのように見なし、語るということは、自らが分

類基準を選択して他者に押し当てておきながら、分類する主体という自画像を引き受けようとしない、「責任逃れ」の姿勢である。

人間は「みんな同じ」であると同時に「みんな違う」

　童話を少し離れ、人間社会の課題に引き付けて検討する。

　人間をいかに分類して理解するか。それはきわめて歴史の長い営みであり、多くの政治的暴力が発動する原因ともなってきた。今日も、さまざまなカテゴリーが発明されては、廃止されを繰り返している。人間の分類は、今日においても、私たち人間にとって最重要の課題であり続けている。

　人間においても、多くの分類方法が存在する。それこそ、一切の部分集合を設けず、地球上の約80億人を単一の集合「ヒト（*Homo sapiens*）」に含める「人間はみな同じ」という見方がある。一方の極として、それぞれ1人ずつを含む、約80億の部分集合を並列する「人間はみな違う」という見方もある。

　よく「人間は『みんな同じ』なのか、それとも『みんな違う』のか」といった禅問答があるが、その問い自体にはあまり意味がない。基準の取りようによって、「同じ」という結論も出せるし、「違う」という結論も出せる。その基準は、その命題を述べる人が決めることであり、それはその人の世界観の表明でもあり、その責任はその人が負うということである。

　現実的には、これら両極の間に、無数の分類方法が提唱されてきた。むろん、これまで見てきたように、人間の「正しい」分類など存在しない。どのような基準で分類するか、その採用のしかたにより、さまざまな分類が可能となる。

　歴史的に言えば、「人種」という概念の発明と使用もそうであったし、国籍、民族、言語、性別、障害／非障害、そのほか、人により、時代により、状況により、恣意的にそれらが使われてきている。あるものは支持を失って廃れつつあるし、あるものは現在も根強い支持をもって用いられている。これらはすべて、自然条件による所与の分類ではなく、その分類を行い、またそれを支持する人びとの世界観の表明でもあるという点を確認しておく。

本節のまとめ

　本節をまとめておく。社会や集団の状況が「ダイバーシティ」と表現される前提には、必ず何らかの分類基準が選定されている。そのような基準がなければ、人びとを「異なる」「多様である」などと認識して表現することすらできないからである。つまり、「みにくいアヒルの子」を抽出する基準が、多数派によって、暗黙のうちに設定されている。

　私たちは、自然条件としてアプリオリに存在する分類基準は存在しないということを知るとともに、「ダイバーシティ」という表現を採用した時点で、自分でも気付かないうちに、特定の世界観を支持する分類基準を選んだことの責任を帯びた側の一員となっているという自画像について、まず自覚的である必要がある。

論点2：リベラル多文化主義の落とし穴

> **本節の命題**
> 人びとを「ダイバーシティ」として表象する前提としての分類基準を固定し、共有させている視点が存在する

「ダイバーシティ」という枠組みがなぜ用いられるか

　前節では、分類およびそのための基準は無数に存在し、立場や視点によって異なった基準の選定と分類が可能である、人びとは特定の基準を恣意的に選んで分類を達成しているという原点を確認した。本節では、このような基準選定と分類の営みが、対等ではない形で実行され、政治的に用いられる、すなわち権力の作用に関わる側面に注目する。

　事例をひとつ挙げたい。たとえば、企業や大学などの組織で、耳の聞こえない新たな構成員を受け入れ、手話通訳制度を導入するといった場面がある。そのような場で、しばしば「ダイバーシティ包摂の推進」などのことばが唱えられることがある。ここで、ひとつの疑問が浮かぶ。なぜここで「ダイバーシティ」という認識の枠組みが用いられるのだろうか。

　先にも述べたように、分類の方法は恣意的に選定されるため、いくつもの

異なる世界観に基づき、異なった分類とそれに基づいた表現が可能なはずである。

　たとえば、「聞こえる人たちは音声言語を話し、聞こえない人たちは手話言語を話す」という事実に立脚して考えるならば、両者をあえて二分せずに、「すべて人間は何らかの言語で話す」という単一の現象に関する命題で表現することもできる。前節の例で言えば、「みんな同じ鳥だ」「80億人、人間はみな同じ」という、分類基準を立てない包摂的な認識である。

　この世界観に沿うならば、「本人が話す何らかの言語で参加する権利を守る」という単一の方針で、両者を同時に包摂することもできるはずである。しかし、多くの場合、「ダイバーシティ」の名付けを伴う受け入れが用いられる。新規参入の少数派を、わざわざ「異なる者」と定義し、一線を画した上で受け入れることがしばしば行われるのはなぜだろうか。

　その背景には、「少数派の存在を含む社会の諸現象を、自分たちを含む単一の原理によって説明すること」を慎重に拒み続ける、多数派の論理と都合が存在している。「音声言語や手話言語など、その種類を問わず、個々の人間が話している言語の権利を守る」という単一の原理の視点に立つと、両者は完全に対等な立場になるとともに、それは、多数派としての特権性が脅かされるという意味をもあわせもつ。一方、多数派が自分たちの事柄には一切言及せず、新たに参入する少数派だけを「ダイバーシティ」実現の役割を負った者として描き出せば、自分たちの特権を優先的に守りつつ、相手を客体として操作可能な対象に落とし込むことができる。

　この発想の前提には、まず、音声言語を話す聞こえる人びとが標準であり、その特権は自動的に守られるという意識がある。次いで、それとは異なる言語と人びとの存在を客体として認知し、その存在と参加を追加事項として承認する。ただし、その可否を決める権限は、自分たちが掌握し続けておきたいと考える。単一の原理よりも「タイバーシティ」言説が用いられがちな現象の背景には、このような多数派の思惑が貼りついている。そこには、あくまでも自分たちがその場のオーナーであり続け、少数派に対する生殺与奪権を確保しておきたいという、多数派の欲望が垣間見えている。

他者を付加的な存在と位置付ける権力の行使

　類似の言説は、社会に多く飛び交っている。

　　「障害をもつ人も参加できるイベントにしよう」

　そもそも、これまで参加できてきた人たちはだれであり、そこから特定の人びとを締め出してきた責任はどこにあり、「も」という表現で他者を操作可能な対象と位置付ける権限を握りしめているのはだれなのか。こうしたことが問われないまま、穏健なことばとして流布していく。

　　「外国人をおもてなししよう」

　ここでも、暗黙に前提されている「もてなす側」とはだれであり、「もてなされる側」を異質な他者として括り出している基準は何であり、だれがその基準を選定する権限をもっているのかが問われねばならない。しかし、そのような分類をめぐる権力の行使について検討されることはなく、あたかも自明であるかのごとき言説として流布してしまっている。

　こうした言説が、きちんと検証されることのないまま、「ダイバーシティ」ということばとともに普及していく。このことばは、何となく包摂的であり、排除的ではないがゆえに、人口に膾炙しやすいという特徴をもっている。しかし、その舞台裏では、多数派の既得権益をきちんと守り、少数派を、多数派の既得権益を脅かさない程度の付加的な存在として取り込むための枠組みを提供している。むしろ、それゆえにこそ、穏健な形で浸透していると言える。

リベラル多文化主義の落とし穴

　前節で指摘したように、分類とは、特有の世界観の表明である。本来、だれもが自由に分類基準を選定し、社会を自分の視点で捉え、表明する権限をもっているはずである。それにもかかわらず、多くの場合、多数派が選定した基準が、広く共有される基準として扱われ、事実上の公用の分類体系をも

たらし、世界観を決定している。少数派は、その基準を押し当てられ、好む
と好まざるとにかかわらず、多数派が引いた分類を受け入れる生き方を求め
られ、「ダイバーシティ」を構成する一要素としての役割を期待される。

　このような「ダイバーシティ」賞賛の思想が孕む権力性は、20世紀の文
化人類学がたどってきた道を重ねてみると、理解しやすいであろう（米山
2006）。

　文化人類学は、フィールドワークにより世界の諸社会を調査して描き、諸
文化を承認する作業を行ってきた。一方で、しばしば旧宗主国側の支配的文
化の優位性を前提しており、「異文化」のカテゴリーの中に同時代の他者の
存在を封じ込めてきた側面ももっている。他者を「異文化」の中に封じ込
めることは、自らの文化的優位性を揺るがさず、かつ、自身が保有する記述
の権力を手放すこともなく、他者の存在を承認し、世界の一角に位置付ける
という操作を可能とする。

　このような研究のスタイルは、他者に対する黙殺や拒絶ではなく、理解と
寛容さの姿勢を表出することもでき、しばしば旧宗主国側の知のあり方とし
てもてはやされてきた。こうした「リベラル多文化主義」が孕む問題点が、
近年では根源的な批判を受けている。「ダイバーシティ」擁護言説が流行す
る現象とそこに潜む問題点は、この文化人類学のたどってきた道と基本的に
は同じであると考えることができる。

本節のまとめ

　本節をまとめたい。私たちが、「人びとを包摂しよう」という善意におい
て「ダイバーシティ」と言及してしまう時、以下の諸点に注意を払うことが
必要である。

　他者を始めから異質な存在と見なす、本質主義的な世界観をもっていない
か。実は自らが選定しているに過ぎない恣意的な基準を、アプリオリなもの
と信じ、他者に適用していないか。そして、その分類を標準的な世界観とし
てすべての人びとに強要する権力を行使していないか。

　人びとに関することを「ダイバーシティ」と呼びなすことは、そのことば
がもたらす印象の穏やかさとは裏腹に、他者を操作可能な対象へと切り縮め

る分類の権力の行使という側面をもつ。それは、状況次第では、いとも簡単に隔離や排斥のためにも転用されうる仕組みである。このような自覚をもって、この概念と世界観に慎重に向き合うことが求められる。

論点 3：多数派が利益を期待する包摂の危険性

> **本節の命題**
> 人びとを「ダイバーシティ」として表象し、その承認権限を専有しようとする立場が存在する

「多数派に利益があるから包摂を進めよう」？

本章冒頭における疑問に戻りたい。

> 「多様な専門の人がいると面白い」
> 「障害をもつ人を受け入れるとみんなにとって利益があり、優しくなれる」
> 「女性や外国人を受け入れて組織の活性化を」

ダイバーシティ包摂を擁護することばは、数多い。いずれも、特定の基準に着目し、分類を実行して、「異質なる他者としての受け入れ」を表明するという権力の行使の表れである。この点については、これまでのふたつの節で確認してきた。

これらには、もうひとつ共通点がある。それは、受け入れ推進の根拠として、「多数派にとって何らかの利益がある」ことを挙げている点である。「ダイバーシティ推進」の枠組みにおいて少数派を包摂することは、本当に多数派における利益と一致するのであろうか。

多数派に利益があるケース／ないケース

一例として、「障害をもつ人を受け入れることは、みんなにとっての利益になる」という、よく聞かれる言説を検証する。

246

まず、多数派に利益をもたらすケースについて考える。たとえば、駅にエレベータやスロープ、多機能トイレを設置すると、車いす使用者のみならず、多くの駅の利用者にとって便利になる。あるいは、テレビ番組に字幕が付与されると、耳の聞こえない人たちのみならず、外国人や子どもにもよいことがある。このように、ある措置に着目した時、たまたまその周囲にも受益者層がいたという事例は、いくつか挙げることができる。

　一方、多数派に特段の利益がもたらされないこともしばしばである。たとえば、行事や講義において、耳が聞こえない人が参加するために、会場の一か所で手話通訳者やノートテイカーがサービスを提供することがある。それを利用する耳の聞こえない参加者以外のだれも、特段の利益を享受していない。耳が聞こえる参加者たちは、そもそも、そういうサービスの存在に気付いていないことすら多い。少数派が利用するサービスが、周囲にほぼ影響を与えていないケースである。

多数派と少数派の利害が衝突するケース／立場が逆転するケース

　深刻なのは、少数派包摂のための措置が、多数派によって迷惑がられるケースである。たとえば、映画館で公開される日本語映画に、耳の聞こえない観客が鑑賞するための日本語字幕を付けて上映すると、映画鑑賞のじゃまだというクレームが多数派の方から舞い込む。落語の公演の舞台に手話通訳者が立つと、目障りだから舞台から降りろというクレームが付く。

　このように利害が衝突する場面では、多数派は自らの既得権益を手放さず、きわめてかたくなな拒絶的態度を示すことが多い。いわく、聞こえない人たちだけのための特別な字幕付き上映会を別途開催すればよい、手話落語などの別の演芸を鑑賞すればよい、字幕付き上映は後回しでよいなどと、少数派の権利を踏みにじる措置を公然と要求する者たちがいる。利害が衝突し、自らの既得権益が１ミリでも脅かされそうになると、共存も包摂もかなぐり捨てて、隔離や排除、不利益の強要を主張する人たちが少なからず現れるのが現実である。

　一方、立場が逆転することもまれにある。たとえば、ある国のろう者の大学は、原則として、学内の教育や研究がすべて手話言語のみで行われるとい

う環境をそなえている。聞こえる人も聞こえない人も、手話言語で会話することが、コミュニティ参加、教育研究活動、キャンパス生活の前提となっている。

　このような環境は、手話言語を日常的に用いているろう者にとっては、最も快適な空間である。一方、手話言語を理解しない聴者にとっては、非常にハードルが高く、居心地の悪い空間となっている。このような場面では、あまり衝突は起こらない。多数派にとっては居心地が悪いため、近寄りがたい場となっているからである。

「障害をもつ人を受け入れること」に対する多数派のふるまい

　「障害をもつ人を受け入れることは、みんなにとっての利益になる」という言説の検証結果を、以下でまとめてみる。

　事例を見ていくと、少数派を受け入れることが、たまたま同時に多数派にとっての利益と重なっていることも、確かにあった。一方、何ら影響を及ぼさないこともあれば、むしろ多数派にとって不利益となる場合もある。

　この第三のケース、すなわち、多数派にとって不利益となる場合、多数派の反応は二通りに分かれる。ひとつ目として、多数派が既得権益を強く握っている場（たとえば映画館や落語会の例）では、露骨な少数派排斥という現象が噴出する。ふたつ目として、多数派が既得権益を強く握っていない場（たとえば手話言語で営まれるろう者の大学）では、多数派はその場に近寄ることなく、少数派が自律的に自文化を営む隔離的な状況が生まれる。

　多数派の挙動を見ていれば、結局、「少数派の包摂はみんなの利益」などと述べていながらも、実は包摂などしていないことが明らかになる。多数派において部分的な利益があれば、便乗して利用する。一方、多数派において影響がなければ、無視、無関心で応じる。さらに、多数派において不利益があれば、排斥するか、隔離するかで対応する。多くの場合、多数派は、少数派のために1ミリも譲歩せず、自らの既得権益を守ることだけに関心を寄せている。

　そもそも、「少数派の包摂」と「多数派の利益」は、相互に独立した事象である。重なることもあれば、別の方向を向いていることもあり、むしろ逆

を向いていることもある。従って、「少数派の包摂」と「多数派の利益」の重なる部分のみを取り出して強調し、「多数派にも利益があるから包摂しよう」と主張することは、一種の隠蔽であり、論理的な欺瞞である。

他者の承認権限を専有しているという幻想

では、なぜ「少数派の包摂」のために「多数派の利益」を強調する言説が横行するのか。背景には、「多数派が少数派の承認権限を専有し続けていると信じている」という問題が存在する。

多数派は、恣意的に世界の分類基準を選定し、「ダイバーシティ」という認識によって自らの既得権益をかたくなに守っている。さらに、しばしば、少数派の存在、尊厳、権利を認めてやるかどうかの権限を、自分たちが専有していると信じている。他者の存在に対する承認権限を掌握し続けようとするということは、言い換えれば、状況が変わればいつでもそれを否認する権限を留保したいと望んでいることでもある。

「自分たちにも利益があるから、その存在を認めてやりましょう」という言説は、自分たちが世界観を独占していることへの自省なく、既得権益を見直すこともなく、他者を承認する権限を一手に握り、自らの利益の確保のために他者を操作し続けようとしている多数派の横暴を端的に示している。

その背景には、多数決による民主主義や、多数派の常識が世界を代表するかのようにふるまいうる現実があり、この横暴さを目立たないものとしている。ある種の社会調査も、特定の少数派を承認して受け入れるかどうかをめぐって、多数派に対してその是非の意向を問う形で行われることがあり、このような風潮に加担していることがある。

私たちは、「利益があるから、他者を承認した方が得策である」という認識ではなく、「利益があるなしにかかわらず、他者を承認してあげましょう」という認識でもなく、「そもそも、他者を承認する／しないといった権限など、多数派には存在しないのだ」という認識へと跳躍することが必要である。

奴隷制をめぐる議論を例に挙げれば、それは明らかとなるであろう。「奴隷所有は得か／損か」という議論は、奴隷所有者の利益しか考えていない暴論である。また、「人道的な観点から、奴隷を解放してあげよう」という論

理も、一見妥当な思想に見えるが、奴隷とされた人びとを解放するかどうかを決める権限を自らが握っていると信じている時点で、すでに他者の尊厳と権利を侵している。「他者を奴隷にする権限などそもそもないし、さらに言えば、他者を奴隷から解放してあげるかどうかを決める権限すらもそもそもないのだ」という、徹底した他者における個の尊厳と権利の承認と受容の立場に立ってこそ、対等な関係を切り開く糸口を得ることができるであろう。

本節のまとめ

　本節をまとめておく。多数派は、しばしばその構成員の多さや歴史的経緯に関連し、他者の生殺与奪の権限を掌握していると信じていることがある。

　それら多数派のご機嫌を取るために、「少数派を受け入れることで得られる利益」を強調して、「異質なる他者」と位置付けられた人びとを包摂しようとする立場があるが、それは状況次第では拒絶の論理にも容易に転化しうる。とくに利害が衝突した時、多数派は既得権益を手放す覚悟をもたず、きわめてしばしば、少数派排斥の言動を示すことがある。

　多数派の意向や利害とは無関係に、少数派における利害が存在すること、個々の権利と尊厳が厳然として存在していることといった原則を確認することが、何よりも重要である。そして、多数派は、「ダイバーシティ」ということばによって「自らが他者を承認したり否認したりする権限をもち続けている」という幻想を捨て、「そもそもそのような権限などだれにもないのだ」という基本認識に跳躍する勇気をもつことが必要である。

おわりに

三つの論点のまとめ

　本章では、人びとを「ダイバーシティ」ということばで表象し、多数派に利益をもたらすという動機で包摂を奨励する論理に潜む諸問題を検討した。

　第一に、人びとを「ダイバーシティ」として分類していく前提には、分類者が何らかの基準を恣意的に選定し、分類を通じて世界観を表明するという作業が存在しているという点を指摘した。第二に、多数派が特定の基準を恣

意的に選定して人びとを「ダイバーシティ」と表象することを通じて、他者の存在を操作可能な客体に切り縮め、自らの既得権益を守るとともに、その営みを不可視化する操作を行っているという点を指摘した。第三に、多数派が自らの利益になるという観点で「ダイバーシティ包摂」を主張することは、論理的な欺瞞であり、他者の承認権限を専有していると信じ続けていることの証左であるという点を指摘した。

　三つの論点を通じて、「ダイバーシティ」の認識が生じる瞬間、「ダイバーシティ」ということばで他者を表象する人びとの視点と都合、「ダイバーシティ」を自己利益のために利用し、他者の承認権限を手放そうとしない人びとの論理を明らかにした。

分類する権限の奪還へ

　冒頭で挙げた諸言説の問題点とは、「ダイバーシティ承認権限の多数派による専有」の問題に収斂する。私たちは、今後とも「多数派によって企画・操作されるダイバーシティの一要素」として生き続けようと考えるべきなのであろうか。

　本章では、徹底した個の尊厳と権利の承認と受容という原則のもと、「ダイバーシティ」の名において少数派の役割を固定化しようとする多数派からの、「分類する権限の奪還」こそを目指す必要があると結論付けたい。

　そもそも、分類とは特有の世界観の表明である。本来、だれもが自由に基準を選定し、自分の視点で世界観を表現する権限をもっている。しかし現実には、その分類の権限が一部の者たちに専有され、一部においては否認され、多数派が描いた「ダイバーシティのシナリオ」に沿いながら、その許可の下に少数派が生きることを強いられている。この状況のいびつさが、この一連の問題の根幹にある。

　強いられた分類を拒む権利。新しい分類を模索、構築して表明する権利。もちろん、一定の条件の下で、多数派がもたらした分類を利用して参入する権利もあれば、それを途中で放棄して離脱する権利もある。一部の者たちによる分類の権限の専有から、個々による対等な分有へ。とりわけ、少数派が、分類の権力を行使する多数派に抗し、新しい分類を独自に提示して、それを

対話と交渉の中で承認させていくプロセスへ。これが、本章が展望したい「ダイバーシティのその先」の世界である。

　なお、「ダイバーシティ」の概念を即時廃棄することは、現時点では、戦略的に見て得策ではないかもしれない。多数派の権限専有の欲求は依然として強固であり、少数派が何らかの資源を獲得、分有する上で、この概念は一面の有用性をもつからである。

　ただし、「ダイバーシティ」は究極の目的ではなく、原理でもなく、結果的な表れの一形態に過ぎないという点は強調しておきたい。しかも、それは、多数派が規定した分類に沿った表現のひとつに過ぎず、対等な権限をそなえた個々人の十全な参加の実現とは程遠いという限界をもつものである。「ダイバーシティ」はあくまでも足掛かりに過ぎず、本来の目的は、その「ダイバーシティ」を定める多数派の権限自体を、思い切りよく手放させることである。

　多数派が一様に押し付けてくる「均質で定型のダイバーシティ像」を拒み、むしろ、世界を分類し認識していく権限それ自体を個々人が奪還していくこと、それによって各々が望む世界観を表明し、通用させていくことこそ、私たちのこれからの展望となることであろう。

　「ダイバーシティ、その一歩先へ」。着目するべきは、個人ひとりひとりにおける、世界を分類し表現する権限の確実な保有である。そして、それらの行為の集合が、永続的であるかのように見えた権力関係と既得権益を少しずつ解体していく道のりである。その先には、おそらく「ダイバーシティ」ということばを便宜的にであっても用いる必要のない、諸関係の広がる世界が見えてくるはずである。

参照文献

池田清彦（1992）『分類という思想』新潮社。

米山リサ（2006）「多文化主義論」綾部恒雄編『文化人類学 20 の理論』弘文堂、302-319。

渡辺慧（1986）『知るということ——認識学序説』東京大学出版会。

あとがき──「束ね」のない連帯を想起する

「子どもを変えようなんて思ってない」──現場のジレンマ

　「（こんな描かれ方をしたら）切ない」……。理学療法士として子どもサポートの仕事をしている知人がSNSでつぶやいた。彼女が見ていたのは、ある地方自治体から出された未就学年齢児童への早期発達支援にかんするしおり。そこには就学前の子どものさまざまな兆候や状況により、アクセスすべき先と指導内容が細かく分類されていた。なんら悪意のない、むしろ行政として丁寧につくられた資料だ。では、日々、子どもにかかわっている彼女はその資料の何に切なさを感じたのだろうか。

　そこには無数の「改善・克服の指導」との表現があった。彼女は言う。「（私は現場で）〈障害ファースト〉で子どもを捉えていない。子どもを変えようなんて思ってない。社会が変わるように働きかけている」と。

　この本では、学校や地方自治体など、「多様な地域住民」にかかわるさまざまな仕事の場面で活かせそうなエスノグラフィー実践の事例を、個別具体的な現場へのこだわりと、書き手自らの身体感覚を重視して、愛着を込めて「現場グラフィー」と総称して紹介してきた。

　事例で描かれる現場はさまざまで、かつ、執筆者の現場へのかかわり方も思い入れも章ごとに異なるが、この本では、執筆者が自分の立ち位置から観えた景色を紹介するというスタンスに重きを置いた。それは、序論で清水が述べたように、「身の置き方、視点の位置によって出現する世界の相貌は大きく異なる」がゆえに、書き手が見聞きし、考えたことを個人の経験として読み手に直接伝えることが、この本の副題に付した「ダイバーシティ時代の

可能性をひらく」ためにも重要だと考えたからである。

　だから、書き手が向いている方向は一見してバラバラで、副題に掲げた「ダイバーシティ」という言葉に込めた意味も一様ではない。そもそも、本書では、いわゆる一般的にダイバーシティやインクルージョンという用語が使われる時にイメージされる特定の集団、たとえば障害者、在住外国人、性自認マイノリティといった、「包摂の対象として括られる人たち」を正面から取り扱ったり、そういった分類に基づいて章を構成することを意識的に避けてきた。

　また、そういった「わかりやすい外なる他者（第4章より）」を扱っている章でも、そして「括られた人たち」の脆弱性や課題の改善のためにどうすればよいかという姿勢で話されているわけではない。たとえば第Ⅰ部のコラムの現場は「被災地における外国人」、第8章では「外国人技能実習生」が登場する。しかしそこで示されるのは「十人十色の現場」で「それぞれの相手が求めていることのズレを適宜確認」していくことや「私とあなたから始める」ことの大切さであり、いわば、対象者を一括して「外国人」と名付けてしまうことへの現場での違和感や不具合から、それを乗り越えるための模索が描かれている。第9章ではLGBT運動が紹介されているが、フォーカスがあてられるのはアライとよばれるnon-LGBTの人たちであったり「なじみ」によってつながってくるより広範囲の人たちであったりする。そして問題系を特定の人々の問題へと閉じずに共有していく術が示されている。

　そうはいっても、都市でも農村でも、多様な住民への公共事業や支援を担う実務の現実において、サービスなどを必要な人に届けていくためにはどうしても便宜的に、「支えられる側」の存在をまとめて「名付け」をして言葉にせざるを得ない。けれど、冒頭のエピソードにもあるように、そうやって括られてしまうことが、現場にいる当事者とよばれる人々にとっても、その多様なありようを日常的に支える人々にとっても、何かしら距離のある分類がなされてしまうような、自己矛盾的な難しさがある。冒頭で紹介した彼女の「切なさ」は、自分が日々かかわっている子どものかけがえのなさと、必要な行政支援に結び付けるためにはその子たちを「切り縮める」ように障害の種類などで「名付け」、束ねて分類することに加担せざるを得ないことと

の間にあるもやもや感とでもいえるかもしれない。

「問題」をめぐるピントのあわせ方・ずらし方

　地方自治体や学校など、これまでに私が出会った、地域住民に向き合う現場は、常に人的にも時間的にも余裕がなく、次々と持ち込まれる課題への対処に追われていた。だから、この本では、読者が「走りながら」でも手に取り、それぞれの立場や状況、関心の持ちように応じて途中からでも読み始め、共通するメッセージに誘われるように他の章へも目を運んでもらうことを念頭に置いている。

　第Ⅰ部を「気づく ── 現場への接近」としたのは、一つには第1章で描かれる理工系大学生のように、何らかの特定の専門性を念頭に置いてこれからさまざまな現場にかかわっていく人たちに、「専門性のあり方に待ったがかかった」「バリアとは何だろう、そんなことは考えたこともなかった」（いずれも第1章より）というような気づきを届けられたら、という思いからである。でもそれだけでなく、「テイクノーツ」からスタートするということは、これまで専門的な見地から、あるいは行政上の特定の枠組みの中で対象者を設定し事業に取り組んできた、いわばすでに現場の渦中にいる読者に対する誘いとして、という意味でもある。

　第2章で西崎が、「目の前の景色を」「書き留めること、それを繰り返して、情報が蓄積していくと、ある日突然、一部が風景から立体的になり」意味を持ち始める、と表現しているように、現場グラフィーの基本は、目の前のことに対してまずは答えを持たぬ手探りの姿勢で観察する視点を得ることである。それは、対象者を「問題」で特定し、その「問題解決」を目指す実務に従事する読者にとって、仕事上「あたりまえ」となってきた視点から一定の距離を置く身体感覚を獲得していく試みのようなもので、実はそれほど簡単ではない。でもだからこそ、最初は出来事の断片を集める（見直す）「テイクノーツ」から（少なくとも意識的には）スタートする。それまでの経験知から想定していた「問題」という名のパズルをいったんバラバラにすることで、これまでとは違う見え方を試みるようなイメージだ。

　第3章の冒頭で、「過去の被災地だから」という「問題によって特徴づけ

られた場所」への調査訪問に対して、住民からの嫌悪が示されるエピソードがある。これはまさに「問題で特定されることへの、現場からの違和感」の表明だが、これに対して第3章の事例では、「どこにでもある生活」の話を聞かせてもらうところからスタートし、結果的に「多様な声の聴き分け」へと展開している。つまり、「問題は何か」と「誰の問題か」の二つに対するピントを自在にずらして個々の現場にあわせてフォーカスし直しながら言葉にしていくことが、現場グラフィーの強みである。「問題系に対するピントのずらしと再フォーカス」は、初めて経験する大学生はもちろんのこと、ついつい前例に依拠しがちな専門家にとってこそ活かされる視点といえるかもしれない。

　しかしながら、ピントをずらしても再フォーカスしても、まだ一番大事なことが抜けている。それは、ファインダーを覗く自分自身をどう問題系に結び付けて扱うのかということだ。次からはそのことを考えてみたい。

業務上のTipsから「学者の使い方」まで

　でも。と忙しいあなたは言うかもしれない。「テイクノーツ」なんて言われても、日常的にはすでにルーチン化された業務体系があり、自分がこの本で出されるメッセージをどうやって活かしたらいいかわからない、と戸惑うかもしれない。地域に暮らす住民の多様性を想像できても、日常的には事業を遂行する上でサービスや支援の対象者を特定し、問題を絞り、時間を決めて対処せざるを得ない中で、どうやって「束ね」ない現場での向き合い方があるのだろう。そのヒントを伝えるために、本書では、「現場グラフィー」と題して、現場でできる跳躍のイメージの提示を試みた。第2章では、現役公務員の「安田さん」が、「他者目線を獲得しながら境界をもうけずに地域にかかわり続ける」具体的な姿が描かれている。また「臨む」と題した第Ⅱ部では、日本の地域振興の現場から、「できること、すでに試みられていること」をいくつかの次元とテーマを選んで集めた。第Ⅱ部に収められた論考が扱う現場は、商店街の活性化（第4章）、辺境地域での世界農業遺産申請（第5章）、いまを生きる住民に寄り添ってストーリー化される地域遺産（第6章）、20年にわたる地域資源への寄り添いの先に描かれるフューチャーデザ

イン（第7章）、福祉職員が自己相対化する機会としてのメタ現場（第Ⅱ部コラム）といったように、それぞれに地理的特徴も、そこで取り組まれている課題も異なる。

しかし、これらのいずれの章でも見え隠れする「こだわり」がある。それは、現場の語り方、見え方が「一つではない」ことを前提とする姿勢、そしてそれを踏まえた筆者自身のその場へのかかわり方である。もし、「テイクノーツ」なんて言われてもそんな暇ないよ、という場合には、第5章がおススメだ。第5章では、「身近な人類学者の使い方」という観点から、徳島県で世界農業遺産申請を進めたプロセスが紹介されている。この章に限らず、この本では、読者が一人で孤軍奮闘することを望まない。「人間の生活の一部だけを切り出して見るのではなく、それらを他の要素との関係の中で捉えようとする視点（ホーリズム／全体論）」（第5章）を誰かと共有したいのである。だから、読み手がすぐに使えそうなtipsから、「学者の使い方」まで、私を含む書き手の'セールストーク'には幅広いバージョンがある。工夫の仕方も、かける時間も、読み手の実情にあわせて複数あってよい。そうでないと、多忙な読者は、「気づいたのにできない」ジレンマをさらに抱えることになってしまう。

「伝統文化」もナマモノだとすれば

地域からの実例を紹介する第Ⅱ部において、第6章で文化遺産という領域を取り上げたことには、本書全体のメッセージに向けて重要な意味がある。「文化遺産」は、おそらく一般的な読者にとって、第Ⅱ部の他の章で扱われている地域の産業に絡むテーマに比べて、過去から変わりなく「伝統的に」引き継がれている固有のものごとという印象を持つことだろう。しかし俵木が言うように、地域の文化遺産もまた、「ある人にとってはとるに足らないものも、別の人には何にも代えがたいものであるかもしれ」ないという程度に意味の振り幅があり、「再発見と再創造」のプロセスの中で、常に生み出され続けている。だから、どんな「ストーリー」を紡ぐかは、いまのかかわり方いかんにかかっているともいえる。

このように、「伝統文化」ですら現在進行形で生まれ続けているのだ、と

いう目線を得ることは、この本のもう一つのキーワードであるダイバーシティを考えるヒントをもたらしてくれる。伝統文化だっていまを生きる人々の実践や語りで生み出されたり再定義されたりする、という発想を、目の前のさまざまな出来事や関係性へと広げてみてほしい。日ごろ生活上や他者との関係において「きっと〇〇はこうだろう」などと判断してきたさまざまな事柄について、もしかしてそれには別のストーリーもあり得るのかもしれない、と思えてくる。そんな想像力が働き始めたら、この本のメッセージを込めたボールを、あなたはもう受け取ったことになる。

　第6章では、なにか一つの見方だけが「価値がある」「正しい」と認定することは、「それ以外の価値」を見えなくすると書かれている。だから「つねに多数のサイドストーリーや語られない潜在的なストーリーの存在を認め、新たな解釈やつながりを創発することで、可能な限り多くの人の思いを排除しない豊かなストーリーを、時間をかけて育てていくことを考えるべき」であるという。ストーリーを生み、育てていくのは、私や読者を含む、いま現場にいる人々、これから現場に出向く人々である。そのように考えることは、いわゆるダイバーシティを、「誰かの問題」ではなく「私の認識と実践のありよう」へと連想する糸口にもなるのではないだろうか。

「やさしさ」は難しいけれど

　この本の各章およびコラムは、序論で清水が明言した通り、いずれのテーマにおいても、「標準的」な議論（補論を書いた亀井に言わせれば、「多数派による議論」）に回収されたくないという思いを持って書かれた。私たちがこの本で伝えたいことは、究極的には、それぞれが個人的な存在として生きているという事実を確認し、違うモノの見方をする者同士、差異ある人同士が織りなす社会のありようを、自分自身を含めて再想像する糸口を得ることである。誰しも、個人的な存在であること。便宜的に「束ね」られる局面があるとしても、それによって、一人一人が個として生き生きとそこに存在するということの重みが変わるわけではないこと。その点においては、誰一人として、例外はないこと。

　現場グラフィーの関心の持ちようは、「そこには誰がいるのか、何がある

のか」といった、それぞれの現場で出会う地域の個性と、それを織りなす多様な人々の「個としての存在と可能性」からその場を理解していこう、ということである。第Ⅱ部で紹介された事業化された事例も、第Ⅲ部で描かれたいくつかの取り組みも、その点でのこだわりを持っている。

　このこだわりは、この本の副題である「ダイバーシティ時代の可能性をひらく」鍵だと私は考える。冒頭で紹介したエピソードに立ち戻ってみよう。現場で、個としての子どもと向き合う彼女は、自らが支援者として、「束ね」を生み出す側でもあることをわかりつつ、もがいている。私は、10年以上にわたって福祉と開発を標榜する社会人向け大学院教育にかかわる中で、多くの「彼女」のような人たちに出会ってきた。かれらの「切なさ」は、世間一般の無理解やマイノリティ否定に直面した際以上に、善意の「束ね」と目の前のリアルがずれてしまったと感じられる時、大切にしたい相手を大切にしきれない時に、もどかしさとしてたちあらわれる。「やさしさ」に包まれた「束ね」は、うまく言語化して否定できないから、なんとなくもやもやするやるせなさとして、気持ちの上での棘となる。でも、現場にいる人間は立ち止まらない。もやもやしても、立ち止まれないのである。

ダイバーシティという言葉をあきらめない

　だから、私は、ダイバーシティという言葉の可能性を否定しない。その言葉を手掛かりに日々奮闘している「かれら」のためにも。しかしこれは編者である私の考えであり、この本の著者全員に共有されているわけではない。そのことは、各章をお読みいただければお気づきだろう。この本で、副題であるダイバーシティに対する書き手のスタンスを統一しなかったのは、本書自体が同調的なメッセージを発することで、何らかの「束ね」に加担することを避けるためである。

　たとえば、第Ⅰ部のコラム執筆者である土井は、日常的に多文化共生というキーワードで在住外国人支援に携わっている。いわば、「束ねる」ことが避けがたい現場で、それでも緊急性の高い人々の声に応えようともがいている。あるいは第7章で森は、格差解消や多文化共生など多様化する人々の特性を捉え、調整する行政職員や地域にかかわる者の悩みに寄り添いながら、

そのダイナミックな場の「全体」へ目を向けることの大切さを語っている。森にとってそれは自分事であり、「なんとか、同じ地域や社会、あるいは世界に暮らす人々と共に生きていきたいと願うしそのためにどうすればいいのかを考える。私自身も、そのような悩みを抱えて活動している一人」なのである。そして補論として最後に付された亀井の論考では、搾取され、消費される、マイノリティ化される側から、誰にとっても「よりよい」と安易に語られる言葉として「ダイバーシティ」が流布することを批判の対象として捉え、ダイバーシティなる言葉によって「自らが他者を承認したりしなかったりする権限を持ち続けている」という幻想を捨てよと警告する。このように、それぞれのトーンは大きく異なり、ダイバーシティという言葉の受け止め方は多層的である。しかしいずれも、目の前の現場を自分事として受け止めようとする個人的な立場から、足元を見据える姿勢で描かれている。

　序論でも説明された通り、ダイバーシティというキーワードは、いくつかの特徴的な場で特に語られている。ビジネスの世界では、顧客としての高齢者やインバウンドがマーケットとして開拓され、労働者としての障害者、女性、外国人が「活躍すべき」と鼓舞される。福祉領域では、配慮が必要な社会的弱者として、同じく高齢者、障害者、女性、外国人、あるいは特定の性自認を有する人たちが括られる。多様な個人を束ね、括ることは、必要な制度を整備したり、サービスを提供する上で必要である。少なくとも、そういった現場で働く人にとって、「名付け」は不可避だ。

　また、「名付け」を自らが求める場合がある。たとえば心身の状態や振る舞いなどが「まわりと違う」など、他者目線でかたどられた「普通」にそぐわないことで辛い思いをしている人やその家族にとって、ある種の「名付け」を得ることが安心につながる場面がある。もちろん、本書でさまざまに語ってきた通り、そもそも他者目線の「普通」自体が、別のストーリーの可能性を想像する現場グラフィーの実践の中でほどかれてゆくことを期待している。だからその観点から見れば、自らが望む「名付け」もまた、そのように感じさせる社会の側の要請を背景とする息苦しさから逃れようとする中での模索であり、「他者による名付け」が抱える問題を回避できてはいない。しかしそうだとしても、「名付け」を求める人が置かれた心もとなさや切実

さに寄り添いたい。そして名付けによって人が救われたと感じる時、それは自らを世界に位置づける「つながり」として機能するのであり、誰かによって「包摂が許される」ことと同じではない。個人としてそこに存在する、というシンプルな事実を、名付けをめぐる議論で見失ってはいけない。

　最後に、迷いながらもう一言伝えたい。私は、「束ね」の暴力性は、マイノリティに対してのみならず、「マジョリティとされる側」の多様性をも否定してしまうところにもあると考えている。ダイバーシティの基本は、「私と他者」の発想をしている自分と向き合い、「他者同士」あるいは「私と私」の感覚を持って出会い直すことではないだろうか。そう考えると、固定的なマイノリティをマジョリティが受け入れるというイメージを喚起させやすいダイバーシティというカタカナ語自体を読み直すことで、可能性が開かれるかもしれない。職場や学校での取り組みにおいて、地域で他者同士が出会い、その場その場の関係性を生み出していく上で、誰一人例外なく個人として存在するということと、一人一人がそれまでの暮らしの経験に基づくストーリーを持っているというシンプルな事実を言葉にしていくことが手掛かりになる。現場グラフィーは、そのことを「気づき」、現場に「臨み」、その場でできることを「仕掛ける」方法であり、また同時に、実践の基盤となる考え方となるのではないだろうか。それが編者としての私の、気弱ながらも壮大な期待である。

付記

　本書は、日本文化人類学会課題研究懇談会「応答の人類学」（2012 〜 2018、代表：亀井伸孝）にはじまり科学研究費基盤A「応答の人類学 —— フィールド・ホーム・エデュケーションにおける学理と技法の探求」（16H01968）（2016-2020、代表：清水展）で発展してきた8年にわたる研究会の成果です。参加してくださった多くの方々から刺激と示唆を受け、お知恵を拝借して本書を編むことができました。お一人お一人のお名前を挙げることは叶いませんが、ここに改めて心からお礼申し上げます。

　一筋縄でいかない多面的な現場の諸相に向き合おうとする本書の意図を読み取って、「現場グラフィー」のイメージを軽やかでダイナミックなデザイ

ンの表紙に表現してくださった矢萩多聞氏、そして企画のはじまりから出版まで、悩み、迷う編者に常に寄り添い、共に考え、希望をもって導いてくださった明石書店の大江道雅社長と岡留洋文氏に、心より感謝申し上げます。

2021 年 1 月 　　　　　　　　　　　　　　　　　　　　　　　　　小 國 和 子

さくいん

264

266

執筆者一覧 （五十音順、［　］内は担当原稿。＊は編著者）

飯嶋秀治［第3章］

＊小國和子［まえがき、第8章、あとがき］

亀井伸孝［補論］

＊清水展［序論］

砂川秀樹［第9章］

土井佳彦［第Ⅰ部コラム］

内藤順子［第1章］

内藤直樹［第5章］

西﨑伸子［第2章］

早川公［第4章］

俵木悟［第6章］

平野隆之［第Ⅱ部コラム］

広瀬浩二郎［第Ⅲ部コラム］

堀江正伸［第10章］

森正美［第7章］

職場・学校で活かす現場グラフィー
——ダイバーシティ時代の可能性をひらくために

2021 年 2 月 20 日　初版第 1 刷発行

　　　　　　編著者　　　清　水　　　展
　　　　　　　　　　　　小　國　和　子
　　　　　　発行者　　　大　江　道　雅
　　　　　　発行所　　　株式会社明石書店
　　　　　　　〒 101-0021 東京都千代田区外神田 6-9-5
　　　　　　　　　　　電　話　03（5818）1171
　　　　　　　　　　　Ｆ Ａ Ｘ　03（5818）1174
　　　　　　　　　　　振　替　00100-7-24505
　　　　　　　　　　　http://www.akashi.co.jp
　　　　　装丁　　　　　　　　　　矢萩多聞
　　　　　印刷・製本　　モリモト印刷株式会社

　　　　　　　　　　ISBN978-4-7503-5144-5
　　　　　　　　（定価はカバーに表示してあります）

持続可能な生き方をデザインしよう　世界・宇宙・未来を通じていまを生きる意味を考えるESD実践学
高野雅夫編著　◎2600円

スモールマート革命　持続可能な地域経済活性化への挑戦
マイケル・シューマン著　毛受敏浩監訳　◎2800円

持続可能な社会を考えるための66冊　教育から今の社会を読み解こう
小宮山博仁著　◎2200円

持続可能な暮らしと農村開発　アプローチの展開と新たな挑戦
グローバル時代の食と農1
イアン・スクーンズ著　西川芳昭監訳　◎2400円

アグロエコロジー入門　理論・実践・政治
グローバル時代の食と農4
ピーター・ロセット、ミゲル・アルティエリ著　受田宏之監訳　◎2400円

飼いならす　世界を変えた10種の動植物
アリス・ロバーツ著　斉藤隆央訳　◎2500円

持続可能な未来のための知恵とわざ
名古屋大学環境学叢書5　林良嗣・中村秀規編　◎2500円

3・11後の持続可能な社会をつくる実践学　被災地・岩手のレジリエントな社会構築の試み
山崎憲治・本田敏秋・山崎友子編　◎2200円

開発なき成長の限界　現代インドの貧困・格差・社会的分断
アマルティア・セン、ジャン・ドレーズ著　湊一樹訳　◎4600円

GDPを超える幸福の経済学　社会の進歩を測る
ジョセフ・E・スティグリッツほか編著　経済協力開発機構(OECD)編　西村美由起訳　◎5400円

不平等と再分配の経済学　格差縮小に向けた財政政策
トマ・ピケティ著　尾上修悟訳　◎2400円

未来をつくる教育ESD　持続可能な多文化社会をめざして
五島敦子、関口知子編著　◎2000円

新たな時代のESD サスティナブルな学校を創ろう　世界のホールスクールから学ぶ
永田佳之編著・監訳　曽我幸代編著・訳　◎2500円

全国データ SDGsと日本　誰も取り残されないための人間の安全保障指標
NPO法人「人間の安全保障」フォーラム編　高須幸雄編著　◎3000円

ファクター5　エネルギー効率の5倍向上をめざすイノベーションと経済的方策
エルンスト・ウルリッヒ・フォン・ワイツゼッカーほか著
林良嗣監修　吉村皓一訳者代表　◎4200円

Come On! 目を覚まそう!　環境危機を迎えた「人新世」をどう生きるか?
ローマクラブ『成長の限界』から半世紀
エルンスト・フォン・ワイツゼッカーほか編著　林良嗣・野中ともよ監訳　◎3200円

〈価格は本体価格です〉

フェアトレードビジネスモデルの新たな展開　SDGs時代に向けて
長坂寿久編著　◎2600円

コロナ禍における日米のNPO
増大するニーズと悪化する経営へのチャレンジ
柏木宏編著　◎2400円

コミュニティの幸福論　助け合うことの社会学
桜井政成著　◎2200円

「3密」から「3疎」への社会戦略
ネットワーク分析で迫るリモートシフト
金光淳著　◎2200円

人類学の再構築　人間社会とはなにか
モーリス・ゴドリエ著　竹沢尚一郎、桑原知子訳　◎3200円

「社会的なもの」の人類学
フィリピンのグローバル化と開発にみるつながりの諸相
関恒樹著　◎5200円

ストレンジャーの人類学
移動の中に生きる人々のライフストーリー
リー・ペレス ファビオ著　◎3800円

コンゴ・森と河をつなぐ
人類学者と地域住民がめざす開発と保全の両立
松浦直毅、山口亮太、高村伸吾、木村大治編著　◎2300円

開発援助と人類学　冷戦・蜜月・パートナーシップ
佐藤寛、藤掛洋子編著　◎2800円

SDGs時代のグローバル開発協力論
開発援助・パートナーシップの再考
重田康博、真崎克彦、阪本公美子編著　◎2300円

途上国の学びを拓く　対話で生み出す教育開発の可能性
久保田賢一編著　◎2600円

グローバル時代の「開発」を考える
世界と関わり、共に生きるための7つのヒント
西あい、湯本浩之編著　◎2300円

開発社会学を学ぶための60冊
佐藤寛、浜本篤史、佐野麻由子、滝村卓司編著　◎2800円

開発政治学を学ぶための61冊　開発途上国のガバナンス理解のために
木村宏恒監修　稲田十一、小山田英治、金丸裕志、杉浦功一編著　◎2800円

医療人類学を学ぶための60冊　医療を通して「当たり前」を問い直そう
澤野美智子編著　◎2800円

介護人類学事始め　生老病死をめぐる考現学
林美枝子著　◎2700円

〈価格は本体価格です〉

「移民時代」の多文化共生論　想像力・創造力を育む14のレッスン
松尾知明著
◎2200円

多文化教育がわかる事典　ありのままに生きられる社会をめざして
松尾知明著
◎2800円

社会科における多文化教育　多様性・社会正義・公正を学ぶ
森茂岳雄、川﨑誠司、桐谷正信、青木香代子編著
◎2700円

多文化共生と人権　諸外国の「移民」と日本の「外国人」
近藤敦著
◎2500円

多文化共生社会に生きる　グローバル時代の多様性・人権・教育
権五定、鷲山恭彦監修　李修京編著
◎2500円

多文化社会の社会教育　公民館・図書館・博物館がつくる「安心の居場所」
渡辺幸倫編著
◎2500円

自治体がひらく日本の移民政策　人口減少時代の多文化共生への挑戦
毛受敏浩編著
◎2400円

【増補】新 移民時代　外国人労働者と共に生きる社会へ
西日本新聞社編
◎1600円

芝園団地に住んでいます　住民の半分が外国人になったとき何が起きるか
大島隆著
◎1600円

多文化共生論　多様性理解のためのヒントとレッスン
加賀美常美代編著
◎2400円

10代からの批判的思考　社会を変える9つのヒント
名嶋義直編著　寺川直樹、田中俊亮、竹村修文、後藤玲子、今村和宏、志田陽子、佐藤友則、古閑涼二著
◎2300円

イスラーム／ムスリムをどう教えるか　ステレオタイプからの脱却を目指す異文化理解
荒井正剛、小林春夫編著
◎2300円

「人種」「民族」をどう教えるか　創られた概念の解体をめざして
中山京子、東優也、太田満、森茂岳雄編著
◎2600円

多文化社会の偏見・差別　形成のメカニズムと低減のための教育
加賀美常美代、横田雅弘、坪井健、工藤和宏編著　異文化間教育学会企画
◎2000円

無意識のバイアス　人はなぜ人種差別をするのか
ジェニファー・エバーハート著　山岡希美訳　高史明解説
◎2600円

日常生活に埋め込まれたマイクロアグレッション　人種、ジェンダー、性的指向：マイノリティに向けられる無意識の差別
デラルド・ウィン・スー著　マイクロアグレッション研究会訳
◎3500円

〈価格は本体価格です〉